불황에도 통하는
경매 · NPL · GPL 투자의 기술

불황에도 통하는
경매 · NPL · GPL 투자의 기술

초판 1쇄 인쇄일 · 2018년 5월 30일
초판 1쇄 발행일 · 2018년 6월 7일

지은이 · 이상준
펴낸이 · 김순일
펴낸곳 · 미래문화사
등록번호 · 제1976-000013호
등록일자 · 1976년 10월 19일
주소 · 경기도 고양시 덕양구 삼송로 139번길 7-5, 1F
전화 · 02-715-4507 / 713-6647
팩스 · 02-713-4805
이메일 · mirae715@hanmail.net
홈페이지 · www.miraepub.co.kr

ISBN 978-89-7299-494-7 03320

불황에도 통하는

경매
NPL
GPL
투자의 기술

이상준
해피 Banker

MIRAE

NPL · GPL 투자 전도사가 되어 새로운 재테크에 도전하는 사람들에게 희망을 주고자 하는 저자의 진심이 책 전체에 우러나 있다. NPL 투자를 통해 시간적 · 경제적 자유를 얻은 사람들의 성공 이야기를 통해 꿈, 비전, 희망의 메시지를 전해준다. '100세 시대'를 방황하는 많은 사람들에게 꼭 필요하고 유용한 재테크 투자 안내서가 분명하다.

— 최현일,《1% 금리시대, 수익형 부동산으로 승부하라》저자

금융기관의 이자제한법 3% 가산금리 제한으로 NPL 대부법인 및 SPC(유동화전문회사)는 수익에 상당한 타격을 입게 되었다. 하지만 금융기관에서 이론 · 실무 · 실전을 모두 섭렵하고 위험 속에서 새로운 틈새를 찾아내는 경매 투자, NPL 투자의 기술에 이어 GPL 투자법은 새로운 희망을 찾게 해주었다. 저금리 시대 새로운 재테크를 찾고 있는 투자자에게 NPL과 결합되어 은행이자 10배 이상의 고수익이 가능한 GPL의 희망을 전해주는 이상준 박사의 이 책을 읽어보기를 강력히 추천한다.

— 이영준,《NPL 투자분석과 계약실무》저자, 한국부실채권협회장

이상준 박사를 생각하면 가장 먼저 '열정', '실천', '결과'라는 단어가 떠오른다. 식지 않는 열정으로 삶에 숨결을 불어넣으며 또 다른 결과를 내려고 오늘도 실천하는 모습이 눈앞에 선하다. 문득 '이 사람은 왜 이렇게 재테크에 관심이 많은 걸까?'라는 생각이 들었다. 그러다 이 책에서 그 답을 얻었다. 재테크에 성공한 사람들을 인터뷰하고 새로운 분야의 재테크 강의를 부지런히 들으러 다니는 모습에서 누구나 걱정 없는 노후를 영위하도록 도우려는 그의 진솔한 마음을 읽을 수 있다. 이 책을 통해 우리 모두가 꿈꾸는 행복한 미래를 준비하기를 바란다.

- 박대규, 디케이AMC대부(주) 대표

가산금리 전업권 최고 3%로 제한된 2018년 4월 30일부터 가산금리 제한에 묶여 많은 NPL 투자자들이 고민하는 이때, 이 책은 신탁수익권증서 NPL법인 없이 투자 가능한 개인 투자법인 신의 재테크라 일컬어지는 GPL(정상채권-아파트후순위대출)에서 새로운 재테크 시장을 엿보는 훌륭한 지침서이다.

- 김양수, 《신의 한 수 금맥 경매》 저자

CONTENTS

CONTENTS

Chapter 5 | 4차 산업혁명 시대를 준비하는 신개념 재테크

나는 우연한 기회에 대한민국에서 재테크에 관심이 있는 사람이라면 누구나 다 아는 재테크 카페 '행복 재테크'의 운영자 '송사무장'(닉네임)을 알게 되었다. 그분이 강의를 요청해온 일이 인연이 되어 직장 생활을 하면서 본격적인 재테크 강의를 시작하게 되었다. 내가 운영하는 인터넷카페 이상준박사NPL투자연구소(http://cafe.daum.net/happy-banker)의 "해피Banker"라는 닉네임을 지어준 것도 그분이다. 그는 현직에 있는 나를 무척이나 좋아했는데, 직장에 다니면서 공부를 계속해 박사학위를 받는 등 열심히 노력하고 열정적으로 사는 모습을 마음에 들어했다.

'송사무장'을 만나면서 나는 스스로 작아지는 것을 느꼈다. 나름대로 꿈과 열정을 가지고 열심히 살아온 나로서는 망치로 머리를 한 대 세게 얻어맞은 것처럼 충격을 받았다. 그의 꿈과 비전은 이전에 어느 누구에게서도 들을 수 없을 만큼 큰 꿈이었기 때문이다. 더군다나 그의 열정과 기획력은 타의 추종을 불허했다. 인터넷카페 회원들과 첫 강의를 마치고 세상에 이런 공간도 있구나 하고 감탄한 기억이 난다. 학원도 아닌 인터넷카페에서 이렇게 멋지고 훌륭한 젊은이들이 새로운 도전을 하며 자신의 꿈을 성취해가는 모습을 보면서 새삼 따뜻한 인상을 받았다.

최근에는 경매 학원에서 강의를 하게 되었는데, 한 20대 청년이 불쑥 찾아와 같이 대화를 나눈 적이 있다. 그 젊은이는 내게 다소 당돌한 제안을 했다. "박사님의 꿈을 사고 싶습니다. 그리고 앞으로 청사진과 필자의 미래를 보여드리겠습니다."이 젊은이가 보여준 청사진과 미래는 살아 있는 꿈이었다. 이 젊은이와 필자의 꿈은 지금도 지속되고 있다.

주변의 많은 친구들이 나를 일컬어 "돌연변이"라고들 말한다. 얼핏 나쁜 어감으로 다가올지 모르지만 필자는 직장인의 "돌연변이"이다. 평범한 직장인이라면 동료들과 어울려 맥주를 마시거나 시시껄렁한 농담 이야기를 하면서 집과 직장 사이를 반복해 왕복할 것이다. 휴일에는 운동을 하거나 가족이나 동료들의 경조사를 챙기고 때로는 오래된 고객과 어울려 시간을 보내기도 할 것이다.

필자도 20년이 넘도록 그런 삶을 살아왔다. 그러던 어느 날 문득 퇴직 후 미래를 생각하니 불안했다. 그래서 7년 전 사회복지사 자격증을 취득하고 관련 분야 공부를 계속했다. 그러고 나서 대학원을 졸업하고 박사학위를 받았다. 친구들은 "내 주변에서 제일 성공한 사람은 바로 너야"라고 이야기한다. 하지만 나는 "오늘 나의 위치는 내 삶에서 가장 낮은 자리에 있다. 친구들아! 더 지켜봐 다오. 퇴직 후에는 날개를 달고 하늘을 훨훨 날아 더 높은 곳으로 갈 테니……."라며 흐뭇한 웃음을 짓는다.

특강을 마치고 몇 분이 아카데미 정규 과정을 만들어 달라고 청했을 때는 처음에 많이 망설였다. 하지만 그분들의 청이 있었기에 새롭게 도전해 지금의 내가 있을 수 있었다. "왜 NPL 아카데미를 개최하세요?" 라고 누군가 묻는다면 나는 "새로운 재테크 수단으로 거대한 쓰나미처럼 NPL과 GPL이 우리 앞에 있기 때문입니다."라고 거침없이 말할 것이다. 지금 새로운 재테크 수단이 우리 앞에 있다. 옛말에 "천리지행 시어족하(千里之行始於足下)"라고 하듯이 천 리 길도 발아래에서 시작된다. 모든 일은 기본에서부터 시작해야 한다. 시작은 미흡하더라도 한 걸음 한 걸음 내딛다 보면 언젠가는 모두가 원하는 목표 지점에 닿을 수 있을 것이다.

부모에게 받은 금 수저를 물고 태어나 재산이 많은 사람이 우리 주변에 그리 흔하지는 않다. NPL과 경매로 부자가 된 사람들은 우리와 다를 바 없는 평범한 사람들이다. 하지만 그들을 직접 만나 인터뷰하고 전해 들은 투자 노하우는 어디서도 쉽게 들을 수 없는 것이었다. 이제 차곡차곡 모아놓은 그 비법을 비밀노트로 풀어 여러분에게 들려드릴까 한다.

제1장에는 매각가율이 높은 치열한 경매 시장에서 새롭게 급부상하는 재테크에 대한 실패 없는 똑똑한 투자법을 내용으로 담았다. 특히 2018년 4월 말에 시행되는 가산금리 인하에 따른 고수익 틈새 투자법을 담고 있다.

제2장에는 직장인들이 관심이 많은 소액 투자로 투잡에 성공하여 시간적 · 경제적 자유는 물론이고 평생의 부(富)를 얻을 발판을 마련하는 방법이 수록되어 있다.

제3장에는 땅 투자 황금법칙과 공장 투자 그리고 대위변제와 특수물건으로 고수익을 얻는 방법을 수록했다.

제4장에는 부실채권의 오해와 진실 그리고 2018년 4월부터 시행된 3% 가산금리 인하에 따른 고수익 틈새시장 투자법과 NPL 법인 설립 없이 개인 투자자가 신탁수익권증서를 이용해 소액 투자로 수익을 얻을 수 있는 방법이 수록되어 있다.

마지막으로 제5장에는 4차 산업혁명 시대에 100세 시대를 준비하는 '신의 재테크' GPL(정상채권) 투자로 정기예금보다 10배 높은 수익을 얻을 수 있는 방법을 수록했다.

중국 당나라 때 천재 시인 '이태백'을 모두 알 것이다. 이태백이 한

때 글이 잘 써지지 않아 붓을 꺾고 유랑을 할 때가 있었다. 어느 날 산중 오두막집에서 하룻밤을 머물게 되었는데, 이튿날 보니 오두막에 사는 노인이 아침부터 뭔가를 숫돌에 열심히 갈고 있었다. 이태백이 궁금하여 가까이 다가가 보니 노인이 큰 쇠절구를 숫돌에 갈고 있었다. 이태백은 이상해서 노인에게 물었다.

"무엇을 하려고 그렇게 열심히 갈고 계십니까?"

그러자 노인이 자신 있게 대답했다.

"네. 바늘을 만들기 위해서 갈고 있습니다."

이태백이 생각할 때 황당한 일이 아닐 수 없었다. 어느 세월에 그 쇠절구를 갈아서 바늘을 만들려는지……. 이태백은 노인의 행동이 답답하고 미련해 보였지만, 노인은 계속해서 쇠절구를 열심히 갈았다.

한참을 그 모습을 바라보던 이태백은 큰 깨달음을 얻었다. 그러고는 바로 집으로 돌아가 다시 붓을 잡았고, 이후 유명한 문필가가 되었다.

무슨 일이든 시작이 절반이다. 어느 세월에 하느냐고? 지금부터 하면 된다. 재능이 없는데 어떻게 하느냐고? 아홉의 노력을 더하면 열에 도달할 수 있다. 우리가 하는 일도 모두 이와 마찬가지이다.

아무리 한다하는 투자 비법서라 해도, 책을 읽다 보면 '나도 정말 할 수 있을까'라는 의문이 생기게 마련이다. 이 책을 보면서도 '내가 정말 할 수 있을까' 하는 의구심이 들지도 모른다. 하지만 일단 첫걸음을 내딛어보라. 혼자가 힘들면 여럿이 가는 방법도 있다. 절대 포기하지 말고 '절대 긍정'의 마음으로 하나하나 배워 나가길 바란다.

Chapter 1

치열한 경매 시장,
새롭게 급부상하는
재테크

1
근린상가 특수물건의 특별한 투자 비법

부천상동에서 강의할 장소를 찾던 중 우연히 상동역 2번 출구에 있는 스터디허브를 알게 되었다. 강의 장소가 어떤지 확인할 겸 현장을 방문했다가 스터디허브 운영자를 만났다. 원래 룸살롱이었던 이 강연장은 경매로 나와 유치권 10억 이상 그리고 관리비 1억 원 이상 연체된 상태였으나 대학원 후배 변호사를 통해 소장을 쓰고 변론에만 참석하는 조건으로 300만 원을 주고 유치권 배제 소송을 해 관리비 중 공용 부분만 70% 선에서 합의 정리한 것이었다. 이곳의 오른쪽 일부분은 만화방으로 그리고 왼쪽은 강연장(60명 입실 가능한 대형 강연장과 40명 입실 가능한 중형 강연장, 20명 입실 가능한 소형 강연장 그리고 5명씩 강의할 수 있는 소형 강연장)으로 운영 중에 있었다.

알고 보니 그분은 요즘 TV에서 떠들썩하게 보도하는 곳에 다니던 공무원이었다. 경매투자로 임대 수익이 가능해지면서 40대 초반에 과감히 신의 직장이라는 공무원직을 그만두고 나와 일산에서 경매학원을 운영하다가 학원 수강생들과 이곳을 경매로 낙찰 받아 강의실로 개조한 것이었다.

대개 일반 경매투자자들은 유치권이 있거나 관리비가 억대로 미납되어 있으면 아예 입찰에 참여도 하지 않는다. 하지만 이 원장님은 이런 틈새만 노려 변호사 비용을 저렴하게 주고 유치권 배제 소송과 관리비 협상으로 처리하는 탁월한 능력이 있었다. 필자의 카페에 '라첼의 셀프 경매'라는 칼럼을 쓰는데 감칠맛 나는 글도 인기지만 현장감 있는 명도 방법과 특수물건 처리 방법까지 다루어 매우 인기가 높다.

대상 물건은 7호선 상동역 3번 출구 앞 실평수 200평대 초역세권 상가에 있었다. 다만 너무나 좋은 물건이지만 부천 최대 규모의 룸살롱이었다. 5층, 6층 모두 같은 사장이 운영하는 룸살롱이었다. 5, 6층 합쳐서 유치권만 20억 이상 걸려 있었다. 경매로 나온 것이 아니라 공매로 나왔기에 명도 소송으로 해결해야 했다. 게다가 대지권미등기까지, 산 넘어 산이었다. 너무나 좋은 물건이긴 한데 유치권을 해결하지 못하면 마치 에덴동산에서 금단의 열매를 따먹은 것처럼 재테크의 세계에서 영원히 떠나야 한다. 유치권 외에 미납 관리비만 해도 1억 원 이상이 밀려 있었기에 소요 자금도 만만치 않게 들었다.

이 경매학원 원장님이 어떻게 처리했는지 그 특별한 투자 비법을 소개한다. 일명 '룸살롱+유치권+대지권미등기=복합세트 박살내기'이다.

첫째, 비록 20억 원의 유치권이지만 최근까지 운영한 룸살롱임을 감안하면 성립 여지는 적다. 아마 설립 당시 시설비일 것이다.

둘째, 대지권미등기 물건이라 대출이 거의 나오지 않는다. 소요 자금이 많이 들어간다. 어떻게 해결해야 할까?

셋째, 부천 최대 룸살롱이라면 뒤에서 봐주는 사람들이 있을 텐데 어떻게 처리해야 할까? 마치 삼국지에서 유비가 죽은 후 어린 황제 유선을 앞에 두고 여섯 갈래로 쳐들어오는 위나라의 강적들을 하나하나 각개 격파시켜 나가는 제갈공명의 지혜를 발휘해야만 할 때다.

넷째, 공매 물건이고 공투 물건이라면 명도소송 외에 유치권부존재 소송, 대지권 미등기소송이다. 소송이 길어질 경우 1년 이상 걸리므로 함께 공동투자한 구성원들의 의지가 중요하다.

일단 이 원장은 철수한 후 4가지 절차를 단계적으로 제기했다.

첫째, 물건 특성상 점유이전금지가처분 신청을 해서 상대방의 장난질을 막아놓는다. 공매지에 나와 있지 않은 제3자가 들어와 있으면 강제집행이 힘들어진다. 집행관이 계고장을 붙임으로써 상대방을 압박하는 효과도 있다.

둘째, 유치권부존재 소송을 제기한다. 유치권자는 아무리 전화를 걸어도 받지 않는다. 사무실을 찾아가 보아도 굳게 잠겨 있다. 진성유치권자라면 낙찰자를 만나 적극적으로 주장할 터인데 이러한 정황만 봐도 허위임에 틀림없다.

셋째, 대지권미등기 소송을 건다. 일반적으로 상가 건물의 대지권미등기는 여러 사유가 있으나, 이 물건지의 경우는 약 80%의 입주 호수는 대지권등기를 했으므로 나머지 호수만 소송을 통해서 찾으면 된다. 훨씬 쉬운 방법은 동 상가를 분양한 회사를 찾아가

약간의 돈을 주고 대지권등기 서류를 찾아오면 되지만, 아무리 찾아도 연락이 되지 않았다. 빨리 대지권미등기를 해소해야 대출이 나오는데 소송으로 하려니 시간이 정처 없이 흘러갔다. 결국 거의 7개월 만에 대지권 승소판결을 받았다.

넷째, 어느 정도 자료가 확보된 후 부천경찰서에 고소장을 제출한다. 그러나 유치권자의 경매입찰 방해 행위가 없어 고소장이 접수되지 않았다. 차라리 유치권자나 사장에게 몇 대 맞아 폭력죄로 고소하는 것이 사건 진행은 훨씬 빠를 듯싶은데 상대방도 이를 잘 아는지 말로만 위협할 뿐 행동은 취하지 않았다.

다섯째, 유치권 소송을 진행한다. 상대가 변호사를 선임하여 사건 해결이 쉽지 않겠다 싶어 부랴부랴 잘 아는 후배 변호사를 선임하여 대응해 나갔다. 이 소송은 근 1년을 끌어 승소했다.

필자가 "어떻게 경매 공부를 하셨나요?"라고 물으니 "새로 출간되는 경매 책을 통해서 간접적으로 배웠고 그 내용을 토대로 실전 경험을 하면서 막히는 문제가 있으면 주변 지인과 전문가에게 물어 해결 방법을 찾거나 전문가의 특강을 듣고 판결문과 법전을 통해 지식과 실전을 하나하나 채워 나갔습니다."라고 답하는 이 원장의 모습에서 당당함과 뿌듯함을 엿볼 수 있었다.

이 원장과 같은 사람을 만날 때 나는 제일 보람을 느낀다. 상대방을 존중하며 그 분야의 전문가에게 배우는 겸손한 미덕이 이분을 이 자리에까지 오게 한 듯하다.

스터디허브에서 강의하면서 강연장 벽면에 쓰인 글을 보았다.

"성을 쌓는 자는 망할 것이며, 이동하는 자는 살아남을 것이다."

역시나 이 원장다운 글이 적혀 있었다. 대부분의 사람들은 자신이 가진 무한 잠재력을 인식하지 못하고 살아가기 쉽다. 일단 저지르고 보면 자신도 놀랄 만한 잠재력이 있음을 발견할 가능성이 높아진다.

"해보지 않고는 당신이 무엇을 해낼 수 있는지 알 수가 없다."

이 원장님에게 출판사를 소개하며 책 쓰기를 권하였는데 최근 그 책이 나왔다. 제목은 '상가 경매로 비즈니스하라'이다. 책을 출판하고 나서 필자에게 "훌륭한 멘토를 만나 책까지 쓰게 되어 정말 고맙다"라고 말씀해주어 흐뭇했던 기억이 난다.

🔖 Key Point

특수물건(유치권, 법정지상권, 지분투자, 위장 임차인 등) 투자는 전문가들만의 영역으로 여겨졌으나 이제는 일반인도 아파트 지분투자와 임야 지분투자 등 특수물건 투자로 고수익을 얻는 사례가 많아지고 있다. 필자의 VIP실전투자반에 있는 조 대표는 구분소유권 지분경매를 받아 대지지분 등기로 고정적인 임대 수익을 얻고 있다. 지분등기 없는 목욕탕을 경매로 낙찰 받아 지분 없이도 목욕탕을 운영해 월 1,600만 원의 순수익을 얻는 분도 있다.

2
부자경제학, 평생 돈 걱정 없이 사는 법

금리에 민감하지 않은 부실채권(NPL)이 다시 뜨거워지고 있다. 그러나 전업권 이자제한법 3%에 묶여 주춤하는 투자자들이 있다. NPL 투자법을 제대로 잘 모르기 때문이다. 저금리와 부동산 가격 하향세가 지속되면서 틈새시장인 NPL 펀드가 꾸준한 수익을 내며 눈길을 끌고 있다. NPL 펀드가 연수익률 7~10%를 기록하면서 연기금 등 기관은 물론 증권사 프라이빗뱅커(PB)들도 시장에 가세하고 있다. 2017년 말 기준 전체 NPL 시장 규모는 30조 원. 이 가운데 지난 7월 이전까지 개미투자자가 법원 경매를 통해 사들인 NPL(부실채권)은 3~5조 원 수준으로 추산된다. 공모펀드가 활성화되면 이 수준까지는 시장이 커질 것이다.

이런 추세에 맞춰 그동안 기관 투자가를 대상으로 NPL 사모펀드를 굴려온 운용사들도 공모펀드 출시를 검토하고 있다. 폐쇄형으로 운용하는 NPL 펀드 특성상 개인을 대상으로 하는 공모펀드는 없었다. 개미투자자 수요가 높은 만큼 공모펀드를 내놓기 좋은 여건이다.

이제 부실채권은 재테크에 새로운 툴로 활용되고 있다. "산을 옮기는 사람은 작은 돌멩이부터 옮긴다."라는 말이 있다. 본격적으로 재테크를 시작하기 전 한 번쯤은 곱씹어볼 만한 명언이라고 할 수 있다. 큰돈을 모으기 위해서는 작은 실천이 중요하기 때문이다. 재테크를 처음 시작하는 일반 직장인에게 1억이라는 돈은 거대한 산처럼 느껴질 수 있다. 1억을 만들려면 하루 1만 원씩 월 30만 원을 모으면 꼬박 15년이, 하루 5만 원씩 월 150만 원을 모은다고 해도 5년 가까이 걸리기 때문이다.

3년이라는 짧은 시간에 1억 원 종잣돈을 만들려고 하면 월 277만 원의 저축이 필요하므로, 월 평균소득을 200~300만 원 가량으로 보았을 때 단순 저축만으로는 불가능에 가깝다. 하지만 오늘 작은 돌멩이를 옮기기 시작한다면, 곧 거대한 산을 만날 수 있을 것이다. 물론 그러기 위해서는 수익률을 극대화시킬 수 있는 체계적인 재테크 방법이 필수적으로 동반되어야 한다.

재테크에서 종잣돈의 중요성은 재테크 초보라고 해도 누구나 알고 있다. 일단 종잣돈 1,000만 원을 모으는 것을 목표로 자신의 현금 흐름을 진단하는 과정이 필요하다. 종잣돈을 손에 쥔 이후부터는 어떻게 굴리느냐에 따라 목표를 달성하는 데 걸리는 시간과 노력을 단축할 수 있다. "투자 성향에 따라 최적의 포트폴리오를 만들고, 다양한 상품에 분산 투자하는 것이 가장 기본적인 1,000만 원 굴리기로 1억을 만드는 방법"이다. 안정성이 높은 은행권 적금을 기반으로 채권과 수익성이 높은 주식, 펀드에 장기적으로 비과세·복리·소득공제 혜택을 볼 수 있는 저축성 보험 등 다양한 상품을 서로 단점을 보완할 수 있도록 구성하는 것이 금융 포트폴리오의 기본이다.

NPL은 안전성과 수익성 그리고 환금성에 절세 효과까지 있다. NPL 양수도 계약 방식은 크게 4가지로 나뉜다. NPL 양수도 계약은 론세일Lone Sale, 채무인수, 사후정산, 사전정산(입찰 이행 및 채권 일부 매매계약) 방식으로 행해지고 있다. 이 4가지 계약 방식을 간단히 알아보자.

첫째, 론세일은 NPL 양수인이 채권자 지위를 승계해 부동산 등기부등본에 양수인의 이름이 반드시 등재되는 계약 방식으로 배당과 유입(낙찰)을 동시에 할 수 있다.

둘째, 사후정산 방식은 론세일과 채무인수 방식의 중간 형태로 매입자가 NPL 채권자(유동화회사)에게 약 10%의 계약금(입찰 보증금으로 대체)을 지불하고 매입자가 경매에 반드시 참여해 낙찰 잔금을 납부하면 채권자가 배당금을 수령한 후 매수자에게 계약한 매입금에서 계약금을 공제한 나머지 금액을 되돌려 주는 형식이다.

셋째, 사전정산 방식은 론세일과 사후정산 방식의 중간 형태로 전체 매매 근저당권(NPL) 중 일부를 매수자에게 매각해 각자가 법원으로부터 배당을 받는 방식이다.

이 세 가지는 채권 양도를 전제함으로 금융감독원 등록법인 대부사업자 등이 아니면 매매 자체가 불가능하게 되었다. 그래서 금융감독원 미등록자나 개인 투자자 등이 NPL 물건(유입) 매입을 할 수 있는 방법으로 '대위변제투자법', '입찰참가조건부 사후정산 방식', '채무인수 방식'이 통용되고 있다.

넷째, 채무인수 방식은 채권양수인이 채무자의 지위를 승계하는 형태로 유동화전문회사(매도자)에게 매도 금액의 약 10%를 계약금으로 걸고 입찰에 반드시 참여해 낙찰을 받은 후 금융기관으로부터 '상계동의서'를 받아 특별한 대금 지급 방법으로 잔금을 납입하거나 경락잔금을 대출 받아서 매도금 중 계약금과 입찰보증금을 공제한 금액을 매도자에게 지불하고 근저당권을 말소하는 방식이다. 이는 채권양도가 아니기 때문에 동 법률에 저촉되지 아니하므로 매입(유입)이 가능하다.

채무인수 계약 시 주의할 점은 매도자가 대부분 차액보전(CAP) 약정을 요구하므로 리스크 등에 대한 세심한 주의와 요령이 필요하다는 것이다.

NPL 법인 설립은 2018년 6월 1일부터 자기자본 10억 원에 기존 3억 원 NPL 법인은 2년간 2020년 5월 31일까지 유예해주었다.

■ 사례 분석

경기도 의정부시 호원동 *47-1, *48-2 ○○아파트 10*동 12층 120*호, 84.66㎡

감정가액 230,000,000원=247,000,000원(주변시세)−250,000,000원

설정금액 234,000,000원(대출 잔액 180,000,000원)

매입가액 195,000,000원

예상낙찰 215,000,000원(매입 시−낙찰예상가),

실제낙찰 232,000,000원(입찰인원 16명)

대출금액 144,000,000원(NPL질권대출)−안양저축은행

총투자금 201,730,027원=195,000,000원(NPL매입)+1,404,000원(이전비용)
　　　　　　+5,326,027원(질권대출이자)

병합/중복 과거사건						
소 재 지	경기 의정부시 호원동 두산 (11632) 경기 의정부시 벽석로 62					
경 매 구 분	강제경매	채 권 자	원			
용 도	아파트	채무/소유자	김	매 각 기 일	16.04.05 납부	
감 정 가	230,000,000 (15.05.26)	청 구 액	9,211,767	종 국 결 과	16.05.11 배당종결	
최 저 가	161,000,000 (70%)	토 지 면 적	24.54 m² (7.42평)	경매개시일	15.05.20	
입찰보증금	20% (32,200,000)	건 물 면 적	84.66 m² (25.61평) [33평형]	배당종기일	15.08.05	
조 회 수	(단순조회 / 5분이상 열람) ·금일 2 / 0 ·금회차공고후 222 / 44 ·누적 746 / 128					조회통계
조 회 분 석	·7일내 3일이상 열람자 19 ·14일내 6일이상 열람자 10					(전국연회원전용)

■ **특수권리분석** ※ 이해관계자 제보 등을 반영한 지지옥션의 주관적 분석 의견임

· **재매각**
1회 유찰되고 2회차 매각기일에 매각가를 100.9%에 낙찰된 바 있으나, 대금을 미납하여 재매각(재경매)이 진행중입니다. 권리분석 (등본상의 모든 권리는 매각(낙찰)으로 인하여 소멸되고, 매수인 (낙찰자)이 인수하는 권리는 없습니다. 동소에 소유자가 점유하고 있는 점을 감안하면, 통상적인 이사비용 지급문제 외에 명도의 어려움도 없을 것으로 예상됩니다. 다만, 국토교통부 2015년도 실거래가격 자료에 따르면, 동일

평형(전용면적 84.66m²) 아파트가 2억4,500만원(19층)과 2억2,700만원(5층)에 거래되었다는 점을 감안하면, 실거래가격과 낙찰가격이 크게 차이가 없어서 대금납부에 대하여 고민하고 있는 것이 아닌가 추정됩니다. 이를 감안하면, 재매각절차 진행중에 대금을 납부할 가능성도 있겠습니다. 인근 중개업소를 방문하여 실거래가격, 특히 급매물가격에 대하여 탐문조사를 해본 후에 입찰하시기 바랍니다.(16.03.22)

■ 본 물건에 대한 이해관계인 및 회원의 제보를 받습니다. **제보하기**

≪ 가지고 계신 물건사진을 등록하면 사이버머니 지급 또는 광고를 게재해 드립니다 ≫ 회원당사사진등록

질권대출 144,000,000원, 연7.5%, 180일 = 5,326,027원(안양저축은행)

현금투자 57,730,027원=201,730,027원(총투자금)-144,000,000원(NPL매입)

매각금액 29,168,369원=232,000,000원-1,101,604원(경매비용)

−144,000,000원(대출)−57,730,027원(현금투자)

수익률 29,168,369원/57,730,027원=50.05%, 연수익률 102.45%

○○저축은행 채권을 ○○AMC가 NPL로 채권매입 인수한 후 2015년 10월 13일과 2015년 12월 22일에 매각기일 변경을 신청했다. 그동안 본 채권을 개인에게 입찰참가조건부 사후정산 방식으로 재매각했다. 그 이유는 AMC가 합법적인 연체이자를 받기 위해서였다.

한때 아파트 시세가 2억 원이고 전세가 1억 8,000만 원일 때

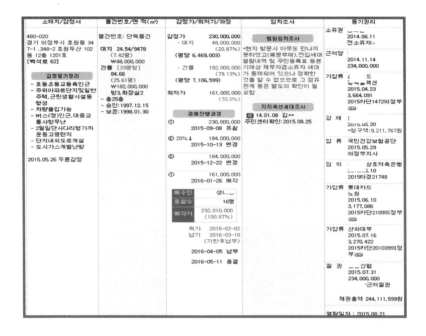

소재지/감정서	물건번호/면적(㎡)	감정가/최저가/과정	임차조사	등기권리
480-020 경기 의정부시 호원동 34 7-1, 348-2 호원투산 102 동 12층 1201호 [백석로 62] **감정평가정리** - 호동초등교통축인근 - 주위아파트단지및일반 주택,근린생활시설등 형성 - 차량출입가능 - 버스(정)인근,대중교 통사항무난 - 2필일단사다리형가까 운동고평탄지 - 단지내외도로개설 - 도시가스개별난방 2015.05.26 두름감정	물건번호: 단독물건 대지 24.54/9478 (7.42평) ₩48,000,000 건물 [33평형] 84.66 (25.61평) ₩182,000,000 방3,화장실2 - 총25층 - 승인:1997.12.15 - 보존:1998.01.30	감정가 230,000,000 · 대지 48,000,000 (20.87%) (평당 6,469,003) · 건물 182,000,000 (79.13%) (평당 7,106,599) 최저가 161,000,000 (70.0%) **경매진행과정** ① 230,000,000 2015-09-08 유찰 ② 20%↓ 184,000,000 2015-10-13 변경 ② 184,000,000 2015-12-22 변경 ① 161,000,000 2016-01-26 매각 매수인 성L,ᄀ 응찰수 16명 매각가 232,010,000 (100.87%) 허가 2016-02-02 납기 2016-03-10 (기한후납부) 2016-04-05 납부 2016-05-11 종결	**법원임차조사** ·현지 방문시 아무도 만나지 못하였고(폐문부재),전입세대 열람내역 및 주민등록표 등본 기재상 채무자겸소유자 세대 가 등재되어 있으나 정확한 것을 알 수 없으므로 그 점유 관계 등은 별도의 확인이 필 요함 **지지옥션세대조사** ⊞ 14.01.08 김** 주민센터확인:2015.08.25	소유권 2014.08.11 전소유자: 근저당 2014.11.14 234,000,000 가압류 2015.04.23 3,664,091 2015카단1472의정부 강제 2015.05.20 ·청구액:9,211,767원 압류 국민건강보험공단 2015.05.29 의정부지사 임의 상호저축은행 2015.03.10 2015타경21748 가압류 롯데카드 노원 2015.06.10 3,177,086 2015카단2109의정부 가압류 산와대부 2015.07.16 3,270,422 2015카단201039의정 부 질권 신협 2015.07.31 234,000,000 ·근저질권 채권총액 244,111,599원 열람일자 : 2015.08.21

2,000만 원을 투자하고 집값이 2억 3,000만 원으로 오를 때 3,000
만 원의 수익을 얻을 수 있는 갭(GAP) 투자가 유행한 적이 있다.
이 채권의 매매 하한가는 2억 2,000만 원이다. 전세 상한가는 1억
9,500만 원이다. 실제 전세를 끼고 투자할 경우 2,500만 원만 있으
면 된다. 급매로 나온 아파트를 하한가로 매입한 후 전세를 내놓는
갭투자로 2억 5,000만 원이면 아파트 열 채를 매입할 수 있다. 아파
트 시세는 역세권이거나 학군이 좋으면 오르게 되어 있다. 1년 후
1,000만 원씩만 올라도 1억 원 수입을 챙길 수 있다. 하지만 정부의
2017년 8·2조치와 후속 조치인 9·5조치로 갭 투자에 위험 신호
가 감지되고 있다.

하지만 NPL 투자는 대출 제한이 없고 질권대출 금리는 인하되
고 있다. 부실채권에 투자할 때는 채권매입 금액보다 저렴할 때 직

	거래금액	차액-만	면적-m²	m²당 금액	계약년월	계약일	층	전체 ▼
본건비교	232,010,000	-	84.66 (26평)	2,740,491	2016.01	26	12	경매
국토부 실거래가 (84.66m²) ▶more	247,000,000	1,499 ▲	84.66 (26평)	2,917,553	2016.09	21~30	6	매매
	210,000,000	2,201 ▼	84.66 (26평)	2,480,510	2016.08	1~10	16	매매
	255,000,000	2,299 ▲	84.66 (26평)	3,012,048	2016.08	11~20	19	매매
	233,000,000	99 ▲	84.66 (26평)	2,752,185	2016.08	11~20	2	매매
	224,000,000	801 ▼	84.66 (26평)	2,645,878	2016.05	21~31	6	매매
	90,000,000 월 350,000	-	84.66 (26평)	1,063,076	2016.09	1~10	16	임대
	200,000,000	-	84.66 (26평)	2,362,391	2016.06	11~20	14	임대
	10,000,000 월 900,000	-	84.66 (26평)	118,120	2015.09	21~30	10	임대

[론세일 사례분석] 수익률 102.45%

의정부시 호원동 *47-1, *48-2 ○○아파트 10*동 12층 120*호, 84.66평방미터
감정가액 230,000,000원, 주변시세 247,000,000원-250,000,000원
최고가매각 234,000,000원(대출 잔액 180,000,000원)
매입가액 195,000,000원
예상낙찰 215,000,000원(매입시-낙찰예상가),
실제낙찰 232,000,000원 입찰인원 16명
대출금액 144,000,000원(NPL질권대출)-안양저축은행
총투자금 201,730,027원=195,000,000원(NPL매입)+1,404,000원(이전비용)+질권대출이자 5,326,027원
질권대출 144,000,000원, 연7.5%, 180일 = 5,326,027원(안양저축은행)
현금투자 57,730,027원=201,730,027원(총 투자금)-144,000,000원(NPL매입)
매각금액 232,000,000원-경매비용 1,101,604-144,000,000원(대출)-57,730,027원=29,168,369원
수익분석 29,168,369원/ 57,730,027원=50.05%(수익률), 연수익률 102.45%

아파트	경기 의정부시 호원동 347-1외1필지 호원두산 (33평)						
평형정보	25.61평 (84.66m²) / 총 25층 / 방3개 / 욕실2개 / 계단식						
단지정보	시공사 : 두산건설		준공일 : 1997.10.01		난방 : 개별/도시가스		
	총 430가구/2동		주차 430대/가구당 1대		관리소 : 031-979-3918		
시세 (만원)	기준일	매매(下)	매매(上)	변동	전세(下)	전세(上)	변동
	현재	22,000	25,000		18,000	19,500	
	1주 전	22,000	25,000	-	18,000	19,500	-
	1달 전	22,000	25,000	-	18,000	19,500	-
	3달 전	22,000	25,000	-	18,000	19,500	-
	6달 전	22,000	25,000	-	18,000	19,500	600▲
	1년 전	22,000	25,000	-	17,500	19,000	-

접낙찰법(유입)을 이용하면 시세보다 더 낮은 가격으로 부동산을 매입할 수 있는 장점이 있다.

담보부 부실채권은 소액 투자가 가능하고 상대적으로 안정성이 높고 아파트에 투자할 경우 위험성은 없다. 하지만 소액 투자가 가능한 만큼 배당수익도 적다.

필자가 몸담고 있는 NPL경매아카데미에서 강의를 듣는 수강생 중에는 투잡을 하는 사람도 있지만 대부분 대기업이나 외국인 회사에 다니다 은퇴한 사람들이 많다. 재테크의 새로운 틈새시장으로 안성맞춤이기 때문이다. 좋은 결실을 맺기 위해서는 위험을 피

하고 NPL 투자법에 대해 제대로 학습해야 한다. 운전하는 법도 모르면서 운전대를 잡는 어리석은 사람은 아마도 없을 것이다. 올바로 배우고 리스크를 줄이는 방법만 안다면 상대방의 패를 훤히 보고 고스톱을 치는 방법은 얼마든지 있다.

3
소액으로 수익 낸 론세일 근저당권 투자

부동산 시장 한파에 경매 열기도 식어가는 듯하다. 정부의 8·2 부동산 대책과 9·5 후속 조치의 영향이 경매 시장에도 미치고 있기 때문이다. 경매의 3대 지표인 낙찰가율(감정가 대비 낙찰가 비율)과 낙찰률(경매 진행 물건수 대비 낙찰 건수 비율), 평균 응찰자 등이 2018년 4월에 비해 모두 떨어졌다. 그리고 2018년 4월 1일부터 시행된 다주택자 양도소득세 중과세 영향이 큰 듯하다.

평균 낙찰가율은 2018년 4월 대비 75.8%에서 73.3%로 하락했고 낙찰률은 42.2%에서 39.3%로 낮아졌다. 경매 물건당 평균 응찰자수는 4명으로, 전월 대비 0.3명 감소했다. 이는 2018년 2월 4명 이후 가장 적은 수치다. 특히 두 달 연속 역대 최고치를 찍었던 주거 시설의 낙찰가율은 87.4%로, 지난 10월(90.3%)에 비해 2.9%포인트가 낮아졌다.

최근 일반 거래 시장에서 서울 등 일부 지역의 아파트 값이 약세

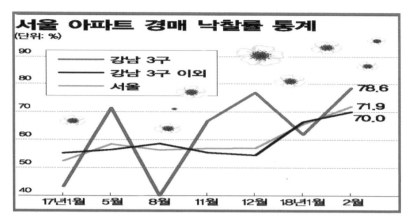

서울 아파트 경매 낙찰률 통계
(단위: %)

- 강남 3구
- 강남 3구 이외
- 서울

78.6
71.9
70.0

17년1월   5월   8월   11월   12월   18년1월   2월

를 보이고 거래가 감소한 것이 경매 시장에도 영향을 미친 것으로 보고 있지만 지역에 따라 물건에 따라 여전히 낙찰가율은 고공행진을 벌이고 있다.

전체 매물의 낙찰가율은 감정평가액 대비 70.3%. 이중 인기가 집중되고 있는 매물인 주거 시설의 경우 2018년 4월 낙찰가율이 전달보다 2.7%포인트가 오른 90.1%를 기록했다. 역대 최고치인 2007년 3월 낙찰가율과 동일하다.

부동산 시장에서 지난해 8·2 부동산 대책 이후 서울 강남권으로 수요가 집중되었다. 하지만 공급이 부족해지면서 매매는 물론 강북을 비롯해 이제는 경매까지 영향이 미치고 급기야는 수도권 인근 아파트 경매도 치열해지고 있으며 매물 품귀 현상과 경매 과당 경쟁은 당분간 지속될 전망이다.

특히 서울 아파트 낙찰률은 64.6%로 올해 들어 가장 높았는데, 낙찰률이 60%를 웃돈 사례는 최근 16년간 단 8번에 불과했다. 이런 현상은 집값이 뛰면서 상대적으로 저렴한 경매를 통해 내 집을 장만하려는 수요가 늘었고 시세 차익을 노린 투자자까지 가

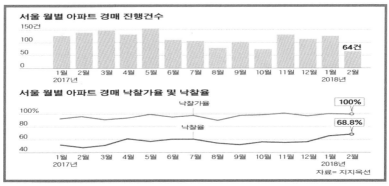

서울 월별 아파트 경매 진행건수

서울 월별 아파트 경매 낙찰가율 및 낙찰율

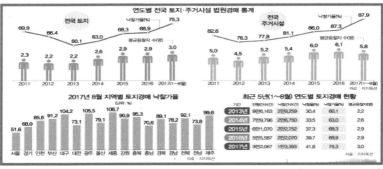

연도별 전국 토지·주거시설 법원경매 통계

2017년 8월 지역별 토지경매 낙찰가율

최근 5년(1~8월) 연도별 토지경매 현황

[자료 출처 : 지지옥션]

세했기 때문으로 풀이된다. 강남 재건축에서 시작된 집값 급등이
시장 전체로 퍼지고 있는 데다 금리가 낮아 채무자들의 연체가 준
것도 한 가지 이유다. 또한 경매 물건이 많지 않고 시중 유동자금
이 풍부할 뿐 아니라 정부의 강도 높은 부동산 대출규제로 인해 금
융부실에 따른 우량 경매 물건의 증가도 예상되어 당분간 경매 열
기가 이어질 것으로 내다보인다.

이러한 이유로 인해 '경매 광풍'이라고 할 정도로 퇴직자들을 비
롯해 부동산에 관심이 있거나 노후를 준비하기 위해 수익형 부동
산으로 평생 연금을 받으려는 투자자들 가운데 여전히 경매 시장
참여자가 늘어나고 있다. 실수요자를 중심으로 한 주택 시장을 중

심으로 시세 차익을 노리는 투자자들까지 다양한 참여자들이 각자 노림수를 가지고 뛰어들고 있는 상황이다.

그러나 경매 시장에 참여한 모든 이들이 내 집 장만의 꿈과 재테크에 성공하는 것은 아니다. 경매 시장은 정확한 권리분석 등 전문 지식과 풍부한 경험이 필요하므로 단기 부동산아카데미 등 가볍게 익힌 지식만으로 경매 시장에 뛰어들어 낭패를 보는 경우를 자주 보게 된다.

다음 NPL 예정 물건을 맛보기로 가볍게 몸풀기를 해보자. 부동산 경매와 NPL 투자 가운데 어느 투자자에게 유리할까?

■ 사례 분석

인천광역시 남구 주안동 10-11,-12대인맨숀빌라 4층 40*호
건물 49.99㎡(보존 1995년)
감정가 95,000,000원   **채권최고액** 76,700,000원
대출원금 59,000,000원+1,884,690원(경매비용)=60,884,690원

경매를 통해 본 물건을 낙찰 받으려면 얼마에 낙찰 받을 수 있을까? NPL로 매입을 하면 얼마에 매입할 수 있을까? 각자 나름대로 NPL 권리분석을 해보자.

필자가 쓴 책《NPL 知테크 아는 만큼 더(加) 번다》에 나오는 NPL 매각 금융기관 MRP(최저매각가격)로 유추해보면, 다세대주택 매각가율(1년 통계)은 79.44%이다. 감정가액 95,000,000원× 79.44%= 75,468,000원-1,884,690원(경매비용)=73,583,310원/1.15= 63,985,486원, NPL 매각 금융기관에서는 15% 할인가를 적용해 MRP(최저매각예상가액) 63,985,486원에 가격 설정을 해놓은 상태다.

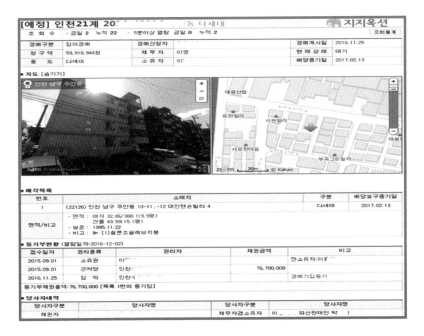

즉 이 금액 이상으로 '매수의향서'만 써 넣으면 매각 심사위원회를 통해 매각하겠다는 것이다. 채권 최고액 76,700,000원을 130%로 나누면 원금 59,000,000원이다. 금융기관에서 설정비와 감정료를 납입해야 한다는 공정거래위원회 위헌판결 전 대출이라 130%를 설정했다. 그러나 2014년 이후 현재 120%를 설정하고 있다.

그러나 대출원금(잔액) 59,000,000원+1,884,690원(경매비용)=60,884,690원, 위에서 산정한 가격에서 보았듯이 MRP(최저매각예상가)가 63,985,486원이다.

경매로 참여하면 같은 지역 동종 물건 낙찰가와 같이 78,511,000원 선에 낙찰될 것이다. 그러나 NPL로 금융기관에서 매입한다면 63,985,486원에 소정의 이자, 즉 65,000,000원 선이면 매입할 수 있을 것이다.

필자는 경락잔금대출 한도 의뢰를 많이 받는데, 10건 중 4건은 NPL 채권이다. 그러나 너무 높게 낙찰 받아 통상적으로 감정의 70% 또는 낙찰가의 80% 중 적은 금액으로 대출한도가 책정되는데 감정가 6억 원(1차), 4억 2,000만 원(2차), 2억 9,400만 원(3차)의 경매 물건에 3차에 입찰해 4억 5,000만 원에 최고가 매수인이 되어 낙찰 받는다.

그렇다면 경락잔금대출 한도는 감정가 6억 원 LTV(담보인정비율)의 70%인 4억 2,000만 원, 또는 낙찰가 4억 5,000만 원의 80%인 3억 6,000만 원이라고 생각하는 경우가 많다. 하지만 금융기관도 바보는 아니다.

이런 경우에 대비해 이전 최저가(2억 9,400만 원) 이상 대출하지 못하도록 내부 지침을 만들어놓았다. 그러므로 이전 입찰가 이상으로 낙찰을 받은 경우 소요 자금의 한도를 잘 산정해야 한다.

■ **같은 지역 동종 물건 낙찰가 비교**

201＊-162＊＊[2] (인천23)
인천 남구 주안동1454-54오륜맨션 2층 20＊호 [남주길 174-1]
용도 다세대
총면적 토지 26.96㎡(8.16평)　　**건물** 45.67㎡(13.82평)
감정가 86,000,000　　　　　**최저가** 60,200,000
매각가 78,511,000 (91.3%)
매각일 2016.11.2 (응찰 : 20명)　**진행** 2 회(유찰 : 1회)

이 물건의 경매 낙찰가를 확인해보니 7,876만 원이다. NPL 채권(주거용 담보) 매입 금액은 할인가를 적용하기보다는 원금과 소정의 이자를 적용해 매입해야 한다. 그러면 원금과 매입하는 날까지 소정의 이자까지 지불하고 합계 6,500만 원에 매입했다면 수익을 얼마나 되었을까?

총투자금 ①

NPL 매입 65,000,000원+460,200원(이전비용)+1,565,205원(대출이자)=67,025,405원①

현금투자 ② 9,025,405원

67,025,405원(총투자금)−58,000,000원(NPL대출)=9,025,405원②

NPL대출 58,000,000원, 연5%, 197일(채권매입~배당일까지)

=1,565,205원

순이익금 ③ 9,140,595원

매각 금액 78,760,000원−67,025,405원=11,734,595원(순이익)일까?

그러나 NPL 투자는 근저당권(채권최고액)을 매입해 투자하므로 그 이상 배당 받지 못하므로 76,700,000원−534,000원(당해세)−67,025,405원(총투자금)=9,140,595원(순이익)이다. 경매 비용은 채권 매입자가 환급 받는다.

그렇다면 소액의 현금 9,025,405원을 투자한 후 197일에 9,140,595원 배당수익을 냈다. 수익률은 9,140,595원÷9,025,405원=101.27%이다. 연수익률을 환산해보면 9,140,595원÷9,025,405원×365일/197=187.64%이다.

거래가액을 보니 9,200만 원~9,800만 원이다. 유입(직접 낙찰)으

사진	매각기일 용도	물건기본내역	감정가 최저가	상태	조회수	추가정보
	2017.07.04 다세대	인천21계 **2016-42116** 인천 남구 주안동 10-11 .-12 대인맨숀빌라 4층 403호 [길파로41번길 81] 건물 50㎡ (15평)	토지 33㎡ (10평)	95,000,000 66,500,000 (70%) 78,760,000 (82.9%)	종결 286	·세대조사 · GG Tip ·개발지역

로 재매각했다면 더 큰 수익을 얻을 수 있었던 아쉬웠던 물건이다.

■ 사례 분석 2 [할인가 활용 전략]

직장인 최 모(50, 남) 씨는 부실채권 투자 할인율이 돈이 된다는 사실을 알고 매각 금융기관의 할인율과 할인 금액을 계산 중이다. 보통 MRP(최저매각예상가)의 13~15%를 할인해준다.

부천 다세대 주택 15평

감정가(법사가) 180,000,000원　　　**실매매가** 174,000,000원

낙찰예상가　164,700,000원(91.5%) → 1년 평균 매각가율

경매비용차감　2,350,000원

선순위금액차감　1,350,000원(당해세) [통상 재산세 및 조세 공과금 체납이다.]

◤ Key Point

담보부채권 매각가격(MRP) 산정 공식

담보부채권 매각가격={예상매각가-총 선순위채권액}÷(1+현가할인 율)^n

※ 예상매각가 = 감정평가액×용도별·지역별 평균낙찰가율, n은 할인기간 담보부 채권(고정분류 채권) 매입가격 결정 방법 매입가격= 감정평가액×물건 종별 평균낙찰률(최근 3개월)-(선순위채권 + 경매집행비용 + 담보물건관리비)±10%(공시지가, 건물의 감가상각 및 시세가격 변화 등을 감안해 가감)

순위번호	등 기 목 적	접 수	등 기 원 인	권 리 자 및 기 타 사 항
				05월 28일 전산이기
2	소유권이전	2000년4월8일 제31318호	2000년4월1일 매매	소유자 최○ 인천 남○구 간석동 454 부귀케아파트 501호
3	소유권이전	2000년6월23일 제57806호	2000년6월10일 매매	소유자 이○ 서울 송파구 가락동 100-3 401호
3-1	3번등기명의인표시변경		2002년6월1일 전거	이경길의 주소 경기도 남양주시 진건읍 용정리 757-1 제아아파트 101-1811 2004년4월12일 부기
4	소유권이전	2004년4월12일 제35820호	2004년4월2일 매매	소유자 김○ .... 인천 남구 주안동 10-11 대인캠슨빌라 403호
5	소유권이전	2007년9월20일 제105831호	2007년8월3일 매매	소유자 이○ 인천광역시 부평구 삼산동 300-6 삼산주공하랜아파트 304-504 거래가액 금22,000,000원
5-1	5번등기명의인표시변경		2012년0월3일 전거	이용처의 주소 인천광역시 서구 청라대로길 163, 401동 2101호(경서동, 청라2차 호반베르디움) 소유권이전등기로 인하여 2015년0월1일 부기
6	소유권이전	2015년9월1일 제102014호	2015년7월17일 매매	소유자 이○ 인천광역시 남구 수봉로68번길 49, 301호(숭의동) 거래가액 금05,000,000원

실제 MRP 산정 1억 6,100만 원 금액의 15%를 할인해준다면…… 1억 6,100만 원×1.15%(할인 금액)=1억 4,000만 원이다. 2,100만 원 할인 금액과 실매매가 대비 낙찰예상가 차액은 더 크다. 이처럼 할인율이 많은 금융기관에서 부실채권(NPL)을 매입해 수익률을 실현할 수 있다.

여기서는 소액을 예로 들었지만 금액에 크면 클수록 할인가로 인한 수익은 크다. 내가 재직 중인 금융기관에서는 평균 40% 이상이라고 보고 있다. 그러면 부동산 경매 시장에 참여할 때 주의할 점은 무엇일까?

가장 흔히 하는 실수 중 하나가 바로 고가 낙찰이다. 경락잔금 대출이 일반 부동산담보대출보다 많은 금액을 빌릴 수 있다 보니 마음에 드는 물건을 발견하면 높은 낙찰가를 써 내는 사례가 많은데, 경매의 가장 큰 장점은 싼 가격에 부동산을 취득하는 것임을

잊지 말아야 한다. 고가 낙찰로 인해 기대만큼 수익을 얻지 못하는 경우 낙찰 포기로 이어지는 경우가 발생하게 된다.

더욱이 최근 정부가 주택담보대출을 조정하려는 움직임도 있는 만큼 본인이 받을 수 있는 대출 한도를 꼼꼼히 확인한 뒤 입찰에 나서야 한다. 낙찰을 받았는데 대출이 필요한 만큼 되지 않을 경우 낭패를 볼 수 있으므로 일단 유찰을 기다려보는 게 좋다. 또한 저금리로 받았던 대출이 향후 미국발 금리 인상과 내년 이후 공급 과잉 등의 불안 요소로 폭탄이 되어 돌아올 수 있다. 대출금리가 오르게 되면 수익성이 떨어지고 오히려 급매와 큰 차이가 없어지는 경우가 발생할 수 있으므로 감정가의 90% 선에서 낙찰을 받을 생각이라면 차라리 급매를 알아보는 것이 더 나은 선택이 될 수 있다.

마지막으로 입찰 당일에는 입찰 법정 분위기에 휩쓸리기 쉬우므로 자신이 정한 범위 내에는 '소신 입찰'을 하는 것이 중요하다. 또 당장 낙찰을 받지 않는다고 해도 큰 손해가 아니라는 것을 명심하고 성급한 결정을 내리지 않는 것이 매우 중요하다.

그러면 어떤 물건에 관심을 갖는 것이 좋을까?

실수요자라면 위에서 언급한 것처럼 감정가와 낙찰가의 가격차를 고려해 참여 여부를 결정하는 것이 좋다. 시세 차익을 노리는 투자자의 경우는 경쟁이 심하고 실익이 적은 주택 시장보다는 임대 수익을 고려한 임대 부동산이나 2~3차례 이상 유찰되어 낙찰가가 낮은 물건에 관심을 갖는 것이 좋다.

4
채권최고액으로 고수익 챙기는 유동화전문회사

많은 NPL 투자자들은 합법적인 연체이자를 받을 목적으로 변경, 연장, 취하 후 재경매 그리고 더 많은 수익을 낼 수 있는 채권최고액이 남아 있다면 개인회생 또는 신용회복 신청 등 다양한 방법으로 매각기일을 연장해 고수익을 낸다. 그러나 다음 사례와 같이 부동산 임의 경매 신청 당시 근저당권설정(채권최고액)으로 채권청구액으로 신청하는 방법은 모른다. 이 방법은 말 그대로 '신의 재테크'라 할 수 있다.

유동화전문회사(Special Purpose Company, SPC 또는 Special Purpose Vehicle, SPV)는 금융기관에서 발생한 부실채권을 매각하기 위해 일시적으로 설립되는 특수목적(Special Purpose)회사를 말한다. 채권 매각과 원리금 상환이 끝나면 자동으로 없어지는 일종의 '페이퍼 컴퍼니'이다. SPC는 금융기관과 거래하는 기업이 부실해져 대출금 등 여신을 회수할 수 없게 되면 이 부실채권을 인수해 국내외의 적당한 투자자를 물색해 팔아넘기는 중개 기관 역할을 하게 된다. 이를 위해 외부 평가 기관을 동원해 부실채권을 현재 가치로 환산하고 이에 해당하는 자산담보부채권(ABS)을 발행하는 등 다양한 방법을 동원한다. SPC가 발행한 ABS는 주간사와 인수사를 거쳐 기관과 일반 투자자들에게 판매된다. 투자자들은 만기 때까지 채권에 표시된 금리만큼의 이자를 받고 만기에 원금을 돌려받는다. 자산 관리와 매각 등을 통해 투자 원리금을 상환하기 위한 자금을 마련하는 작업이 끝나면 SPC는 자동 해산된다.

유동화전문회사는 대한민국 법률 〈자산유동화에 관한 법률〉를 근거로 해 만들어진 회사이다. 이 회사는 금융기관이 가진 부실채권 토지와 같은 자산을 양도 받아, 이를 바탕으로 증권을 발행하고 판매하는 역할을 한다. 따라서 이 일시적인 특수목적회사 덕분에 금융기관의 재무 구조는 더욱 굳건해질 수 있다. 기획재정부는 2010년 2월 9일 사회간접자본 채권 발행 기관에 유동화전문회사를 포함했다.

유동화회사는 자산유동화 업무를 새롭게 시작하거나 금융기관에서 자산을 양도 받을 경우 금융감독위원회에 이러한 사실을 전부 등록해야 한다. 유한회사이기 때문에 별다른 영업소를 만들 수 없으며, 서류상으로만 존재하는 회사라서 직원을 고용할 수 없다. 따라서 유동화자산의 관리 · 운용 · 처분은 자산 관리자가 맡고 그 밖의 일은 자산 보유자나 제3자에게 위탁하는 형태로 운영된다.

유동화전문회사는 금융기관 부실채권 매각을 위해 자산담보부채권을 발행한다. SPC는 채권을 개인 투자자 혹은 기관 투자자에 판매한다. 투자자는 기간이 끝날 때까지 채권에 나와 있는 금리만큼의 이자를 받는다. 또한 기간이 전부 끝나면 원금을 돌려받을 수 있다. 유동화전문회사는 이 모든 과정 가운데서 자산 관리·매각으로 투자 원리금 상환을 위한 자금을 마련한다. 이 작업이 끝나면 회사는 자동으로 해산한다. 제1금융기관은 NPL(부실채권)을 중소형 AMC에 매각하지 않고 유동화전문회사에 매각한다.

NPL의 유동화 절차와 유동화전문회사는 다음과 같다. NPL(부실채권)의 유동화 절차 방식은 투자 회사(유암코, 대신F&I 등)가 금융기관의 NPL(부실채권) 매각 방식인 국제입찰 방식에 참여해 NPL을 낙찰 받으면 곧바로 유동화 절차를 진행한다.

유동화 절차는 자산(NPL-부실채권) 유동화 계획에 따라 양수한 유동화자산(기초 자산으로 파생된 상품)을 기초로 유동화증권(ABS)을 발행한 후, 유동화자산으로부터 발생하는 현금 흐름으로 유동화증권을 상환하는 일련의 과정을 말한다. 유동화 과정은 크게 'ABS 발행 전'과 'ABS 발행 후' 단계로 나뉜다.

자산유동화 계획을 등록하기에 앞서 자산 보유자 및 투자회사는 유동화자산의 적격성, 현금 흐름의 적정성 등 유동화증권(ABS) 발행의 타당성을 검토한 후 자산유동화 참여 회사를 선정해 유동화전문회사(SPC)를 설립한다. 유동화증권(ABS) 발행 전 단계는 사전 준비, 자산유동화 계획의 등록, 자산 양도 및 양도 사실의 등록, 증권신고서의 제출(공모 시), 자산유동화증권의 발생으로 나누어 업무를 수행한다. 유동화증권 발행 후 단계는 자산유동화 계획에 따라 유동화자산을 관리·운용·처분해 자산유동화증권을 상환하는 과정으로, 동 유동화증권의 상환이 완료되면 해산 신고를 하고 잔여 재산을 배분한 후 청산함으로써 유동화전문회사(SPC)의 모든 업무는 종결된다.

그럼 유동화전문회사 고수익 기법을 알아보자. 대부분 NPL 투자를 하면서 합법적인 연체이자를 받으려고 매각기일을 변경 연장하거나 취하 후 재경매를 신청해 합법적인 연체이자를 채권최고액까지 꽉 채워 받으려고 노력한다. 그러나 다음 사례와 같은 방법이라면 그런 수고를 하지 않아도 된다.

■ 사례 분석

사진	매각기일 용도	물건기본내역	감정가 최저가	상태	조회수	추가정보
	2017.04.07 공장용지	인천11계 201**J5501 인천 서구 가좌동 482-1 [백범로630번길 16] [입찰외] 토지 3,306㎡ (1,000평)	5,289,120,000 3,702,384,000 (70%) 6,000,000,000 (113.4%)	종결	449	·NPL

인천광역시 서구 가좌동 48*-*[백범로 630번길 16]
토지 3,306㎡(1,000평)

감정가액 5,289,120,000원　　　　**설정금액** 6,000,000,000원
청구금액 6,000,000,000원 ①　　**대출잔액** 5,000,000,000원
경매비용 23,722,994원　　　　　**매입금액** 5,023,722,994원 ②
매각금액 6,000,000,000원

MRP(최저매각예상가)를 산정해보자.

감정가액 5,289,120,000원 × 85.35% = 4,514,263,920원/1.15 = 3,925,446,886원-23,722,994원=3,901,723,892원(MRP)③

청구금액 6,000,000,000원①, 대출잔액과 경매비용에 매입 5,023,722,994원② 또는 최저매각예상가(MRP) 3,901,723,892원③ 중 합의 금액으로 매입할 수 있다.

그러면 유동화전문회사는 얼마에 NPL을 매입했을까? 그리고

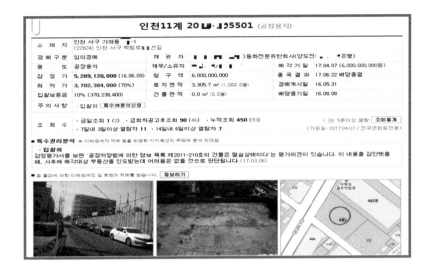

인천11계 20▉**-**▉**95501** (공장용지)

| 소 재 지 | 인천 서구 가좌동 ▉-1 |
| | (22824) 인천 서구 백범로▉▉천길 |

경 매 구 분	임의경매	채 권 자	▉▉▉ ▉▉유동화전문유한회사(양도전: ▉. ▉. ▉은행)
용 도	공장용지	채무/소유자	▉.▉ ▉/▉ ▉	매 각 기 일	17.04.07 (6,000,000,000원)
감 정 가	5,289,120,000 (16.06.09)	청 구 액	6,000,000,000	종 국 결 과	17.06.22 배당종결
최 저 가	3,702,384,000 (70%)	토 지 면 적	3,305.7 ㎡ (1,000.0평)	경매개시일	16.05.31
입찰보증금	10% (370,238,400)	건 물 면 적	0.0 ㎡ (0.0평)	배당종기일	16.08.08
주 의 사 항	·입찰외 特殊件분석신청

| 조 회 수 | ·금일조회 1 (0) ·금회차공고후조회 90 (46) ·누적조회 450 (93) |
| | ·7일내 3일이상 열람자 11 ·14일내 6일이상 열람자 7 |

〈 〉는 5분이상 열람 조회통계
(기준일-2017.04.07 / 전국연회원전용)

■특수권리분석■ 이해관계자 제보 등을 반영한 지지옥션의 주관적 분석 의견임

·입찰외
감정평가서를 보면 '공장저당법에 의한 담보 목록 제2011-210호의 건물은 멸실상태이다'는 평가의견이 있습니다. 이 내용을 감안했을 때, 사후에 매각대상 부동산을 인도받는데 어려움은 없을 것으로 판단됩니다.(17.03.06)

■ 본 종건에 대한 이해관계인 및 회원의 제보를 받습니다. [제보하기]

유동화전문회사는 얼마를 배당 받았을까?

위 경매자료에서 보듯이 감정가액은 52억 8,912만 원이고 최저가는 37억 238만 4,000원이다. 그리고 13명이 입찰해 60억 원에 매각되었다. 2등 입찰자는 50억 2,570만 원의 입찰가이다.

그런데 이 물건을 유심히 보니 청구액이 대출원금 50억 원과 대출금이자 2억 9,794만 5,205원의, 경매비용 2,372만 2,994원의 합계 321,668,199원이 아니라 근저당권설정액 최고액 60억이다.

과연 이렇게 청구해도 배당을 다 해줄까?

배당표를 보면 실제 채권최고액, 즉 설정 금액으로 청구했는데 배당되었다. 주변에서 AMC(자산관리회사) 대표들을 만나다 보면 이런 사례를 자주 듣는다. "실제 받을 금액이 3,200만 원인데 3,600만 원 채권최고액까지 배당해주는 법원도 있다."라는 소리를 듣는다. 이런 경우 AMC 대표마다 상황 대처가 다르다. 어떤 곳은 다시 돌려주는 곳도 있고 다른 AMC는 배당을 다 받는 경우도 있다.

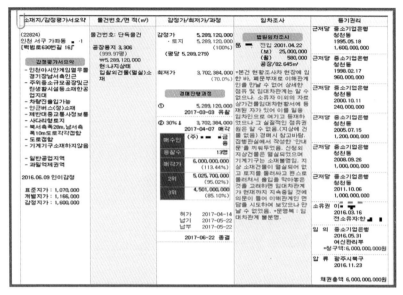

수익률분석 916,554,012원/5,059,722,994원=18.11%

수익률은 낮지만 신의 재테크 수익이라 할 만하다.

5
개미투자자, 공투로 NPL 경매 성공하기

공투는 여러 사람이 권리분석과 수익이 날 만한 물건을 선정해 500만 원~3,000만 원까지 소액을 투자해 수익을 내는 방식을 말한다. 다음은 필자가 몸담은 아카데미의 2기생 25명 중 10명이 공동 입찰로 투자한 물건이다. 투자 금액은 300만 원부터 3,000만 원까지 다양했다.

■ 사례 분석

사진	매각기일 용도	물건기본내역	감정가 최저가	상태	조회수	추가정보
	2017.09.25 다가구주택	전주5계 **2017-2392** 전북 전주시 완산구 중노송동 776-3 베스트빌A 건물 660㎡ (200평) | 토지 396㎡ (120평)	667,731,960 667,731,960 (100%)	변경	229	·세대조사 ·건축물대장

전북 전주시 완산구 중노송동 776-*번지 베스트빌 다가구주택
건물 660㎡ (200평) \| **토지** 396㎡ (120평)

청구금액 259,615,831원

감정가액 667,731,960원

설정금액 332,800,000원 [설정일 2013.06.17]

채권승계인 다빈치대부(주)

채권자변경 ○○○수산업협동조합의 승계인 다빈치에이엠씨대부㈜

▶ 예상배당액 산정

감정가액 667,000,000원×80%(매각가율)533,000,000원-4,047,720원
　　　　(경매비용)-223,000,000원(임차인)-305,952,280원(고창수협채권)

총투자금 289,245,501원=276,071,496원(NPL매입)+1,996,800원(이전비
　　　　용)+11,177,205원(대출이자)

NPL 대출 220,000,000원, 연6.1%. 304일(2017. 7. 18~2018. 5. 13)
　　　　=11,177,205원

현금투자 69,245,501원=289,245,501원(총 투자금)-220,000,000원(NPL
　　　　대출)

예상배당 305,952,280원(○○○수협채권)-289,245,501원(총투자
　　　　금)=16,706,779원

| [건물] 전라북도 전주시 완산구 중노송동 776-3 | | | | 고유번호: 2151-2002-002476 |
순위번호	등 기 목 적	접　수	등 기 원 인	권 리 자 및 기 타 사 항
		제41749호	설정계약	채무자 강상훈 　전라북도 전주시 고사막7길 8-1 (낙산동) 근저당권자 고창군수산업협동조합 214035-0000015 　전라북도 고창군 고창읍 읍내리 681-153 공동담보 토지 전라북도 전주시 완산구 중노송동 776-3
26-1	26번근저당권이전	2017년7월18일 제71779호	2017년7월18일 확정채권양도	근저당권자 다빈치에이엠씨대부주식회사 110111-6243177 　서울특별시 마포구 대흥로8길 10. 2층(용강동)
26-2	26번근저당권부질권	2017년7월18일 제71780호	2017년7월18일 설정계약	채권액 금332,800,000원 채무자 다빈치에이엠씨대부주식회사 　서울특별시 마포구 대흥로8길 10. 2층(용강동) 채권자 해남군수산업협동조합 201438-0000240 　전라남도 해남군 해남읍 땅끝대로 141 　(황산기길) 공동담보 토지 전라북도 전주시 완산구 중노송동 776-3 　을구 제11번의 근저당권

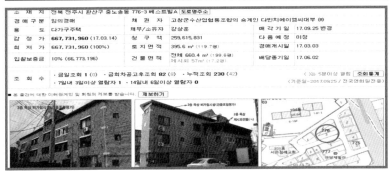

일반건축물대장(갑) (2쪽 중 제1쪽)

고유번호	4511112000-1-0776003	민원24접수번호	20170908 - 16679620	명칭		호수/가구수/세대수 0호/19가구/0세대
대지위치	전라북도 전주시 완산구 중노송동		지번 776-3		도로명주소	전라북도 전주시 완산구 견훤로 151-9

수익률 24.1% 16,706,779원/69,245,501원=24.1%

NPL 근저당권부 질권대출은 ○○○수협에서 연 6.1%로 매입
금액의 80%를 받았다. 해남군수협 완산지점이지만 대출자서는 경
기도 군포지점에서 자서를 했다. 소액 투자가 가능하다는 것은 질
권대출 80~90%까지 해주기 때문에 가능하다.

▶ 유입 임대 시 수익률 분석

매각금액 533,000,000원+6,396,000원(등기비)+16,039,000원(대출이
자)=555,435,000원(총투자금)

경락대출 373,000,000원 , 연 4.3%= 16,039,000원

현금투자 119,435,000원=555,435,000원(총투자금)-373,000,000원(경락
　　　　　대출)-63,000,000원(보증금)

　　　　　룸21×300만 원/250,000원=63,000,000원(보증금 월5,250,000
　　　　　원×12월=63,000,000원)-16,039,000원(이자)

순이익　46,961,000원/119,435,000원=39.3%(119,435,000원) 투자 월
　　　　　3,913,416원

　합법적인 연체이자를 받기 위해 매각기일 변경신청을 했다. 서
울에 거주하므로 인감증명서와 매각기일 변경신청서를 첨부해 전
주지방법원 경매계에 제출했다. 쉽게 변경신청을 받아주었다. 그리
고 2차 '연장·변경'을 신청했고 다시 경매기일이 연장되었다. 모
두 합법적인 연체이자를 받기 위해서이다.

🔖 Key Point

공투를 하는 방법

1. 팀장을 뽑고 팀원들은 공투 물건을 3건 이상 찾아 팀장에게 제출하고 팀장은
   권리분석으로 1주일에 한 번씩 최종 투자 물건지 주변에서 만나 임장 활동
   과 투자를 결정한다.
2. 투자 물건은 아파트, 다가구주택, 수익형 부동산, 특수물건(지분, 유치권) 등
   팀원에게 분담하여 투자 물건을 선별하게 한다.
3. 투자자 중에서 여유 자금이 있는 투자자는 추가 목돈으로 투자해 투자금을
   늘린다.
4. 만날 때마다 월 10만 원~100만 원까지 회비를 걷어 적금을 가입하고 적금
   누적금만큼 회전자금(마이너스) 대출을 신청한다. 즉 적금이 늘어나면 늘어
   날수록 마이너스 대출한도가 늘어나게 되므로 공투 자금을 늘릴 수 있다.

본 물건에서 몇 천 만 원 수익이 나겠지만 또 이런 물건을 공투로 수익금을 나누면 많지는 않겠지만 공투로 하기에 성공적인 투자법이었다. 법인 설립 없이 개인이 투자하는 방법에 대해 묻는 분들이 많은데 이렇게 여러 사람이 공동투자해 수익 얻는 방법을 찾으면 된다.

필자가 몸담은 아카데미 2기 수강생들의 공투 내용은 19세대 다가구주택(원룸텔)이었다. 15세대 월 30만 원 임대수익이 나오는 전주 시내 일대 최상의 물건이었다.

6
투자물건의 손실을 예방하는 똑똑한 투자법

NPL 투자는 부동산 자체가 아닌 채권자가 내놓은 부실채권을 싼 값에 사들여 수익을 창출하는 구조이기 때문에 보다 전문적인 권리분석을 필요로 한다.

인천에 거주하는 50대 은퇴자 강 모 씨는 지난해 안산에 경매로 나온 근린 상가의 근저당 채권을 사들였다. 감정가 7억 원짜리 상가에 대출 원금이 5억 원이었다. 강 씨는 신협으로부터 이 채권을 4억 7,000만 원에 매입했다. 상가는 6억 원에 낙찰되었고 그는 몇 개월 만에 1억 3,000만 원의 시세 차익을 손에 쥘 수 있었다.

금융위기 이후 부실채권이 늘어나면서 관련 투자에 대한 관심도 늘고 있다. 대출 이자가 3개월 이상 연체된 무수익 여신(Non-Performing Loan, NPL)을 일반적으로 부실채권이라고 한다. 경기 침체기에 개인 또는 기업이 은행 대출에 대한 이자를 갚지 못하는 경우가 증가하면서 부실채권도 급증하게 된다.

부실채권 투자 성공 사례는 외환위환 위기 이후 일반인들에게 알려지기 시작했다. 특히 외환위기 직후 학습 효과로 글로벌 금융 위기 이후 일반 투자자들도 부실채권 시장에 뛰어들고 있다. 부실 채권 중에서도 아파트·상가 등 부동산 담보부 NPL의 경우 일반 투자자들이 경매 등을 통해 수익을 올릴 수 있어 더욱 인기를 끌고 있다.

그러나 경매·물건 분석에 대한 기본 지식 없이 무조건 돈이 된 다고 투자했다가는 큰 낭패를 볼 수도 있다. NPL 경매 투자를 하 다 보면 자신이 잘못을 하지 않아도 예측하지 못하게 손해를 입는 경우가 종종 생긴다. 이런 함정을 예방하고 손실을 줄이는 똑똑한 투자법은 무엇일까?

필자가 취급한 '고시원 대출'이 연체되어 경매가 신청되었고 경 매 개시 결정 시점에 NPL로 매각이 되었다. 대출자는 포천에 사는 한 검도 선수였는데 은퇴한 후 부인과 함께 요양 병원을 낙찰 받아 고시원으로 '용도 변경'해 사용한 것이었다. 대출 시점에 현장에 방문해보니 내부가 최고급 대리석으로 인테리어가 되어 있었다.

채무자는 경매 전문가였다. 그러나 월 2,200만원의 매출을 올리 는 고시원이 왜 경매로 나왔는지 이유가 궁금했다. 이유는 간단했 다. 중국 핸드폰 제조업체에 투자를 잘못해서 경매로 내놓은 것이 었다. 본 물건을 NPL로 대출원금에 매각한 것이다. 경매보다 한 발 앞선 부실채권 투자이기 때문에 좋은 물건을 매입할 수 있었다.

돈 되는 우량 담보부 채권을 발빠른 AMC 법인들이 높은 금액 에 매입하기 전에 매입하려는 생각이었을 것이다. 그러나 이번 사 례와 같은 일이 발생할 수 있으니 부실채권 매입자는 주의를 요한다.

NPL 투자는 보통 금융기관에서 시작해 경매 진행, 자산관리(AMC)회사, 개인 투자자, 배당금 수령 등으로 진행된다. 이때 아파트 1순위 근저당 채권의 경우에는 배당 금액과 매입 가격의 차액을 수익으로 하는 경우가 많다.

NPL을 매입하는 방식으로는 론세일, 채무 인수, 유입조건부 사후정산, 배당조건부 사후정산 등이 있다. 가장 보편적인 방법은 론세일 계약이고, NPL 부실채권에 대한 8가지 투자 기법이 있다. 배당조건부 사후정산의 경우 여러 함정들이 존재하기 때문에 계약 형태에 따른 정보를 면밀히 살펴야 한다.

그러나 장점만 믿고 섣불리 투자를 했다가는 낭패를 볼 수 있기에 주의해야 한다. NPL 투자가 각광을 받으면서 이를 악용해 수익을 낼 수 없는 NPL을 무차별적으로 매입한 후 달콤한 말로 지식이 부족한 투자자들을 유혹해 매도하는 피해 사례가 늘고 있기 때문이다.

실제로 2017년 10월 NPL 채권 매매와 부동산 경매 투자를 미끼로 노인과 주부 등 902명에게 598억 5,400만 원의 투자금을 받아 가로챈 일당이 입건된 사례가 있다. 무조건 수익을 낼 수 있다는 달콤한 말에 현혹돼 섣부른 투자를 하면 실패할 확률이 높다. 단순히 이론만으로 접근하기보다는 실제 사례 스터디를 통해 실무 전략과 노하우, 이론을 적절히 혼합하고 실력을 쌓는 것이 중요하다.

■ 사례 분석

경기 포천시 소흘읍 송우리 7＊＊-76 ,-77 ＊＊프라자 5층 50＊호 [송우로 80] [일괄]50＊호, 50호

건물 891㎡ (270평) | **토지** 207㎡ (62평)

본 물건은 필자가 취급한 고시원이다. 대출해줄 당시 감정가는 1,545,000,000원이었다.

채무자가 고시원 룸 45개로 룸 한 개당 45만 원, 룸 45개를 전부 임대하여 올리는 수익이 월 2,025만 원, 1년에 2억 4,300만 원이다. 채무자는 검도 선수로 검도협회에서 임원으로 있으면서 이곳을 당초 독서실과 요양원을 경매로 6억 5,000만 원에 낙찰 받아 8억 원의 시설비를 들여 고시원으로 용도 변경했다.

필자가 대출을 해주면서 본 물건을 방문했다. 수익형 부동산으로 '고시원 특화 대출'로 필자의 금융기관에서 감정가 80% 대출을 해주었다. 대출 당시 감정가 15억 4,500만 원의 80%인 12억 원을 대출해주고 추가로 1억 원을 더해 총13억 원의 대출을 해주었다. 그런데 채무자가 핸드폰 제조업에 손을 대면서 부도를 맞았고 결국 경매로 진행하면서 필자의 금융기관은 13억 원에 매각했다.

그런데 본 물건에는 불법 건축물로 일부 개조한 호실이 있었다. 매입한 법인 AMC는 질권대출을 받았다. 매입가의 80%인 9억 6,000만 원을 받아 지렛대 원리로 저렴하게 자금을 투입했다.

대출원금 130,000,000원(12억 대출 후 추가대출 1억 원을 지원해줌)

대출이자 102,682,191원, **경매비용** 8,765,907원

총채권액 1,411,448,098원

AMC는 경매 개시 결정 후 법원 감정 금액이 나오기 전에 고시원 수익률만 파악한 후 NPL로 매입을 했다. 그러나 대출 당시 감정가가 15억 4,500만 원이었으나 매입한 이후 감정가는 12억 8,600만 원이다. NPL 매입 금액은 대출 원금 13억 원과 경매 비용 876만 5,970원이다. 이처럼 경매 개시 결정 이후에 법원 감정이 나오기 전에 매입할 때는 이런 리스크와 함정이 존재함을 파악한 뒤 부실채 채권 투자에 임해야 한다.

필자는 금융기관에 근무하면서 모텔과 고시원 같은 일정한 수입이 있는 물건은 특화대출 상품으로 상임차를 차감하지 않고 감정가의 80~85%를 대출해준다. 그러나 이처럼 주식이나 다른 사업에 손을 대면서 투자한 사업 자금과 월 수익금으로 이자를 내고도 부족한 상환이 많이 발생해 경매 시장에서 대출금을 해소하곤 한다.

본 물건은 ○○AMC에 원금(잔액) 13억 원으로 NPL이 매각되었다. 대출 당시 고시원의 월 매출액이 2,000만 원이 넘었으므로 경매 개시 결정 상태에서 법원 감정가가 책정되기도 전에 부실채권으로 매입해 갔다. 그런데 실제 법원 감정가 대출 당시 감정가(15억4,500만 원)보다 훨씬 저가의 감정가(12억9,600만 원)가 책정되었다. 얼마에 매각이 될지 모르지만 실제 감정가는 매입가보다 더 낮게 책정이 되었다.

그러므로 경매 개시 결정 전 등기부에 나타나지 않는 당해세와 당초 감정가와 경매 개시 결정 이후 법원 경매 감정가가 차이가 많이 난다면 큰 손실을 입을 수 있으니 주의해야 한다. 이후 본 물건의 NPL 매입자는 법원 감정가에 대한 이의 제기로 재감정을 신청했다.

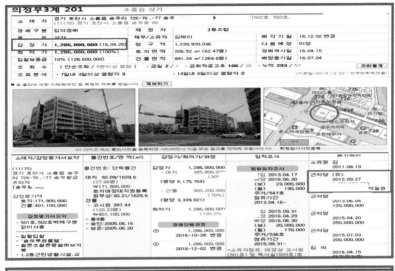

당초 감정가 1,296,000,000원(당초감정일 2016. 07. 25)

이의 신청 후 1,526,000,000원(재감정일 2016. 12. 23)

경매법원은 감정인에게 경매부동산을 평가하게 하고 그 평가액을 참작해 최저경매가격을 정한다. 감정평가와 관련해서 이해관계인이 대응할 수 있는 점이 있는데 바로 재감정평가이다. 감정인의 평가가 합리적 근거가 없거나 평가 당시에 당연히 고려해야 할 점을 고려하지 않고 평가해서 이를 최저매각가격으로 삼을 수 없다고 인정되는 경우에는 법원은 재감정평가를 명할 수 있다.

당초의 평가액이 정당한 최저매각가격이라고 보기 어려울 때에는 법원이 경매의 공정을 기하기 위해 재평가를 명할 수 있다. 평가의 전제가 되었던 중요한 사항이 변동된 경우에도 재평가를 명해야 한다.

재감정평가 사유가 있는데도 불구하고 재평가를 하지 않은 경우 매각기일 전에는 집행에 관한 이의를 신청할 수 있고, 매각허가 이후에는 매각허가에 대한 이의 또는 매각허가결정에 대한 항고로 다툴 수 있다.

필자의 금융기관 부실채권을 80% 이상 매입하는 장○○ 대표가 수익형 부동산이 높게 낙찰된다는 사실을 알고는 NPL 매각 리스트 중 이 채권을 매입했다. 이 사례는 부실채권 투자 함정을 피하고 더 큰 수익을 낸 사례라고 할 수 있다. 그러나 재감정 신청으로 손실을 피하고 수익을 낼 수도 있었다.

법원 경매 Point

① 재감정평가란?

경매법원은 감정인에게 경매 부동산을 평가하게 하고 그 평가액을 참작하여 최저경매가격을 정한다. 감정평가와 관련해서 이해 관계인이 대응할 수 있는 점이 있는데 바로 재감정평가이다. 감정인의 평가가 합리적 근거가 없거나 평가 당시에 당연히 고려해야 할 점을 고려하지 않고 평가해서 이를 최저매각가격으로 삼을 수 없다고 인정되는 경우에는 법원은 재감정평가를 명할 수 있다.

또한 첫 매각기일 이후 강제 집행의 정지 결정으로 인하여 장기간 매각 절차가 정지된 후 다시 속행하는 경우에 그동안 경제 사정의 급격한 변동이 생겨 당초의 평가액이 정당한 최저매각가격이라고 보기 어려울 때에는 법원이 경매의 공정을 기하기 위해 재평가를 명할 수 있다. 평가의 전제가 되었던 중요한 사항이 변동된 경우에도 재평가를 명해야 한다.

마지막으로 재감정평가사유가 있는데도 불구하고 재평가를 하지 않은 경우 매각기일 전에는 집행에 관한 이의를 신청할 수 있고, 매각허가 이후에는 매각허가에 대한 이의 또는 매각허가 결정에 대한 항고로 다툴 수 있다.

② 재감정평가신청의 실효성

입찰자의 경우 감정평가 목록이 누락될 경우 낙찰 시 상대적으로 적은 금액에 낙찰 받을 수 있다. 이러한 사정과는 달리 채무자 및 채권자의 입장에서는 제시 외 건물, 즉 부합물 및 종물 등 경매 대상 부동산과 함께 평가되어 감정평가 금액이 높아져야 매각 금액 상승 효과를 볼 수 있다.

그러나 어떤 경우에는 위에서 열거한 부합물 및 종물이 제대로 감정평가가 이뤄지지 않은 경우가 있다. 이런 경우를 인지하지 못한 채무자 및 소유자, 채권자는 이런 부분이 고려되지 않은 낮은 가격에 낙찰돼 손해를 볼 수 있다. 그래서 해당 이해관계인은 재감정평가 신청이라는 절차를 이용해 이런 문제를 해결해야 한다.

부합물 및 종물이 평가 대상에서 누락 돼 감정평가가 이뤄졌고, 낙찰 예상가 및 배당 예상액을 계산했을 때도 채권 전액을 회수가 어렵다고 판단된다면 채무자와 같이 재감정평가 신청을 해 최저매각금액을 높이는 방법으로 낙찰가를 높게 유도할 수 있으며 또한 소유자 및 채무자일 경우에는 재감정평가를 통해 경매 진행을 늦춰 시간을 번 다음 경매 취하 자금을 통해서 경매 방어를 하든지 채권자의 경우에는 더 높은 낙찰가와 연체이자 두 가지 목표를 한 번에 달성할 수 있다.

③ 재감정평가 신청 예시 사례

【 재감정평가명령신청서 】

사건번호 2017타경 ○ ○ ○ ○ 부동산임의경매

채 권 자 새마을금고

채무자겸소유자 홍 길 동

신 청 인 (채무자겸소유자) 홍 길 동
신청인 주소지

신청취지

1. 이 사건 각 부동산감정평가금액에 대하여 재평가를 명한다.
2. 귀원 집행관에게 재현황조사를 명한다.
   라는 재판을 구합니다.

신청이유

1.진행과정

이 사건은 감정평가대상에 포함시켜야 할 수종갱신을 위한 매실나무 및 소나무 등과 같은 수목들과 임야에 파종하여 생육되고 있는 장뇌삼 등을 포함하지 않고 감정평가를 한 상황이며 아울러 해당 필지에 각 지하수양수설비가 건설되어 있으나 이를 명백하게 감정평가에 누락한 채 매각 절차 진행 중에 있습니다.

2. 입목법에 의해 등기되지 않은 수목 및 장뇌삼 등 감정평가 대상에서 누락

수목은 토지의 일부로서 토지에 부합하며, 따라서 저당권 설정 전에 심은 것이건 설정 후에 심은 것이건 저당권의 효력은 수목에 미칩니다.

3.지하수양수설비가 건설되어 있으나 감정평가 대상에서 누락

감정인은 경매 목적물의 감정가액을 산출함에 있어서는 적어도 그 부동산의 현황을 육안으로 확인하여야 할 것이고 그렇지 아니한 경우에는 허무한 사실에 기초한 감정으로 위법하다고 할 것입니다.(대결1968.8.26.68마798)

이 사건의 지하수양수설비는 감정인이 조금만 주의를 기울여도 육안으로

쉽게 확인할 수 있는 위치에 설치되어 있음에도 불구하고, 이를 확인하지 않고 감정평가 대상에서 누락시킨 것은 명백하게 중대한 과실에 의한 부당한 감정이라고 할 수 있습니다.

4. 결 어

경매 대상인 부동산에 경제적 가치로 상당 금액에 달하는 미등기 수목들이 감정평가 대상에서 누락된 점, 감정인이 지하수양수설비가 설치되어 있음에도 이를 간과하고 확인하지 않은 점 등의 사정을 고려하여 경매 진행의 신속성을 확보하고, 신청인 및 채권자가 채권의 만족을 취하는 데 도움이 될 수 있도록 하기 위할뿐더러 경매에서 제외된 종물 및 부합물에 대한 집행 문제와 법적 분쟁을 미연에 방지하기 위한 차원에서 신청 취지와 같은 결정을 구하기 위하여 본 신청에 이르렀습니다.

첨부서류

1. 제시 외 수목 감정평가서 명세표
2. 5년 전 매실나무 및 소나무 식재 모습 사진
3. 5년 전 장뇌삼 파종 모습, 최근 채취한 장뇌삼 사진
4. 지하수양수설비의 사진

2018. 01. 30.

위 신청인 홍 길 동

서울중앙지방법원 경매1계 귀중

7
신탁 수의계약 매입으로 부를 축적하는 고수익 기법

앞에서 잠깐 다룬 신탁 수익권증서 담보대출의 NPL 투자법으로 수익을 얻는 사례를 알아보자.

○○은행에서 30년 근무하고 지점장으로 은퇴한 점잖은 지점장 님이 있었다. 필자의 아카데미 2기생이었는데, 처음 필자의 강의를 들을 때 이미 다른 분의 NPL 강의를 듣고 온 경우였다. 우리나라에서 NPL 고수들의 강의는 다 들어본 실력자였다. 그런데 문제는 매각 리스트를 못 받고 어떻게 금융기관에 접근하는지가 고민이었다.

나는 강의를 마치는 마지막 날이면 수강생들에게 "저보다 훌륭한 NPL 강사들이 많으니 부족한 부분은 그분들의 강의를 듣고 채우세요."라고 말을 하곤 한다. 그러나 수강생 대부분이 이미 다른 분들의 강의를 다 듣고 오는 경우가 많다. 필자의 NPL 경매아카데미에서 5주 과정의 전 강의를 듣고 13건 정도 NPL 채권을 매입하여 수익률 280% 이상을 배당 받은 데다 배당 받으려고 기다리는 매입 채권도 많다고 자랑하는 분도 있다. 이런 사람을 만나면 마음이 뿌듯하고 기분이 좋아지고 보람을 느낀다.

어느 날 이분이 필자가 근무하는 연수동 지점을 찾아왔다. 신탁 물건을 생보신탁으로부터 매매계약서로 매입한 후 기존 신탁부동산수익권증서 담보로 취급된 대출을 공매로 낙찰 받아 경락잔금대출 해주었다. 두 달 후 또 다른 신탁 물건을 매매로 매입해 기존의 신탁 물건을 해제하고 다시 김 지점장이 ○○AMC와 유입(직접낙찰) 시 과밀억제권역에 사업장을 둔 경우 5년 이내 취등록세 중과세를 피하려고 파주에 주소를 둔 (주)○○대부업으로 매입한 신탁/공매 물건을 대출해주었다.

신탁대출은 채무자들에게 대출을 많이 해주려는 목적이 있다. 최우선변제금을 차감하지 않고 채권최고액 신탁 비용 0.4~0.5%는 고객이 부담하기 때문에 금융기관에서도 더 유리한 제도이다.

그러나 이 부동산담보신탁 수익권증서 대출의 문제점이 있다.

부동산담보신탁제도는 일반 근저당권 설정 대출 대비 대출 비용의 절감, 최우선변제 소액 보증금 미차감, 제3채권자에 의한 신탁부동산 강제 처분 방지 등에 유리해 취급액이 매년 증가하는 추세이다.

하지만 필자의 금융기관에서도 신탁수익권증서 담보대출에 대해 부서장회의에서 언급할 정도로 문제가 많다. 정보 공개가 많이 되지 않고 매각가율이 근저당권 설정으로 진행하는 부동산 임의경매보다는 매각가율이 15~20% 이상 낮게 떨어지기 때문에 손실이 이만저만이 아니다. 하지만 투자자들은 그만큼 반사이익이 주어진다.

부동산담보신탁채권 매각 시 신탁 회사별로 채권 매각 방침이 상이해 처분 절차가 불편하고 복잡하며 공매 시장이 폐쇄적이고 정보 부족으로 활성화되어 있지 않아 법원 경매 대비 10~20% 이상 낙찰 가격이 하락해 채권 보전에 어려움이 있다. 또한 낙찰 금액의 10%에 해당하는 부가가치세 발생 및 임차인 또는 사용자에 대한 신탁 비용 발생 등 채권 매각 비용이 과다해 저가 낙찰의 원인이 된다.

담보 위주의 대출 심사를 지양하고 채무자의 신용 상태 및 상환 능력 등을 종합적으로 판단해 대출 지원 여부를 결정하고, 1세대 연립, 다세대주택 담보대출이거나 일정 금액(1억 원 이하) 대출의 경우에는 부동산담보신탁대출을 가급적 지양하고 조건 충족 시 MCI 대출로 적극 활용해야 한다.

이런 부동산담보신탁 수익권증서로 취급된 대출이 연체가 되면 신탁/공매로 진행이 된다. 세금 체납으로 압류 또는 위탁으로 진행되는 '온비드' '캠코' 진행하는 공매와는 다르다. 생보신탁 본사에서 진행하는 공매는 일정한 정보를 가진 사람만 참여를 한다. 그러므로 '틈새시장 전략'으로 고수익이 가능하다.

금융기관에서는 담보 취득 방법이 근저당권 설정 또는 신탁수익권증서 담보로 대출하고 있다. 신탁수익권증서로 대출하는 이유는 주임차 또는 상임차 최우선변제금을 차감하지 않고 대출을 하기 때문에 채무자 입장에서는 대출금의 120% 수익권증서의 0.4~0.5% 신탁보수를 지불하면서 대출을 받게 된다. 이 채권이 연체가 되면 금융기관에서 공문으로 신탁회사에 공매 진행을 요청하는데, 공매 정보는 신탁사 홈페이지에서 알 수 있으며 공매 낙찰을 받으면 매도인이 신탁사 매수인을 공매 낙찰자로 하는 매매계약서를 작성하게 된다. 이 '공매 매매계약서'로 매매잔금대출을 받아 잔금을 치르면 된다.

신탁은 수의계약은 NPL 법인이 아니어도 부동산을 매입해 재매각 시세 차익이 가능하다. 단점이 있다면 취등록세 비용과 이사 비용, 명도 비용은 별도로 계산해 매입해야 하기 때문에 급매 가격에

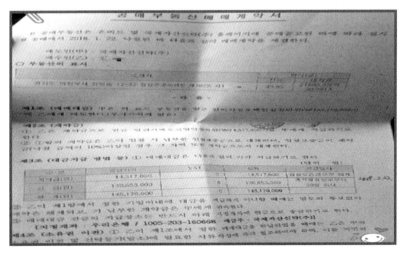

순번	공매일시 (입찰가능일시)	온비드개찰일시	최저입찰금액
1	2018. 01. 22. (월) 10:00 ~ 12:00	2018. 01. 23. (화) 9:00	256,000,000
2	2018. 01. 22. (월) 12:00 ~ 14:00	2018. 01. 23. (화) 9:00	230,400,000
3	2018. 01. 22. (월) 14:00 ~ 16:00	2018. 01. 23. (화) 9:00	207,400,000
4	2018. 01. 22. (월) 16:00 ~ 18:00	2018. 01. 23. (화) 9:00	186,700,000
5	2018. 01. 23. (화) 10:00 ~ 12:00	2018. 01. 24. (수) 9:00	168,100,000
6	2018. 01. 23. (화) 12:00 ~ 14:00	2018. 01. 24. (수) 9:00	151,300,000
7	2018. 01. 23. (화) 14:00 ~ 16:00	2018. 01. 24. (수) 9:00	136,200,000
8	2018. 01. 23. (화) 16:00 ~ 18:00	2018. 01. 24. (수) 9:00	122,600,000
9	2018. 01. 24. (수) 10:00 ~ 12:00	2018. 01. 25. (목) 9:00	110,400,000
10	2018. 01. 24. (수) 12:00 ~ 14:00	2018. 01. 25. (목) 9:00	99,400,000
11	2018. 01. 24. (수) 14:00 ~ 16:00	2018. 01. 25. (목) 9:00	89,500,000
12	2018. 01. 24. (수) 16:00 ~ 18:00	2018. 01. 25. (목) 9:00	80,600,000
13	2018. 01. 25. (목) 10:00 ~ 12:00	2018. 01. 26. (금) 9:00	72,600,000
14	2018. 01. 25. (목) 12:00 ~ 14:00	2018. 01. 26. (금) 9:00	65,400,000
15	2018. 01. 25. (목) 14:00 ~ 16:00	2018. 01. 26. (금) 9:00	58,900,000
16	2018. 01. 25. (목) 16:00 ~ 18:00	2018. 01. 26. (금) 9:00	53,100,000
17	2018. 01. 26. (금) 10:00 ~ 12:00	2018. 01. 29. (월) 9:00	47,800,000
18	2018. 01. 26. (금) 12:00 ~ 14:00	2018. 01. 29. (월) 9:00	43,100,000
19	2018. 01. 26. (금) 14:00 ~ 16:00	2018. 01. 29. (월) 9:00	38,800,000
20	2018. 01. 26. (금) 16:00 ~ 18:00	2018. 01. 29. (월) 9:00	35,000,000

서 3,000만 원 정도 저렴하게 매입하면 2,000만 원 정도 수익을 얻을 수 있다.

신탁대출의 공매는 입찰기일이 잡히면 오전과 오후에 그리고 그 다음 날 계속 입찰 기일로 결국은 '수의계약'으로 매입하게 된다. 수의계약은 매각 금융기관이 특정인에게 특정한 금액으로 매각하는 방법이다.

위 물건은 분양가 2억 7,500만 원이고 시세는 2억 6,000만 원 이상이다. 이 채권을 2억 2,000만 원에 생보신탁으로부터 매매계약서로 매입한 후 필자가 근무하는 금융기관에서 매매잔금대출을 받아 잔금을 치르고 월세 또는 매매로 재매각을 해 고수익을 얻고 있다.

월세를 받아 대출금이자를 납입하고 나머지는 일정한 생활비나 용돈으로 충당한 후 일정한 시점에 재매각하는 방법을 찾아보자. 남들이 귀찮아하는 재테크 틈새시장을 노리는 방법이다. 누구나 성공할 수 있지만 아무나 성공하지 못하는 이유는 무엇일까? 답은 남들이 생각하지 않았던 역발상을 하는 데 있다.

Chapter 2

투잡으로 시작하는
소액 NPL · 경매
투자법

1
경매 속의 돈 맥脈, NPL 투자 전도사가 되다

NPL(Non-Performing Loan)은 금융기관에서 대출신청한 채무자가 담보로 제공한 부동산의 대출이자가 3개월 이상 연체된 채권이다. 금융기관에서는 경매가 진행이 되고 경매 낙찰이 되고 배당 받을 때까지 최소 10개월 이상 소요된다. 그러나 NPL(부실채권)로 매각 시 계약금 10%를 받고 잔금일이 30일 이내이므로 연체 대출금을 빠른 시일 내에 정리하고 BIS(자기자본비율)를 높이고 충당금 회수로 당기순이익도 높일 수 있으니 금융기관은 경매 진행으로 배당 받아 대출 원리금을 정리하기보다 NPL로 매각하는 것을 선호한다.

그러나 가산금리 3% 인하에 대한 입법 예고가 있으므로 2018년 4월 말부터 NPL 투자자들은 많은 고민에 빠졌다. 3% 가산금리를 적용하면 그동안 배당 수익을 얻을 목적이었던 투자자들의 경우 질권대출 이자를 공제하고 근저당권 이전 비용을 제하면 수익에서 큰 재미를 못 보게 되어 있다. 하지만 필자가 제시하는 가산금리

인하에 따른 NPL 투자 시장은 '실수요 투자자 틈새시장'으로 변화되고 있다. NPL 투자자는 시시각각으로 바뀌는 변화에 발맞춰 다양한 NPL 투자에 임해야 한다. 필자가 생각하는 가산금리 인하에 따른 NPL 틈새 고수익 비법이다.

가산금리 전업권 최고 3% 제한에 대한 NPL 틈새시장

첫째, 개인 투자자도 가능한 신탁수익권증서 담보대출 수의 계약 매입으로 시세 차익을 얻자. 근저당권담보대출이 아닌 신탁수익권증서 담보대출에 대하여 수의계약으로 매입한 후 잔금을 치른 후 재매각 차익을 얻는 방법이다. 이 방법은 법인이 아니라도 수의계

⚡ Key Point

대출기간 중 가산 금리 임의 변경 불가

변동금리 적용 대출의 경우, 대출 취급 후 연동주기에 따른 기준 금리요소(가산금리 포함) 변경은 원칙적으로 불가하며, 변경하더라도 반드시 고객과 약정 하에 (서식 제196조 금리변경용 추가약정서 작성) 이루어져야 함.(상호금융 여신 업무 방법(예) 제1편 280조-10호)

연체 가산 금리 전업권 최고 3%로 제한

정부는 전업권 연체금리체계 모범 규준 및 합리적인 연체 금리 체계 마련(2018년 중)을 예고하며, 해외 사례 및 금융회사 비용 등 감안하여 연체가산금리를 3%로 인하할 계획을 발표하였다. (현재 6~10% → 변경 3% 2018년 4월 30일 시행) [금융당국 취약 연체 차주 지원을 위한 간담회 개최(2018년 1월 18일) 관련 배포자료]

약 매매계약서로 투자가 가능하다.

둘째, 토지 할인가(15%) 활용 전략을 이용하자. MRP(매각최저예상가)로 토지를 매입한 후 재매각 또는 건축주와 협력하여 개발 호재와 공실률이 적은 임대수익을 얻을 목적으로 토지를 매입 분양하여 수익을 얻는 방법이다. (매각가를 60.01%, 현 시세 6억 5,000만 원, 감정가 6억 원으로 필자가 대출 취급한 화성의 답이다.) MRP 공식=감정가×매각가율/1.15%이다. 즉 감정가 6억 원인 토지가 있을 시 15% 할인을 받아 매입가 600,000,000원×60.01%/1.15=313,095,652원(MRP)이다. 즉 감정가 6억의 원 토지를 313,095,652원에 매입한 후 그동안 쌓인 이자를 얻거나 재매각하여 시세 차익을 얻는 방법이다.

셋째, 단독주택 또는 토지 매입으로 재건축 분양 수익을 얻자. 대출 원금으로 단독주택이나 토지 매입으로 제값에 부동산을 매입하여 신축하여 재분양하는 건축주에게 수수료와 컨설팅비를 받고 넘길 때 건축주도 부동산 시세의 30~40% 저렴하게 매입할 수 있고 신축 분양으로 또 다른 수익을 얻을 수 있으므로 일거양득이다.

넷째, 특수물건을 저렴하게 매입한 후 시세 차익을 얻자. 필자는 28년 금융기관에 근무하고 있다. 금융 업무와 대출을 취급하면서 '진성유치권' 1건 성립되었다. 그리고 대지 지분 없는 공동주택의 구분 소유자는 대지권을 취득하게 되고 '법정 지상권 성립 여부'의 부동산을 시세의 40~50%에 매입한 후 유치권 배제 신청 등으로 수익을 얻을 수 있다.

다섯째, 수익형 부동산을 대출 원금에 매입한 후 직영 방법 등 다양한 틈새시장을 공략하자. 수익형 부동산 중 취급한 고시원과 원룸텔 그리고 근린 상가를 대출 원금에 NPL로 매각했다. 이런 물건을 유입하여 직영하는 방법 찾아 임대 수익이 가능한 방법은 너무도 많다. 수익형 부동산은 부동산 경매 진행 시 감정가 이상으로 매각되는 경우를 많이 본다.

여섯째, NPL 채권을 원금에 매입한 후 그동안 쌓여 있는 연체 이자 배당 수익을 얻자. 감정가 7억 2,600만 원의 나대지를 담보 비율 60%로 대출 받아 4억 3,500만 원(5억 2,200만 원-채권최고액)이 지원되었다. NPL 매각 물건으로 원금 4억 3,500만 원에 대출금이자 1,356만 2,231원으로 이 물건을 4억 100만 원에 NPL 채권 매입하여 4억 2,100만 원에 매각이 되었다. 금융기관에서 연체 대출금을 털어낼 이유로 포기한 1,356만 2,231원은 채권 매입자의 수입이다. 가산금리 인하와는 아무런 상관이 없는 수익이다.

일곱째, 대출 고금리저축은행 채권 매입으로 (연체)이자 배당을 받자. 저축은행의 금리는 연 7.5~8.5%이다. 이 채권을 매입한 후 3%연체 가산금리를 받아도 연 10.5%~연 11.5%는 받을 수 있다.

여덟째, GPL(정상채권), 후순위 담보 대출 2순위 근저당 매입 또는 2순위 대출로 고수익을 얻자. 초보자들도 쉽게 따라 배울 수 있는 NPL 투자 그리고 토지를 저렴하게 매입하여 건축주에게 일정한 시세 차익을 내는 투자법 등 다양한 커리큘럼이 구성되어 있으니 관심이 있는 많은 분들의 참여를 기대한다.

아홉째, 신탁 수익권증서 담보대출 수의 계약 주자. 근저당권설정계약서 담보가 아닌 신탁(생보, 아시아, 국제, 무궁화) 수익권증서 담보대출 연체가 되면 신탁사에 공매를 의뢰하게 되는데 급매가보다 3,000만 원 정도 저렴하게 구매해서 재매각 차익을 낸다.

열째, GPL 후순위 담보대출 투자 또는 2순위 아파트 대출 채권을 매입한 후 투자 수익을 얻는다.

투자를 하려면 무엇보다 끊임없이 공부하고, 경험하고, 전문가를 만나는 열정이 있어야 한다. 그래야 부실채권 투자에서 성공의 가치로 재미를 볼 수 있다.

NPL 투자자에게도 위험과 기회는 있다. 많은 사람들이 가산금리 인하로 수익 내기가 쉽지 않다고 예상해 서둘러 투자에서 손을 떼고 있다. 하지만 이제야말로 경쟁자 없이 더 많은 수익을 얻을 수 있는 기회가 찾아온 것이다. NPL은 마냥 어렵고 금융기관에 접근하기도 쉽지 않고 권리분석도 복잡하다고 생각하는 분들이 있다. 하지만 최근 필자의 아카데미에서 제대로 배워 수익을 내는 수강생들이 정말 많다. 특히 경매에 막 입문하는 사람은 이제야말로 NPL 투자에 눈을 돌릴 때이다.

필자가 몸담은 금융기관에서는 2개월에 한 번씩 또는 수시로 부실채권 매각을 진행하고 있다. 그리고 현재는 홈페이지에 매각 리스트를 공개한다. 협약을 맺은 AMC에 부실채권 매각 리스트를 메일로 발송했으나 부실채권을 매입하려는 자산관리회사가 많아지다 보니 업무 효율성을 위해 홈페이지에 매각 리스트를 공개해 일정한 기간을 정한 후 최고가 매수의향가를 적어낸 신고인에게 매각을 하고 있다.

부실채권 매입 절차는 다음과 같다. 매각 리스트에서 임장 활동과 권리분석으로 합리적인 가격의 매수의향가를 적어 낸다. 그러고 나서 채권양수도계약을 체결한 다음 80~90%는 NPL근저당권부질권대출을 받아 소액으로 투자한 뒤 매입 채권이 법원 경매 또는 신탁(공매)으로 매각이 되면 배당을 받거나 채권매입 금액보다

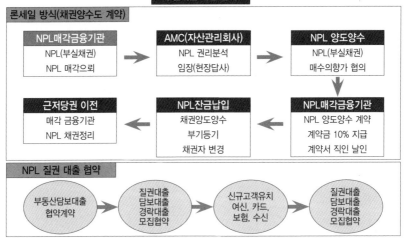

부실채권 매입 절차

론세일 방식(채권양수도 계약)

NPL매각금융기관	→	AMC(자산관리회사)	→	NPL 양도양수
NPL(부실채권) NPL 매각의뢰		NPL 권리분석 임장(현장답사)		NPL(부실채권) 매수의향가 협의

근저당권 이전	←	NPL잔금납입	←	NPL매각금융기관
매각 금융기관 NPL 채권정리		채권양도양수 부기등기 채권자 변경		NPL 양도양수 계약 계약금 10% 지급 계약서 직인 날인

NPL 질권 대출 협약

부동산담보대출 협약계약 → 질권대출 담보대출 경락대출 모집협약 → 신규고객유치 여신, 카드, 보험, 수신 → 질권대출 담보대출 경락대출 모집협약

저렴한 경우 유입(직접낙찰)으로 법원 경매에 입찰하여 재매각 수익을 낸다.

가끔 매각 금융기관을 찾지 못하는 NPL 투자자들이 있다. 매각 금융기관은 너무도 많다. 필자와 거래하는 금융기관만 해도 94개나 된다. 그리고 신협, 새마을금고, 저축은행, 농협(축협) 농협자산관리회사 홈페이지, 지지옥션 홈페이지, 유암코 홈페이지, 유동화전문회사 홈페이지 등에서도 매입이 가능하다. 아울러 제2금융기관에서 NPL(부실채권)을 매입할 때 독자들이 쉽게 이해할 수 있는 금융기관 접근 매뉴얼을 소개한다.

▶ NPL 매각 금융기관 접근 매뉴얼

소 제 목	내 용
NPL 매각 금융기관 담당자	· ○○AMC이며 금융위 대부업 등록업체라고 설명 · NPL 매각 금융기관 담당자와 약속 일자를 잡는다.

해당일자에 금융기관을 방문한다	· 명함 전달, 본인과 회사 소개 및 파일 전달
회사 소개	· 회사소개서 파일(바인더) 전달 · 대표 및 임원 간단히 소개
매각 리스트를 받는다	· 전달한 명함으로 매각 리스트를 메일로 받는다. · 가끔 안부 전화로 "좋은 물건 없냐"며 인사한다. · 인근에 볼일이 있으면 방문하여 친분을 쌓는다.
매각 리스트	· 권리분석(임장 활동, 가격 분석 등) · 물건보고서 작성, 낙찰 예상가 등 수익률 분석 · 매수의향가를 적어 낸다.
매수의향가	· 담당자에게 전화해서 계약하러 간다고 전달한다. · 채권 서류 확인(채무자 인적 사항, 감정가, 위험 요인).
채권양도양수계약서 작성	· 계약서 직인 날인 · NPL 대출 및 자금 여력 확인
채권자변경서 법원 제출	· 채권자변경서 제출 및 1차 채권계산서 제출 · 사건 번호 조회 후 낙찰가 확인 · 배당 일자에 맞춰 배당금 수령 일자 확인
NPL 투자 사례 분석	· 투자 사례 분석 및 자료 파일 정리 · 낙찰 예상가와 실제 낙찰가 차이 분석
컨설팅 비용 및 NPL 대출	· 세금, 법무 비용(근거 : 재판 등) 절약 방법 확인 · 컨설팅 비용 절약 방법 확인 · NPL 대출이 저렴한 곳 찾아 금융 비용 절약 방법 찾기
NPL 매각 기관	· 신협(계양신협, 둔산신협, 만수신협, 미추홀신협) · 수협(냉동냉장, 통조림, 옹진, 경기남부, 경인북부, 군산, 여수수협)

2
이것이 로또 NPL이다

무수익여신(non performing loan ; NPL)은 은행이 대출을 해주었으나 원리금을 제때 못 받아 묶인 돈을 의미한다. 부도를 내거나 법정관리 기업의 대출이나 6개월 이상 이자가 연체 중인 대출을 무수익여신으로 분류한다. 부실 대출금과 부실 지급 보증액을 합친 것으로 금융회사의 부실채권을 뜻한다.

금융기관 대출의 건전성은 정상, 요주의, 고정, 회수의문, 추정손실 등 5가지로 구분된다. '고정' 이상 여신은 담보를 확보해둔 상태로 돈을 회수할 가능성이 있는 대출금이다. 보통 3개월 이상 연체된 여신을 고정 이하 여신으로 분류한다. '정상' 여신은 말 그대로 충분히 회수가 가능한 양호한 대출을 뜻한다. '요주의' 여신은 1개월 이상 3개월 미만 연체되었을 경우다. 반면 '고정' 이하 연체 중 담보가 있어 회수가 가능하면 '고정', 담보가 없어 돈을 떼일 우려가 크면 '회수의문', 사실상 회수가 불가능해 손실 처리하는 여신은 '추정손실'로 분류된다.

부동산 NPL의 성공 여부는 담보물에 대한 정확한 분석이 필요한 만큼 이 분야에 전문인 감정평가법에 대한 이해와 공부가 필요하다. 경기의 불황을 먹고사는 부실채권은 경쟁자가 많아졌다. 하지만 필자와 함께라면 방법은 있다.

경제적 어려움은 사치나 과소비와 같은 현명하지 못한 소비 습관에서 비롯될 수도 있지만 장기화된 경기침체로 경제적 어려움을 겪는 사람들이 많다. 빚으로 고통에 허덕이는 사람이 많다. 이런 경우, "개인회생은 새로운 인생을 시작할 수 있고 고통에서 벗어날 수 있는 방법이다." 개인회생제도는 신청, 상담, 서류 절차에 관한 전반적인 맞춤 설계를 받도록 되어 있다. "개인회생을 신청할 때 계약 조건에 의거해 개인회생 기각 판결 시 환불제도가 있으니 걱정 안 해도 된다." 그러나 현실적으로 인정받지 못하고 '개인회생 폐지'되는 경우도 있으니 주의해야 한다.

개인회생 혜택을 살펴보면 채권자의 가압류, 압류, 독촉, 추심 행위가 금지되며 채권자의 동의 없이 원금을 탕감 받을 수 있고 사금융 채무도 조정 대상으로 둘 수 있다. 하지만 모든 채권자의 동의가 없으면 인정받을 수 없음을 인지해야 한다.

인천의 한 정형외과 원장은 병원 간 맞보증으로 병원을 접어야 하는 기로에 처했다. 그리고 이 병원을 담보로 대출받을 당시 감정가 45억 원에 담보 비율 25억 원을 대출했다. 결국 이 병원은 빚보증 문제로 여러 가지 갈등 속에 문제 해결을 하지 못하고 경매 처분이 되었다.

경매 담보물을 NPL로 매각해 조기 회수하고자 했으나 얼마 후

이 병원장은 서울 중앙지검 출신의 변호사에게 고액의 수임료를 주고 개인회생을 신청했다. 개인회생 절차가 개시되면 채무자에게 가해지던 강제집행, 가압류, 가처분 등이 중지되며 담보권의 설정이나 실행을 위한 경매도 금지되고 등기부등본에도 "회생절차 진행으로 보전 처분"이라고 등재된다. 자신의 재산보다 총채무액이 많아야 신청이 가능하다.

일정 수입에서 기본적인 생활을 할 수 있게 최저생활비를 제외하고 나머지 일정 금액을 5년 동안 꾸준히 변제하면 남아 있는 빚은 탕감이 된다. 법원에 개인회생 신청서를 접수하면 사건 번호 부여와 개인회생위원회의 면담을 2~3회 정도 받게 된다. 인가가 나기까지는 시간이 3~6개월 정도 소요될 수 있다.

이 병원의 경우 결국 경매와 모든 법적 진행이 정지되었으나 모든 채권자의 개인회생 신청 불인정으로 '회생폐지'가 되어 경매가 속행되고 최고가 신고인에게 매각이 되었다. 그러나 무조건 개인회생, 파산신청 비용이 저렴하다고 좋은 것은 아니다. 개인회생, 파산에 대해 정확히 알고 신청하는 것이 더욱 중요하다.

■ 사례 분석

인천 남구 도화동 44*-* [한나루로 5*1]
건물 2,101㎡ (636평) | **토지** 1,148㎡ (347평)
감정가액 4,484,681,600원   **최저가액** 3,139,277,000원
낙찰가액 3,720,000,000원(82.9%)
NPL 매입 2,500,000,000원(대출원금)
NPL 등기 22,320,000원(채권자변경 신고 및 부기등기 이전비용)

대출이자 58,054,794원=2,000,000,000원×163(2014. 4. 11~2014. 9.
11)×6.5%

투자금액 2,580,374,794원 　　　　**대출금액** 2,000,000,000원

실투자금 580,374,794원

낙찰가액 3,720,000,000원-15,705,433원(경매비용)-2,580,374,794원
=1,123,919,773원

수익률 1,123,919,773원/580,374,794원=193.65%

　아래와 같이 등기부 등본을 보면 "회생절차폐지"가 되어 경매
속행으로 매각되어 배당을 받았다. 이 채권의 채무자 병원장은 부
인이 정신과 의사이지만 무리한 병원 보증과 대출로 서울 중앙지
검장 출신의 변호사에게 고액의 수임료를 주고 개인회생신청으로
빚 탕감을 받으려 했으나 채권자의 고의성을 주장하는 금융기관으

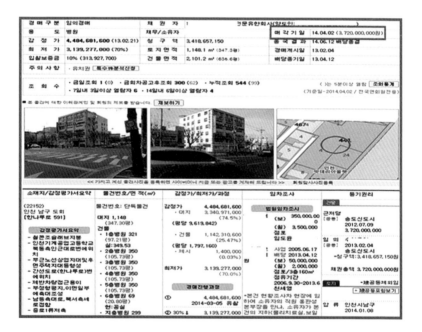

순위번호	등 기 목 적	접 수	등 기 원 인	권 리 자 및 기 타 사 항
			회생절차폐지결정(2013 회단20)	
20	회생절차폐지	2013년10월28일 제96341호	2013년10월22일 회생절차폐지	
21	17번보전처분, 19번회생절차개시 등기말소	2013년10월28일 제96341호	2013년10월22일 회생절차폐지	

```
감정가액 4,484,681,600원
최저가액 3,139,277,000원
낙찰가액 3,720,000,000원(82.9%)
근저당권 3,720,000,000원

NPL 매입 2,500,000,000원[대출원금]
NPL 등기     22,320,000원
대출이자     58,054,794원  [2,000,000,000원*163일(2014.4.11-2014.9.11)*6.5%]
투자금액 2,580,374,794원
대출금액 2,000,000,000원
실투자금     580,374,794원
낙찰가액 3,720,000,000원-15,705,433원(경매비)-2,580,374,794원=1,123,919,773원
수익률     1,123,919,773원/580,374,794원=193.65%
```

로부터 제재를 당하고 말았다.

통상적으로 NPL 투자를 하는 분들은 채권 최고액까지 합법적인 연체이자를 받을 목적으로 매각기일 연장, 변경신청 등 다양한 방법으로 기일을 늘려 연체이자를 채워 받는다. 그러나 본 채권 청구액을 처음부터 채권최고액(3,750,000,000원)으로 신청하면 어떻게 될까? 배당해줄까? 배당해주는 사례도 있다. 후순위 근저당권자가 없는 경우는 배당된 사례도 있다. 최근 필자가 이곳을 가보니 정형외과병원에서 요양병원과 치과병원, 피부비만병원으로 사용하고 있었다.

◤ Key Point

본 채권과 같이 처음부터 채권최고액을 채권 청구액으로 신청하면 근저당권 설정 금액 범위 내의 배당을 받을 수 있다.

3
부실채권은 마약이라는 최 대표의 근린상가 투자법

필자와 같은 금융기관을 다니던 한 과장이 개인 사정으로 인해 회사를 그만두고 ○○AMC에 다닌다며 필자를 찾아왔다. 직장을 그만두고 NPL 투자를 한다던 이 직원은 점심을 같이 한 뒤 차를 마시면서 자신이 부실채권 투자를 한 경험을 무용담처럼 들려주었다. "NPL은 마약입니다. 한 건 투자해서 직장 연봉만큼 수익을 냈는데 이런 수익을 내본 사람은 절대로 월급쟁이 못 합니다."

다음은 그 동료가 투자했던 물건 사례이다. 도대체 얼마에 매입했을까 궁금했다. 매각가율은 감정가액 6억 원에 5억 1,500만 원으로(85.8%) 적정한 매각 금액인 듯했다. 투자 분석을 해보았다.

■ 사례 분석

| 대출잔액 370,000,000원 | 대출이자 78,302,922원 |
| 경매비용 4,174,500원 | 매입금액 452,477,422원 ① |

2017.06.05 상가	전주7계 _____ 전북 전주시 덕진구 덕진동1가 1층 333] 건물 48㎡ (15평) | 토지 30㎡ (9평)	---	600,000,000 종결 420,000,000 (70%) 515,000,000 (85.8%)	712	· NPL · 답사사진 · GG Tip

설정금액 481,000,000원　　　　　　**청구금액** 396,463,388원 ②

감정가액 600,000,000원×52.14%=312,840,000원−4,174,500원

　　　　=308,665,500원 (MRP) ③

　①, ②, ③ 중 낮은 금액으로 매입해 권리분석을 하면 된다. 아파트를 제외하고 청구 금액 기준으로 매입 의사를 밝히면 무난하다. MRP(최저매각예상가액)로 매입하면 더 많은 수익이 나겠지만 좋은 물건이 근저당권으로 설정된 물건은 원금과 당일까지 정상이자를 주고 매입해야 한다. 수익률이 확실하고 매각가율이 높은 NPL(부실채권)은 적정한 가격 협상으로 매입해야 한다.

　당초 매입금액① 452,477,422원에 가져가라는 채권을 청구금액 396,463,388원에서 할인해 385,000,000원으로 채권양수도계약을

> ① 대상채권이 기준일 현재 적법, 유효하게 존속하며 무효, 취소, 해제 등의 사유가 없을 것.
> ② 대상채권이 기준일 현재 제3자에게 질권, 기타담보권의 목적이 되어 있거나 상계 적상에 있지 아니하며, 대상채권의 양도를 제한하는 특약이나 법적인 제한이 존재하지 아니할 것.
>
> **제4조 (대금 및 지급방법)**
> ① 제2조 양도대상 채권의 매매대금은 금삼억팔천오백만원정(₩385,000,000)으로 한다.
> ② "을"은 계약금으로 금삼천팔백오십만원정(₩38,500,000)을 계약 일에 "갑"에게 지급하고 "갑"은 이를 영수한다.
> ③ "을"은 계약금을 제외한 잔금 금 삼억사천육백오십만원정 (₩346,500,000)은 계약일의 다음달 같은 일자까지 "갑" 명의의 예금계좌 수협 453:　(신수원)에 입금하기로 한다.
> ④ "을"이 양도인에게 본조 제3항의 금원을 모두 지급함과 동시에 대상채권은 양수인에게 귀속한다.
>
> **제5조 (계약의 해제 등)**
> "을"이 본 계약 제4조에서 정한 잔금지급기일 이내에 매매대금전액을 현금으로 "갑"에게 지급하지 않은 경우 "갑"은 "을"에 대한 최고 없이 본 계약을 해제할 수 있고, "갑"은 "을"으로부터 지급받은 계약금은 위약 벌로서 "갑"에게 귀속된다. "갑"의 위반으로 인해 계약이 해제될 경우 "갑"은 계약금의 배액을 "을"에게 돌려주기로 한다.

하고 매입했다고 한다. 그리고 안양저축은행에서 NPL 근저당권부 질권대출을 받았다. 총투자금은 401,788,465원이다.

> **NPL매입** 385,000,000원+2,886,000원(등기이전비용)+13,902,465원(대출이자)
>
> **현금투자** 93,788,465원 = 401,788,465원(총투자금)−308,000,000원(NPL대출)
>
> **NPL대출** 308,000,000원, 159일(2017. 3. 7~17. 8. 9)=13,902,465원
>
> **매각금액** 515,000,000원−1,288,880원(경매비용)−4,370,160원(당해세−울주군)−2,035,300원(조세채권−덕진구)−321,902,46원(질권대출원리금)−159,097,535원(AMC배당)−20,651,987원(소유자−배당)
>
> **AMC배당** 159,097,535원+5,698,632원(경매비용환급) =153,398,903원−93,788,465원(현금투자)=59,610,438원
>
> **수익률** 59,610,438원/93,788,465원=63.5%(수익률)×365/159일 =145.7%(연수익률)

다양한 수익 모델이 존재하는 NPL 투자는 예를 들면 1만 원의 백화점 상품권 7,000원에 구입해 1만 원의 혜택을 얻는 방법이다. 정부는 분양율은 적정하지만 다주택자들 등 부동산 투자 세력으로 인해 부동산 가격이 높게 오른다고 생각한다. 강력한 정부 정책의 핵심은 재건축·재개발, 분양권전매에 대해 세금으로 부동산 가격을 잡겠다는 것이다.

지지옥션 발표 자료에 따르면 새로운 정부 정책으로 낙찰가율

배 당 표

사 건 2011	부동산임의경매				채 권 자	홍주군	전주시 덕진구	아시아신탁 주식회사
배당할금액	금	515,045,059			채 권 금	원 금	4,370,260	2,035,300	20,933,619
매 각 대 금	금	515,000,000				이 자	0	0	0
지연이자 및 절차비용	금	0				비 용	0	0	0
전경매보증금	금	0				계	4,370,260	2,035,300	20,933,619
매각대금이자	금	45,059			배 당 순 위		4	4	5
항고보증금	금	0			이 유		교부권자(조세)	교부권자(조세)	소유자(잉여금)
집 행 비 용	금	5,698,632			채 권 최 고 액		0	0	0
실제배당할금액	금	509,346,427			배 당 액		4,370,260	2,035,300	20,651,987
매각부동산	별지 기재와 같음				잔 여 액		22,687,287	20,651,987	0
채 권 자	전주시 덕진구	주식회사 안양서축은행	소유이 조지		배 당 비 율		100 %	100 %	98.65 %
원 금	1,288,880	320,000,000	370,000,000		공탁번호 (공탁일)		금제 호	금제 호	금제 호
이 자	0	1,902,465	116,909,863						
비 용	0	0	0		2017. 8. 9.				
계	1,288,880	321,902,465	486,909,863						
배 당 순 위	1	2	3		사법보좌관		이용우		
이 유	교부권자(당해세)	근저당권부질권자	매당권자 2012. 6. 1.실행						
채 권 최 고 액	0	481,000,000	259,097,535						
배 당 액	1,288,880	321,902,465	159,097,535						
잔 여 액	508,057,547	186,155,082	27,057,547						
배 당 비 율	100 %	100 %	100 %						
공탁번호 (공탁일)	금제 호	금제 호	금제 호						

이 큰 폭으로 하락했지만 수도권을 중심으로 주거 시설 낙찰가율이 높다는 점 등으로 볼 때 본격적인 하락으로 보기는 어렵다. 다만 올해 경기 침체로 경매 물건이 많아질 것이라 기대하는 사람들이 많은데 막상 1월 경매 시장에서는 물건이 늘어날 조짐이 전혀 없다.

한편 경매 물건 중 가장 높은 가격에 낙찰된 물건은 경기도 광주시 퇴촌면 도수리에 있는 채석장 및 부속 토지 32개 필지로 259억 원을 기록했다. 세 번 유찰된 뒤 네 번째 경매에서 감정가의 54%에 낙찰되었다.

2018년 3월 가장 많은 응찰자가 몰린 경매 물건은 전북 진안군 정천면 봉학리에 있는 논 2,275㎡로 154명의 응찰자가 몰렸다. 감정가의 2621%인 2억 1,410만 원에 낙찰되었다. 응찰자 154명은 역대 세 번째로 많은 기록이다. 지역별로는 수도권과 지방 광역시 평균 낙찰가율이 각각 72.1%, 75.0%였다. 제주가 161.8%로 전국 낙

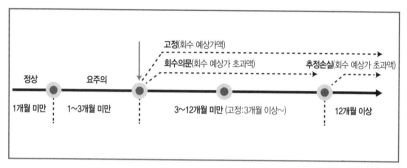

[출처 : 부동산 태인]

찰가율 1위를 기록했으며, 울산이 89.7%의 낙찰가율로 그 뒤를 이었다.

그러나 NPL은 낙찰 가격이 높든 낮든 큰 문제가 되지 않는다. 낮으면 매각 금융기관으로부터 조금 더 할인된 금액에 매입해 올수 있으며, 낙찰가율이 높으면 근저당권설정 금액 범위 내에 다 채워서 합법적인 연체이자를 받을 수 있기 때문이다.

무수익여신(無收益與信, non performing loan ; NPL)은 은행이 대출을 해주었으나 원리금을 제때 못 받아 묶인 돈을 의미한다. 부도를 내거나 법정관리 기업의 대출이나 6개월 이상 이자가 연체 중인 대출을 무수익여신으로 분류한다. 은행 대출의 건전성은 정상, 요주의, 고정, 회수의문, 추정손실 등 5가지로 구분된다. 경매 진행 물건은 대부분 '고정' 이상 여신으로 보통 3개월 이상 연체된 여신을 고정이하 여신으로 분류하고 대손충당금 적립을 20% 쌓아야 한다. 즉 10억 원 대출금이 연체 시 20%인 2억 원의 대손충당금은 연체 여신을 보유한 금융기관이 2억 원의 당기순이익을 유보 상태에서 결산을 하게 된다.

은행의 입장에서는 유동성 악화, BIS 비율 감소, 수익 감소, 관리 비용 증가 등을 피하기 위해 부실채권을 정리한다. 즉, 부실채권 매각으로 자기자본비율(BIS)을 높이고 유동성 위험을 피하지 않으면 안전한 금융기관이 아니라고 생각한 예금주들의 자금인출이 생기고 조달(예금)이 줄어들어 운영(대출)이 줄어들기 때문에 이런 문제를 해결하기 위해 부실채권(NPL)을 매각한다.

연체여신이 부실채권으로 매각이 되면 2억 원의 대손충당금이 환입되므로 순이익은 늘어난다. 즉, 연체여신은 정상여신으로 대출 지원되므로 정상채권으로 충당금은 10%에서 1%로 줄어들고 대출금 회수가 수월해진다. 부실채권 매입 금액이 낮아질 경우 유입(낙찰) 받는다. 그리고 완전 배당 물건은 감정가 또는 근저당권설정 금액보다 더 높게 매각이 되므로 배당 목적으로 근저당권을 매입한 투자자라면 완전 배당 물건보다는 유입과 배당에 좋은 감정가액보다 근저당권설정액이 높은 채권을 매입하면 유리하다.

유입(낙찰)물건	완전 배당 물건	유입과 배당에 좋은 물건
근저당권 1억 2,000만 원	예상 매각 금액 1억 원 2,000만 원	근저당권 금액 1억 원
예상 매각 금액 1억 원	근저당권설정 금액 1억 원	감정가액 9,000만 원

부실채권 투자에는 론세일(채권양수도계약) 중 방어 입찰의 한 투자 방법으로 근저당권설정 금액보다 예상 낙찰가 금액이 많은 유입(직접) 낙찰(물건) 방법이 있다. 그리고 예상 낙찰가보다 높은 근저당권설정 금액의 완전 배당 물건이 있다. 이런 수익 모델의 물건을 잘 선별하면 더 높은 수익을 창출할 수 있다.

4
부실채권 투자로 시간적 · 경제적 자유를 얻다

송○○ 대표는 저축은행 지점장 출신이다. 회사에 다닐 때 직장 생활에 회의를 느끼고 당시 부실채권 매각과 질권대출을 취급하면서 '내가 하면 잘할 것 같은데……'라는 생각에 정년을 10년 앞두고 과감히 사표를 제출했다. 그 뒤 AMC 이사 직함으로 부실채권 투자와 NPL 권리분석 업무를 담당하다가 이후 다니던 AMC를 나와 직접 안산에 자산관리회사를 차렸다. 나와는 전 효성 AMC에 재직할 때 알음알음으로 인연이 닿았다.

송 대표가 언젠가 한번은 필자가 다니는 금융기관에서 내놓은 매각 리스트의 매각 담당자를 소개시켜 달라며 찾아왔다. "매각 리스트 중 서울에서 사업을 하는 한○○ 회장님이 원하는 물건이 있는데 그 물건을 매입하러 가려고 합니다. 잘 좀 부탁합니다."

■ 사례 분석

	충주1계 201 41 충북 충주시 엄정면 신만리 35-16] [일괄]105-4, 105-12 외2 [유치권 분묘 농취증 입찰외] 토지 11,604㎡ (3,510평)	[옷세고개길]	402,480,000 취하 321,984,000 (80%)	163	· NPL · 특수권리분석 - 유치권 - 입찰외
2016.12.05 과수원					

충북 충주시 엄정면 신만리 105−1＊번지 외 5필지

과수원 8,383㎡, 임야 3,221㎡

감정가 402,480,000원(과수원 감정가 354,523,000원, 임야 감정가 47,957,000원)

본 토지 지상에 ○○농산(주)에서 공장 신축 허가(두부공장)를 얻어 건물을 조성 중이다. 공장 신축 과정에서 자금난을 해결하지 못하고 이자를 납입하지 못해 경매로 내놓았다.

2016. 6. 08 김○○ 공사대금 350,000,000원

2016. 8. 10 정○○ 공사대금 317,096,603원

공사대금 유치권신고서가 제출된 상태였다.

이 물건이 필자의 금융기관에서 임의 경매를 진행하는 도중 2016년 12월 5일 3억 5,111만 1,000원에 매각되고 대금 납부 기일은 2017년 1월 18일이었으나 필자의 지인인 ○○AMC의 도움을 받아 필자의 금융기관에서 원금, 이자 경매 비용에 매입하고 2017년 1월 16일 취하했다.

신고된 유치권은 강남 100억 자산가의 말을 빌리면 "지인이 두부 공장을 짓다 사업 자금에 압박이 오자 두부 공장 유통망을 확보

<< 가지고 계신 물건사진을 등록하면 사이버머니 지급 또는 광고를 게재해 드립니다 >> 회원님사진등록

소재지/감정평가서요약	물건번호/면적(㎡)	감정가/최저가/과정	임차조사	등기권리
(27312) 충북 충주시 엄정면 신만리 1[[윗세고개길 35-16] 감정평가액 토지:272,182,000 **감정평가서요약** - 차량접근가능 - 환경사지를평탄하게조성한사다리형토지 - 남측으로약3m내외도로접함 - 일괄입찰 - 탄방마을북동측근거리 - 주위농경지및자연림,소규모공장지대통소재 - 인근노선버스(정)및간선도로소재 - 교통사정보통 - 계획관리지역	물건번호: 단독물건 과수원 4,462 (1,349.76평) ₩272,182,000 현:이행지상태토지 공장신축허가득하여 조성중 입목포함 입찰외이동가능한컨 테이너소재 입찰외신축중인건축 물소재 농취증필요	감정가 402,480,000 ·토지 402,480,000 (100%) (평당 114,660) 최저가 321,984,000 (80.0%) **경매진행과정** ① 402,480,000 2016-10-31 유찰 ② 20%↓ 321,984,000 2016-12-05 매각 매수인 합봉 응찰수 1명 매각가 351,111,000 (87.24%) 납기 2017-01-18 2017-01-16 취하	**법원임차조사** *소유자나 점유자를 만나거나 연락을 취할 수 없어 점유관계는 확인을 할 수가 없는 상태임	소유권 ! ¡산 2012.03.29 전소유자:벙 근저당 ! ! 2012.03.29 299,000,000 압류 충주시 2015.07.27 근저당 ! ! 2015.08.10 350,000,000 압류 국민건강보험공단 2015.11.05 충주지사 근저당 ! ! 2016.01.21 564,000,000 지상권 ㄴ ㅡㅓ 2016.01.21 30년 임 의 ㄴ ㅡㅓ :협

한 강남 유력 자산가에게 정보를 주면서 인수해서 운영하면 돈이 될 것이다."라고 해 경매에 낙찰된 후 부실채권으로 인수해 경매를 취하했다. 물론 유치권은 인정되지 않았다. 과거에도 낙찰 물건을 경매 취하 후 근저당권 해지로 취하한 사례가 있었다.

필자의 금융기관에서는 원금(1억 9,500만 원)의 일부를 받지 못할 금액(1억 7,810만 원)에 매각(낙찰)이 되었는데 유자격 3억 법인의 중개로 대위변제 원금과 이자 경매 비용을 납입했다. 즉 대위변제 형식으로 근저당권설정 해지와 동시에 경매 취하했다.

아무튼 부실채권 투자의 정석을 보여주는 AMC였다. 전에는 매각 리스트가 넘쳐 필요한 채권만 매입하고 나머지는 다 버려졌는데 요즈음은 일정한 수수료를 주고라도 매각 리스트를 찾는 다른 AMC에 수수료를 받고 재매각해 또 다른 수익을 내기도 한다. 부실채권 투자의 롤모델 격이라 할 만한 AMC이다.

5
입찰참가조건부 사후정산 방식 공장물건 투자 수익법

아카데미 4기생 중 필자가 소개시켜준 ○○AMC에서 실전 NPL을 열심히 배우고 있는 '존록펠러'님에게 전화가 왔다. 아래 물건을 현재 ○○AMC가 유동화전문회사로부터 매입한 후 공장 운영 직영자를 찾던 중 때비누 공장을 운영하는 공장의 실제 운영자로부터 "본 공장을 매입할 테니 유동화전문회사로부터 구입하는 방법으로 연결해주면 일정한 수수료를 주겠다."는 제안을 받아 '입찰참가조건부 사후정산 방식'으로 계약을 체결했다는 것이었다.

공장을 매입할 때 대지는 넓고 고도가 10미터 이상 공장이 좋다. 입구는 6미터 이상이어야 트레일러가 들어가기도 수월하며 공장 천고가 10미터이면 물건을 쌓아 놓을 수 있어 더더욱 좋다. 또한

사진	매각기일 용도	물건기본내역	감정가 최저가	상태	조회수	추가정보
	2017.07.18 공장	수원15계 201 경기 화성시 양감면 요당리 3-7 [은행나무로17 0번길 30] [일괄]3-24, 19-24, 1: 외 2 [입찰외 일부지분] 건물 580㎡ (175평) | 토지 1,662㎡ (503평)	729,800,210 510,860,000 (70%) 705,000,000 (96.6%)	종결	587	· NPL · 건축물대장 - 특수권리분석 - 지분매각

일반건축물대장(갑)						장번호 : 1 - 1
고유번호	4159040026-1-00030007	민원24접수번호	20170426 - 79091592	명칭	새로이가구 요당리 공장	특이사항
대지위치	경기도 화성시 양감면 요당리		지번	3-7	도로명주소	경기도 화성시 양감면 은행나무로170번길 30
※대지면적	987 ㎡	연면적	492.25 ㎡	※지역	관리지역	※지구	※구역
건축면적	492.25 ㎡	용적률산정용연면적	492.25 ㎡	주구조	일반철골구조	주용도	공장	층수	1층
※건폐율	49.87 %	※용적률	49.87 %	높이	8 m	지붕	기타지붕.샌드위치판넬	부속건축물
조경면적	㎡	공개 공지 또는 공개 공간의 면적	㎡	건축선 후퇴면적	㎡	건축선 후퇴거리	m
지하수위	G.L ㎡	기초형식		설계지내력(지내력기초인경우)	t/㎡	구조설계 해석법	

건 축 물 현 황				소 유 자 현 황			
구분	층별	구조	용도	면적(㎡)	성명(명칭) 주민(법인)등록번호 (부동산등기용등록번호)	주소	소유권 지분	변동일 변동원인
주1	1층	일반철골구조	일반공장	492.25	안건승강기주식회사 110111-2******	서울특별시 강서구 양천로 551-17. 810호(가양동.한화비즈메트로1차)	1/1	2014.06.09 소유권이전
		- 이하여백 -			- 이하여백 -			

※ 이 건축물대장은 현소유자만 표시한 것입니다.

이 등(초)본은 건축물대장의 원본 내용과 틀림없음을 증명합니다.

발급일자 : 2017년 04월 26일

담당자 : 민원봉사과
전 화 : 031 - 1577 - 4200

경기도 화성시장

공장을 매입할 당시 기계 작동 여부와 리스 여부도 파악해야 한다.

필자의 금융기관 고액 예금주는 인천 남동공단에 공장을 가지고 있는데 월세만 2,500만 원이 나온다. 당시 토지공사로부터 20만 원에 매입했는데 현재는 200만 원 이상이라고 한다. 공장용지 503평에 건물은 175평이다. 감정가액이 7억 2,980만 210원인데 인근 부동산 공장 낙찰 사례는 78.6%였다. 개정 대부업법 이후 론세일(채권양수도계약)은 법인에게만 허용하고 있다.

하지만 개인이 할 수 있는 방법 중 하나가 '입찰참가조건부 사후정산 방식'이다. 사후정산 방식은 유동화전문회사와 사전에 입찰참가 금액을 정해놓고 채권 매입금의 10%를 계약금으로 지불하고 당초 약정 금액으로 입찰에 참가해 낙찰 받은 후 사후에 유동화회사와 정산하는 방식이다.

이 채권은 ○○제차 유동화전문회사와 입찰참가이행조건부 사후정산 방식으로 협의해 6억 5,000만 원에 체결했다. 당초 계약체결 내용대로 7억 500만 원에 입찰에 참여하고 유동화전문회사 직원이 당초 계약금으로 법원 경매에 참여한다.

NPL 매수자는 채권권리행사 금액으로 경매 입찰에 참여한다. 만약 계약을 체결한 매수자보다 높게 입찰한 입찰자가 있다면 유동화회사로부터 계약금을 돌려받고 이 계약은 무효가 된다. NPL 매수인은 잔금 납부와 동시에 소유권을 취득하고, 해당 채권과 후순위 채권은 모두 촉탁등기로 말소된다.

유동화회사는 배당일에 채권권리행사 최고 금액인 6억 9,600만

원을 배당 받게 되고 NPL 매수자는 유동화회사와 사후정산 방식으로 6억 5,000만 원 금액을 사후정산으로 돌려받는다.

다음 물건에는 16명이 입찰해 차순위 금액이 6억 9,000만 원이었다. 이처럼 사후정산 방식으로 입찰해 원하는 물건을 반드시 낙찰 받을 수 있다. 이 채권을 매입한 후 매각(낙찰)가의 86%를 대출 받아 잔금을 납입했다.

설정액 696,000,000원(1순위)

양수인 ○○제이차유동화전문유한회사(양도인:(주)우리은행)

소재지/감정평가서요약	물건번호/면적(㎡)	감정가/최저가/과정	임차조사	등기권리
(18633) 경기 화성시 양감면 요당 [은방나무로170번길 30] 감정평가액 토지:380,982,000 건물:160,473,500 제시:3,930,000 **감정평가서요약** - "(주)안전숭강기" - 일반철골조 샌드위치판 넬지붕기타지붕 - 사다리형남서측하향완 경사지 - 일괄입찰 - 양감면사무소남서측인 근 - 주위유사공장동단지이 루는공장밀집지대로서 단지외곽전,답,임야등 농경지혼재 - 차량출입가능,교통사 정보통 - 버스(정)인근소재 - 화성구역재난안전과양 재부서(031-369-2461) 확인바람 - 1차감정:704,053,500 - 계획관리지역 - 비행안전구역 (구구역,전술) - 성장관리권역	물건번호: 단독물건 공장용지 987 (298.57평) ₩380,982,000 건물 · 공장 492 (148.91평) ₩160,473,500 · 총1층 · 승인:2003.12.24 · 보존:2004.01.09 제시외 · 작업장 18 (5.29평) ₩1,750,000 · 창고 4 (1.21평) ₩280,000 · 차양막 38 (11.50평) ₩1,900,000	감정가 729,800,210 · 대지 561,196,710 (76.9%) (평당 1,116,432) · 건물 160,473,500 (21.99%) (평당 915,057) · 제시 8,130,000 (1.11%) 최저가 510,860,000 (70.0%) **경매진행과정** ① 704,053,500 2017-05-10 유찰 ① 729,800,210 2017-06-13 유찰 ② 30%↓ 510,860,000 2017-07-18 매각 매수인 갑 응찰수 16명 매각가 705,000,000 (96.60%) 2위 690,000,000 (94.55%) 3위 671,425,000 (92.00%) 4위 661,000,000 (90.57%) 5위 653,870,000 (89.60%) 6위 633,800,000 (86.85%)	**법원임차조사** 갑 공장 ·소유자점유. 목적물에서 임 차인의 직원을 만나 면담8하 여 임대차내용을 조사함. 목 적물은 은방나무로 170번길 에 접해있고 건물 외벽에 은방나무로 170번길 30, 안 전승강기(주)의 표시가 있 음. 목적물에서 임차인 갑을 분의 직원 유승일을 만나 면 담한바 목적물에서 임차인 이 승강기부품제조업을 운 영한다고 함. 위 유승일에게 안내문을 교부함. 건물 정면 에 철구조 판넬지붕의 가건 물(9.5평)이 붙어 있음. 관 공서에서 확인한 전입세대 열람내역서 및 상가건물임 대차 현황서에는 전입세대 주, 건물임차인이 등재되어 있지 않음.	**건물** 소유권 안 2014.06.0 전소유자: 근저당 은행 (공동) 2014.06.09 696,000,000 근저당 , (공동) 2014.06.09 100,000,000 가압류 ㄹ스리 2016.03.29 43,601,800 2016카단100921인천 근저당 엘리베이터 2016.04.12 100,000,000 가압류 루프엘리베이 (공동) ㅌ코디아 2016.05.19 28,160,000 2016카단201597서울 남부 가압류 ㄷ 플렉산운영팀 2016.05.26 55,535,506 2016카단2131서울남 부 가압류 :기업 2016.07.20 27,171,222

감정가 729,800,210원   최저가 705,000,000원

청구액 673,234,725원

유동화전문회사 인수금 580,000,000원→○ ○AMC 625,000,000원→입찰
참가조건부(사후정산 방식)

낙찰자 때비누 생산업체 공장운영자(김종두 대표)

입찰참가 금액 705,000,000원

금리는 연 2.9%이다. 그리고 현재 채무자 겸 소유자에게 재계약
했다. 보증금 3,000만 원/월 280만 원으로 전 소유자와 재계약했다.
연수입은 3,360만 원, 경락잔금대출의 연이자(연2.6%) 1,460만 원을 제하면 1,900만 원이다. 결국 월 158만 원의 수익이 발생한다. 현금 투자는 6,300만 원이다.

유동화전문회사는 5억 8,000만 원에 우리은행으로부터 매입한 후 6억 5,000만 원에 사후정산 방식으로 매각했다. 존록펠러님이 소속된 ○○AMC는 6억 5,000만 원에 수수료(4.5%) 3,000만 원을 받고(법인세, 소득세 등) 실소유자에게 매각했다.

▶ 유동화 전문회사 수익분석=7.11%

625,000,000원-583,480,000원(580,000,000원+3,480,000원)=41,520,000 원(수익)/583,480,000원

▶ ○○AMC 수익분석 625,000,000원×4.5%=30,000,000원

아래에서 보듯이 NPL 채권을 6억 2,500만 원에 매입했다. 낙찰 금액 7억 500만 원에 입찰해 사후정산 방식으로 8,000만 원을 돌려 받는다.

채권매입 625,000,000원   **수수료** 25,000,000원
취등록세 35,000,000원   **총투자금** 685,000,000원
경락대출 560,000,000원, 연 3.87%, 1년 이자 21,672,000원
중기대출 80,000,000원, 연 2.80%, 1년 이자 2,240,000원-정책자금 추
       가대출
대출금액 640,000,000원   **이자합계** 23,912,000원
임대금액 30,000,000원/월 3,000,000원(150만 원 2곳 임대)
       연 월세 36,000,000원
현금투자 15,000,000원(45,000,000원-30,000,000원)

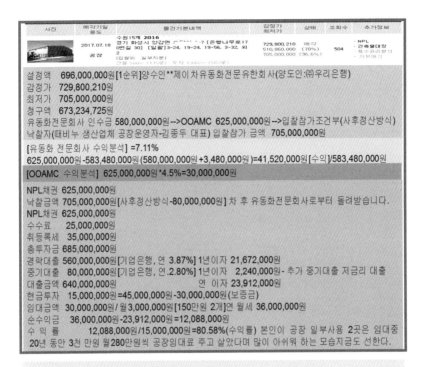

사진	매각기일 용도	물건기본내역	감정가 최저가	상태	조회수	추가정보
	2017.07.18 공장	수원15계 2016 경기 화성시 양감면 ○○○ ○-7 [은행나루로17 0번길 30] [일괄]3-24, 19-24, 19-56, 3-32 외 2 [입찰외] 일부지분] 건물 560○ (1757평) 토지 1,662㎡ (503평)	729,800,210 510,860,000 (70%) 705,000,000 (96.6%)	매각	504	· NPL · 건축물대장 · 등수권리분석 · 지분매각

설정액   696,000,000원[1순위]양수인**제이차유동화전문유한회사(양도인:㈜우리은행)
감정가 729,800,210원
최저가 705,000,000원
청구액 673,234,725원
유동화전문회사 인수금 580,000,000원-->OOAMC 625,000,000원-->입찰참가조건부(사후정산방식)
낙찰자(때비누 생산업체 공장운영자-김종두 대표) 입찰참가 금액 705,000,000원
[유동화 전문회사 수익분석] =7.11%
625,000,000원-583,480,000(580,000,000원+3,480,000원)=41,520,000원[수익]/583,480,000원
[OOAMC 수익분석] 625,000,000원 *4.5%=30,000,000원

NPL채권 625,000,000원
낙찰금액 705,000,000원[사후정산방식-80,000,000원] 차 후 유동화전문회사 로부터 돌려받습니다.
NPL채권 625,000,000원
수수료   25,000,000원
취등록세 35,000,000원
총투자금 685,000,000원
경락대출 560,000,000원[기업은행, 연 3.87%] 1년이자 21,672,000원
중기대출 80,000,000원[기업은행, 연.2.80%] 1년이자 2,240,000원- 추가 중기대출 저금리 대출
대출금액 640,000,000원   연 이자 23,912,000원
현금투자 15,000,000원=45,000,000원-30,000,000원(보증금)
임대금액 30,000,000원/ 월3,000,000원[150만원 2개]연 월세 36,000,000원
순수익금 36,000,000원-23,912,000원=12,088,000원
수 익 률   12,088,000원/15,000,000원=80.58%(수익률) 본인이 공장 일부사용 2곳은 임대중
20년 동안 3천 만원 월280만원씩 공장임대료 주고 살았다며 많이 아쉬워 하는 모습지금도 선한다.

순수익금 30,000,000원/월 3,000,000원(150만 원, 2곳 임대)

　　　연 월세 36,000,000원

수익률 12,088,000원/15,000,000원=80.58%

　그리고 NPL 실제 매입자도 실제 6,300만 원을 투자하고 월 158만 원 수입이 발생한다. 2년 후 7억 5,000만 원에 재매각할 때 1억 원(7.5억~6.5억 원) 단기매매 차익이 발생해도 양도소득세(50%) 5,000만 원을 납입해야 하지만 입찰참가조건부 사후정산 방식은 재매각하여도 실제 양도소득세가 절세가 되므로 이 방법을 많이 택하는 NPL 법인이 많다.

6
NPL과 GPL로 평생의 부를 얻을 발판을 마련하다

앞에서 밝힌 필자의 후배는 금융기관에서 근무한 경력이 있어서 인지 강의를 듣거나 책을 읽지 않아도 쉽게 금융기관에 전화를 걸거나 찾아가 매각 리스트를 받아 임장 활동으로 수익을 얻고 있다. 매각 리스트는 돈이다. 그는 이런 매각 리스트를 많이 받은 다음 그중에 돈 되는 물건을 골랐다.

■ 사례 분석

광주 북구 삼각동 21*번지 전 694㎡(209.9 평)

감정가액 294,950,000원   **법원감정가** 297,000,000원

설정금액 228,800,000원(원금 176,000,000원) 1 순위 ○○신협

설정금액 35,100,000원(원금 27,000,000원) 2 순위 ○○신협

청구금액 219,692,298원

○○신협에서 매각하는 금액은 상상을 초월한 금액이었다.

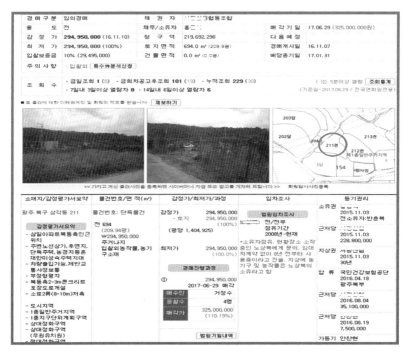

경매구분	임의경매	채 권 자	○○신협동조합	매 각 기 일	17.06.29 (325,000,000원)
용 도	전	채무/소유자	홍○○	다 음 예 정	
감 정 가	294,950,000 (16.11.10)	청 구 액	219,692,298	경매개시일	16.11.07
최 저 가	294,950,000 (100%)	토 지 면 적	694.0 m² (209.9평)	배당종기일	17.01.31
입찰보증금	10% (29,495,000)	건 물 면 적	0.0 m² (0.0평)		
주 의 사 항	· 입찰외 特殊物건분석신청				

소재지/감정평가서요약	물건번호/면 적(m²)	감정가/최저가/과정	임차조사	등기권리
광주 북구 삼각동 211	물건번호: 단독물건	감정가 294,950,000	법원임차조사	소유권 홍○○ 2015.11.03 전소유자:반춘복
감정평가서요약	전 694 (209.94평) ₩294,950,000 주거나지 입찰외농작물,농기구소재	·토지 294,950,000 (100%)	·전/전부 점유기간 2008년~현재	근저당 ○○신협 2015.11.03 228,800,000
- 삼일아파트북동측인근위치 - 주변노선상가,후면지,단독주택,농경지등은재한마성숙주택지대 - 차량출입가능,제반교통사정보통 - 부정형평지 - 북동측2~3m콘크리트포장도로연결 - 소로2류(8~10m)저촉		최저가 294,950,000 (100.0%)	*소유자점유, 현황장소 소작중인 노상복에게 문의. 임대차계약 없이 8년 전부터 사용중이라고 진술. 지상에 농기구 및 농작물은 노상복의 소유라고 함	지상권 ○○신협 2015.11.03 30년
		경매진행과정		압 류 국민건강보험공단 2016.04.18 광주북부
- 도시지역 - 1종일반주거지역 - 1종지구단위계획구역 - 상대정화구역 - 상대정화구역 (우원휴식원)		① 294,950,000 2017-06-29 매각		근저당 ○○ 2016.08.04 35,100,000
		매수인 거정수 응찰수 4명 매각가 325,000,000 (110.19%)		근저당 ○○ 2016.08.19 7,500,000
		법원기일내역		가등기 안찬현

하지만 매각 담당자는 이곳이 아파트 신축 예정지라며 원금 203,000,000원+11,850,000원+3,580,000원(경매비용)=218,430,000원(NPL매각)에 매입해도 돈이 될 것이라고 안심시켜주었다.

왜냐하면 대출금 이자(연체)가 총 3,885만 232원으로 그중 1,185만 원만 청구했으니 지금까지 쌓인 이자만도 2,700만 원이고 배당받을 때까지 2개월 이상 걸리고 연체이율도 연 24%이니 2부씩 이자를 받게 된 셈이었다.

그러나 첫 거래이고 다시 신협으로부터 매각 리스트도 받아야하니 과감하게 이 금액으로 매입해야만 했다. 결국 1차에 감정가액을 웃도는 3억 2,500만 원(110.19%)으로 낙찰되었다. 이 물건으로 358만 원의 경매비용을 환급하고 동시에 그동안 쌓였던 이자 2,700

만 원 그리고 배당 받을 때까지 원금 2억 300만 원의 24% 연체이자인 95일 이자 1,268만 547원으로 총 4,326만 547원의 수익을 냈다.

본 수익을 낸 투자자도 처음에는 NPL이 자신과 잘 맞지 않는 줄 알고 몇 건만 해보고 안 되면 접을까 했으나 물건 선별만 잘하면 큰돈이 된다는 사실을 뒤늦게 알게 되었다는 것이다.

필자는 이 물건에 대해 약간 아쉬움이 있다.

첫째, 유입으로 재매각했으면 더 많은 수익을 냈을 것이다. 이 금액에 매각이 되었으면 충분히 개발 호재의 시세 차익을 냈을 것이기 때문이다

둘째, 이 물건을 부실채권 매입 당시에 한 번은 연장, 변경으로 채권최고액까지 근사치로 합법적인 연체이자를 채워 연 24%를 받을 수 있었을 것이다.

셋째, 처음 경매신청 당시에 청구 금액을 근저당권설정 금액 2억 6,390만 원으로 했다면 더 많은 수익을 얻었을 것이다.

7
양날의 검과 같은 NPL 권리분석 실패 사례

최근 지지옥션 정보 보도에 따르면 정부의 8·2 부동산 대책 후 침체되었던 서울 주거 시설 경매 시장이 다시 회복세를 보이고 있다. 하지만 이는 일시적인 것일 뿐 내년에는 다시 침체 국면에 접어들 것으로 예상된다. 최근 서울 주거 시설 낙찰가율(감정가 대비 낙찰가 비율)은 전월 대비 3.3%포인트 상승한 97.6%를 기록했다. 이는 2008년 6월 100.5%를 기록한 이후 9년 4개월 만에 가장 높은 수치다. 서울 주거 시설 낙찰가율은 지난 8·2 부동산 대책 이후 하락했다.

2017년 4월 서울 주거 시설 낙찰가율은 전월 대비 6.0%포인트 하락한 90.3%다. 이 같은 하락세는 지난 2008년 여름 글로벌 경제 위기 이후, 2003년 11월 노무현 정부 10·29대책 이후 처음이다. 이후 낙찰가율은 한 달 만에 반등해 2개월 연속 상승, 이내 이전 수준으로 회복했다. 지난 2~3년 동안 경매 시장에는 부동산 활황세에 힘입어 투자 수요가 몰리고 있는 실정이다.

부실채권 투자가 긍정적 효과만 있으면 얼마나 좋을까마는 권리 분석을 잘못하면 부정적 효과가 더 크다. NPL 권리분석의 중요성을 다시 한 번 입증하는 사례이다. NPL 권리분석은 경매투자에 있어서 자금 여력과 권리분석만큼이나 중요하다.

■ 사례 분석

사진	매각기일 용도	물건기본내역	감정가 최저가	상태	조회수	추가정보
	2014.11.24 아파트상가	동부1계 2014 서울 송파구 신천동 7 가동 3층 6호 [롯데피로35길 124] [일괄]7호, 1 -5, -6, 외1 [대지권미등기] 건물 407㎡ (123평) | 토지 249㎡ (75평)	2,934,000,000 취하 1,877,760,000 (64%)		336	

감정가액 2,934,000,000원   **최저가액** 1,877,760,000원

설정금액 2,392,000,000원(○○○신협, ○○신협, ○○신협)

2010. 06. 08- 말소기준등기일

낙찰예상 2,934,000,000원×60%=1,760,400,000원-9,007,940원(지방세)-
8,668,130원(당해세)-339,810원(건강등조세채권)=1,296,000,000
원(예상배당액)

NPL매입 1,620,000,000원   **이전비용** 14,352,000원

대출이자 76,951,509원   **총투자금** 1,711,303,509원

NPL대출 1,296,000,000원×5.557%, 390/365 =76,951,509원

현금투자 415,303,509원

낙찰예상 1,760,400,000원-9,007,940원[지방세8,668,130원(당해세)-
339,810원(건강보험등 조세채권)-1,711,303,509원 = 40,088,551원

순이익금 40,088,551원=1,751,392,060원(예상배당금)-1,711,303,509원(총
투자금)

수익률 40,088,551원(순수익)/415,303,509원(현금투자) = 9.65%

위 사례에서 필자가 NPL 근저당권부 질권대출 12억 9,600만 원의 대출금 승인을 신청했으나 '부결'되었다. 이유는 공실이 많고 관리비가 많이 밀려 있다는 것이었다. 잔금을 치르지 못하고 권리분석에 실패한 사례이다. 결국 채권양수인 ○○(주)는 계약금 10%(162,000,000원)를 신협에 몰수당했다.

건강, 요양보험의 조세 체납은 근저당권 설정일보다 앞서 있다. 그러므로 선순위 지방세이다. 그러나 국민연금은 최초의 근저당권 설정일 이후에 압류되어 근저당권자보다 후순위 배당이다.

왜냐하면 조세채권은 등기부 압류등기일이 아닌 조세채권의 법정기일을 기준으로 배분되기 때문이다. 위 표는 필자가 질권대출 해주기 위해 예상배당표를 작성한 것이다. '교부청구서'에 의해 당해세(국세, 지방세)는 우선 배당되고 조세채권은 최초의 근저당권설정일과 법정기일에 의해 배당 순위가 결정된다. 그러므로 배당요구종기일 전에 채권을 매입할 때 특히 주의를 요해야 한다. 교부청구서에 의해 당해세의 금액과 최우선변제권보다도 우선하는 임금채권이 있는지 확인해야 하기 때문이다. 실제로 임금채권에 의해 필자의 금융기관에서 취급한 채무자 병원장의 용인요양병원이 2억 원 넘게 낙찰이 되었는데 무배당된 사례가 있고, 인천 연수구 옥련동의 물건은 낙찰이 되었음에도 당해세로 100% 배당이 되어 유동화전문회사가 기업은행으로부터 인수한 지하 호실이 무배당된 일이 있다. 이 사례는 필자의 강의를 들어본 사람이라면 NPL 세법과 배당표 작성의 중요성 부분에서 경험했을 것이다.

Key Point

1. 자금력을 확보하라. 현재 NPL 채권 매입금액이 5~10억 원 넘는 경우 서울·경기·수도권을 제외한 지방은 질권대출이 되지 않을 수 있으므로 자금력이 부족할 경우 계약금을 몰수될 수 있으니 부족한 자금을 확보해야 한다.
2. 방어 입찰에 대비한 유입(직접낙찰)으로 재매각 차익을 계산할 줄 알아야 한다.
3. 유입으로 자산가치를 올리는 투자법을 고려해보자.
4. 자금력이 부족하고 사업 초기 수익 실현이 어려운 경우 적기에 재매각 차익을 생각하자.

Chapter 3

경매 급소를 노리는
부자들의
비밀노트

1
땅속에 길이 있다

필자가 몸담은 금융기관에서 토지 NPL 매각 리스트로 내놓아도
'매수의향가'를 제시하는 AMC는 없다. 이 말은 토지를 모르고 개
발행위를 어떻게 해야 하는지를 모른다는 이야기이다. 그렇다면
토지를 제대로 배우고 이해한다면 틈새시장으로 더 많은 수익을
낼 수 있다는 이야기이다.

경매로 토지를 매입할 때는 대부분 매각가율에 최고가 신고인이
낙찰 받게 된다. 그러나 NPL로 매입하면 매각가율의 15% 할인가
로 토지를 매입할 수 있다. 예를 들면 감정가 1억 원인 토지(임야)의
평균 매각가율이 55%라면 5,500만 원(55%)에 매입을 할 수 있다.
그러나 NPL로 매입하면 5,500만 원에 1.15(15% 할인가 적용)를 곱하
면 47,826,086원(47%)에 매입 가능하다는 이야기이다.

땅 투자로 수익을 낼 수 있는 이유는 저렴한 전, 답, 임야, 잡종
지를 매입한 후 개발을 하기 때문이다. 이때 개발행위는 흔히 생각

하는 복잡한 개발이 아니라 토지에 대한 '개발행위허가'를 얻는 방법만 찾아도 몇 배의 시세 차익을 노릴 수 있다.

개발행위허가를 얻는 일은 생각보다 간단하다. 관할 관청에 주택을 짓든 공장을 짓든 어떤 식으로 개발하겠다는 계획만 내면 된다. 개발행위허가가 날 수 있는 땅에 반드시 필요한 두 가지 조건이 있다. 바로 '도로'와 '배수로'이다. 배수로는 오·폐수를 처리할 수 있는 수로를 뜻한다. 상수도는 식수 등 깨끗한 물이 공급되는 통로이고, 배수로는 생활 폐수가 나가는 통로다. 만약 도로와 배수로가 없는 땅을 개발행위가 가능하다고 파는 사람이 있다면 이는 100% 사기다.

"배수로라고 해서 특별한 것이 아니다."라며 "시골에 가면 도랑 같은 것이 있는데 이게 배수로"이다. 도랑이 별것 아닌 것 같지만, 이게 없으면 개발행위허가가 나지 않는다. 도로는 폭이 중요하다. 도로 폭이 3~4m로 좁은 땅에 지을 수 있는 건 주택이나 근린 생활 시설(소매)밖에 없다. 만약 이런 땅에 공장을 짓겠다고 개발행위허가를 신청하면 당연히 허가가 나지 않는다.

공장을 지으려면 도로 폭이 적어도 6~8m는 되어야 한다. 땅 투자를 할 때는 도로 폭과 배수로를 반드시 확인해야 낭패를 보지 않는다. 관련법인 '국토 이용 및 개발에 관한 법률'에는 해당 내용이 크게 부각되어 있지 않아 초보자들이 그냥 지나치기 쉽다. 정부 8·2 조치와 후속 조치 9·5 조치는 토지 시장보다는 주택 시장에 미치는 영향이 크다. 토지 시장에 주목해야 하는 이유는 LTV(담보 비율)와 신DTI(총부채상환비율)의 영향을 받지 않는 것 외에 또 있다.

작년 말 소득세법이 개정되면서 비사업용 토지에 대한 장기보유 특별공제(10~30%)를 적용할 때 보유 기간 계산을 위한 기산일이 2018년에는 토지 취득일로 소급 적용된다. 장기 보유에 따른 세부담 완화는 토지 매물 공급의 증가로 이어질 가능성이 높다. 이제는 특정 부동산에 편식하기보다는 다양한 투자처에 눈을 돌려 틈새 공략을 이용할 때이다.

부동산 경기 활성화보다는 지역 시장에 영향을 주는 부동산에 투자하고 보상 지역의 토지에 관심을 가져야 하는 이유는 무엇일까? 토지 가격은 장기간 진행되는 개발 사업 특성상 인기 지역을 중심으로 지속적으로 토지 투자 수요가 있어 가격 상승이 이어질 전망이다. 이중 보상금 절반이 서울 수서역세권, 제2판교 테크노밸리, 과천 기업형 임대주택 등 수도권에 풀릴 예정이기 때문에 대체 취득 조건 내 농지나 보상 주변 지역 및 강한 흡입력을 가진 강남 지역 등 각 지방을 대표하는 지역 내 토지 가격 상승이 예상된다. 또한 주택이나 상가의 대체 투자 상품으로서 인기가 높아질 전망이다.

물론 이 경우에도 개발 지역 관할 지자체에 개발 계획의 유무와 가능성을 확인해야 한다. 또한 투자 물건과 투자성에 대해서는 해당 지역 사정에 밝은 전문 공인중개사나 감정평가사 등 전문가의 자문이 꼭 필요하다.

지적법상 28개 지목의 토지는 청구액 이하 낙찰이 많다. 즉, NPL 매각 금융기관에 매입할 때 평균 매각가율에서 15% 할인을 받아 매입해 더 큰 차익을 낼 수 있다는 반증이다.

예컨대 논(답) 660㎡, 충남 배방에 있는 물건의 감정가 6억 원이고, 지역별 평균 매각가율(최근 1년)이 55%라 할 때 6억 원×

55%=3억 3,000만 원에서 15%를 할인해 매입한다면, 330,000,000 원/1.15%=286,956,521원(MRP)에 매입할 수 있다는 뜻이다.

현지 임장 활동 시 부동산 가격을 확인하고 원주민 부동산, 전원 부동산 그리고 마을을 관장하는 유력 이장님에게 시세 6억 원 농지를 5억 원에 팔아주면 5,000만 원을 복비로 주겠다고 할 때 적극적인 부동산과 마을 유력인이 있을 것이다.

이때 NPL 법인은 매각 금융기관으로부터 MRP(최저매각예상가) 이상 3억 원에 매입해 5억 원에 매각한다고 해도 시세 차익은 크다. 부실채권 투자 경쟁률도 만만치 않다. 이제 경쟁에서 살아남는 차별화된 토지 투자법을 이용할 때이다.

필자의 금융기관에서는 2017년에 7차례 매각을 진행했다. 그런데 1차 매각 때 나온 NPL 리스트가 6차에도 똑같이 나오고 경매도 낙찰이 되지 않았다. 즉 토지는 매각이 되지 않고 주거용 부동산만 매각이 된다는 뜻이다.

이때 틈새 전략이 무엇인지 잘 생각해보자. 청구액 이하로 낙찰되는 토지는 부실채권 투자자에게 또 다른 기회로 다가온다는 뜻이다.

예전에 20년 실전 토지 전문가《신의 한 수 금맥경매》저자를 만난 적이 있다. 그가 토지를 다양하게 확장하고 개발해 분할등기로 매각하는 방법은 "신의 한 수"였다. 필자의 금융기관에서는 토지프리미엄대출로 감정가 80%까지 대출이 가능하다. 이 대출을 받은 채무자가 이자를 납입하지 못하면 경매를 진행하는데 이때 NPL로 매각한다. 다른 금융기관은 원금은 받고 부실채권(NPL)을 매각한다. 그래도 시세보다 30% 저렴하게 NPL을 매입하는 꼴이다. 왜냐하면 감정가가 3억 원이면 토지담보대출 비율의 70%인 2억 1,000만 원이 대출 한도이다. 그리고 부실채권으로 2억 1,000만 원에 매각하게 된다. 하지만 필자의 금융기관에서는 MRP(최저매각예상가)에 매각을 한다.

MRP는 뒤에 다시 다루겠지만 약식으로 알아보자.

감정가 3억 원, 최근 1년 매각가율 60%일 때, 300,000,000원×60%=180,000,000원/1.15=156,521,739원(15% 할인) 이상 매각한다.

감정가 대비 156,521739원/300,000,000원=52.17%에 매각한다.

그러나 NPL 토지(전, 답, 임야, 목장용지, 잡종지…… 지적법상 28개 지목) 매각 리스트를 내놓아도 매수 의향가를 적어 내는 경우는 드물다. 토지를 제대로 다룰 줄 모르기 때문이다. 베이비부머 은퇴 세대와 재테크에 새롭게 부각되는 토지경매는 정부 정책에 크게 영향을 받지 않는다. 그 밖의 부동산은 정부의 강력한 부동산 제재 조치로 맥을 못 추고 있다. 하지만 여전히 진가를 발휘하는 토지경매 투자 기법은 상가, 주택, 농지, 산지, 유치권, 법정지상권 등 다양하게 적용된다. "부동산에 관한 민법적 요소와 공법적 요소를 분석하여 투자한다."는 것이 김양수 교수가 이야기하는 '금맥 NPL 토지경매'의 특징이다.

부동산 상향기에는 누구든지 낙찰 받기만 하면 수익을 올릴 수 있다. 하지만 하향 곡선을 그리는 시기에는 경매투자를 어떻게 해야 수익을 올릴 수 있을지가 관건이다.

진정한 부동산 가치를 찾아내 미래를 볼 수 있는 안목을 키워야 한다. 남들이 미처 생각지 않는 역발상의 투자 마인드로 접근해 경제적 자유를 얻기 위해 경매를 활용해보자. 토지 · 상가 · 주택 · 수용·특수·인허가 어디에든 적용 가능한 금맥 NPL 토지 투자 비법은 20년 넘는 토지 투자 현장 경험과 특수한 투자 마인드가 만들어낸, 어디에서도 들을 수 없는 최고의 강의였다.

2
공장투자 전문가의 특별한 수익법

배움은 결코 우리 인생을 배반하지 않는다. 배움으로 우리는 언제나 늙지 않고 젊게 사는 법을 배우게 된다.

돈에 맞춰 일할 것인가? 소명으로 일할 것인가? 돈에 맞춰 일하면 직업이고, 돈을 넘어 일하면 소명이다. 직업으로 일하면 월급을 받고, 소명으로 일하면 선물을 받는다. 소명으로 자신의 일을 생각하는 사람에게 일터는 소풍을 가듯 그들에게 언제나 즐거움과 재미가 있고, 자신이 되고 싶은 꿈이 살아 숨 쉬는 곳이다. 이들은 일에서 보람과 가치, 의미와 재미를 동시에 발견한다. 돈이 목표면 생업이요, 인정받는 것이 목표면 직업이 되지만, 의미 찾기가 목표가 되면 일은 천직이요 소명이 된다.

필자의 경매아카데미 5기 분들은 처음에는 각자 자기만의 색깔을 가지고 있었다. 각자 소명을 가지고 자신의 색을 상대에게 물들이는 법도 알고 있어 자신들이 가진 색을 상대에게 물들이려는 이

기적인 모습은 없었다. 서로 투명하고 맑은 모습으로 아카데미 과정 5주 동안 동기 수강생을 배려하며 아낌없이 나눔을 베푼 소중한 분들과의 인연에 감사할 따름이다.

아카데미 5기 커리큘럼을 진행하면서 NPL 공장 투자 전문인 '외부 강사'를 초빙해 초보자들에게 위한 도움이 되었으면 하는 바람에서 강의 요청을 드렸다. 많은 수강생들이 처음에는 돈에 초점을 두고 강의를 듣는다. 하지만 강의가 끝나고 나면 따뜻한 사람 냄새나는 사람들을 만나며 "쿵쿵거리는 심장 소리"를 듣고 커다란 삶의 시계 소리에서 무엇이 소중한지를 배우게 된다.

우리 카페에서 모르면 간첩인 유동화전문회사 대표이자 필자의 아카데미 3기생인 김○○ 대표의 투자법 강의를 들으면 언제나 법률 지식을 이용한 투자에 대해 깊은 생각을 하게 된다.

첫번째 사례는 구로동 테크노마트 오픈 상가를 잘못 매입한 다른 채권 매입자가 계약금을 날릴 상황에 배당대출로 도와 더 큰 손실을 만회한 것이었다. 무조건 싸다고 '오픈 상가' 등을 잘못 매입해서는 관리비 때문에 더 큰 손해를 입을 뻔한 물건을 절반 가격에 매입해 손해를 만회한 것은 부실채권 투자자라면 명심해야 할 내용이었다. 두 번째 사례는 상주에 있는 지분토지 102.55평, 건물 148평 물건을 최저가까지 떨어졌을 때 최저가로 매입한 것이었다. 이유는 이 지역이 '보상지'라는 정보를 입수했기 때문이다.

"주차장으로 수용되어도 근린 공원은 그대로 존치한다."는 정보를 듣고 상주까지 오가며 딱지도 두 번이나 떼이며 매입한 사례와 대출을 위해 고향인 부산까지 다녀온 사례는 역시 공청회 등에 수시로 참석하며 정보를 얻는 것이 얼마나 중요한지 깨닫게 해준다.

그다음 사례는 철강조선이 관련된 건으로 대부분 법인회생으로 대기업이 세탁처리하기 위한 것이었다. 이런 법인회생 물건은 임금 채권 등이 정리가 안 되어 경매로만 처리되는 법인파산에 비해 등기하자가 있어도 파산결정을 얻어야 되는데 창원에 15번이나 왔다 갔다 하며 이것을 해결한 내용은 타의 추종을 불허했다. 법인회생 물건은 론세일로 가져와야 하는 이유와 합의 '확인서'를 작성하며 회생 사건의 회생계획안으로 소유권을 취득해야 하는, 법률 전문가도 간단히 하지 못할 내용이라 머리가 아플 정도였다. "어떻게 이런 물건에 손댈 생각을 했는지 대단하다."는 탄성만 나왔다.

다음 사례는 공시지가가 높은 토지에 아파트를 준공해 분양할 목적으로 매입했던 물건을 풀무원에서 매입해 가서 건물을 못 짓고 임차인 20명이 단합해 골탕을 먹이자 오히려 역으로 집행관을 재촉해 집행 후 일부러 골탕을 먹인 미용실 세입자들에게 "두 달 동안 세를 안 낸 것은 잘못했다."고 빌게 한 후 세입자 20명에게 주차비 월 7만 원을 받고, "주인의 권리를 찾으려면 해줄 것은 해줘야 한다."며 6,000만 원 리모델링비를 지출해가며 깨끗한 임대를 준 대신 월세가 밀리면 연체이자를 받았다는 계약서 내용은 투자 전문가의 철학이 담긴 내용이었다.

그다음 사례는 고양시 덕양구 소재 어린이공원 앞 공장을 매입해 한 채당 2억 6,000만 원, 18세대를 8억 원에 매입한 후 고양시에 인허가를 얻어 PF대출을 일으켜 건축비 평당 450만 원을 주고 15억 원 공사비를 들인 것이다. 나중에 18세대 2억 6,000만 원에 분양 매각하면 23억 원으로 그 차액만 해도 상당하다. 현재 45% 분양이 되었는데 그 놀라움에 입이 다물어지지 않았다.

다음 사례는 "위장 임차인으로 냄새가 나는 목동 아파트로 선순위 3억 6,000만 원을 물어줘야 할 물건을 소송하기 위해 론세일로 가져온 것이었다." 무상거주확인서가 있었고 "처남 매부 사이 같은 회사 등기이사이고 임대차계약이 허위라고 소송"했으나 "대출 받기 위해 어쩔 수 없이 무상거주확인서를 써주었다."고 해서 "변호사를 사서 소송을 하겠느냐 아니면 5,000만 원을 받고 나가겠느냐"라고 협상해 3억 6,000만 원 대신 5,000만 원만 주고 내보낸 명도 사례는 필자도 한 수 배우는 고수의 투자법이었다.

경기도 고양시에 있는 아파트 투자 사례는 잔금 치를 때까지 기다리지 말고 입찰보증금 사후정산 방식으로 세입자에게 매각하는 방법으로 어느 누구도 흉내 낼 수 없는 재테크 기법이었다. 또한 토지 4,000평을 낙찰 받아 등기 비용을 배당대출로 처리한 사례와 "'나 홀로' 공장을 매입할 때 4미터는 트레일러가 못 들어가니 6미터 이상 공장 물건을 매입해야 한다."는 것과 "천고(높이)가 10미터 이상이어야 물건을 많이 쌓아놓을 수 있다."는 것, '나 홀로' 공장은 작은 평수는 주민들로부터 잦은 민원이 들어와 야근을 못하니 400평 이상 공장에 손대라는 말은 공장 실전 전문가에게만 들을 수 있는 "공장 투자 시 꼭 알아야 할 주의 사항"이었다.

또한 "우리나라 국민이 쌀을 안 먹어 쌀농사를 안 짓는 사람들이 늘면서 새 정부에서는 '농업진흥구역을 해제'하게 될 것이다."라는 반전 팁은 더할 나위 없는 고급 정보였다. 박근혜 정부가 집권하는 동안 북한에 쌀을 안 주고 "국민들이 쌀을 먹지 않아 쌀과 곡식을 비축할 공장이 부족하니 이런 물건을 찾아보고 창고는 습지가 있으면 안 되니 지하는 피해야 한다."고 유의할 점까지 이야기해주었다.

그다음으로 충남 당진에 있는 1,180평 공장을 매입해 당진시에 매각해 3명이 공투해 3,500만 원의 이익금을 나눠 450만 원씩 번 사례도 신선했다. 쌀과 콩·팥 등의 곡식을 많이 비축하려면 공장 높이가 10미터 이상이어야 한다며 농업진흥구역을 풀어주는 이유를 친절히 설명해주셨다.

또한 우리나라 NPL 전문가가 물건을 달라 해주었으나 포천 등 시골이라 투자를 못 하는 것을 보고 아무리 전문가라 해도 이론과 실전의 괴리를 알게 되었다며 이 물건은 공시지가만 해도 6억 원 넘어 1층 GS편의점을 빼고 C&U와 외국인 20명에게 임대를 주고 외국인 중 총무 1명에게 관리하게 하고 월세를 안 받는 대신 보증금만 받고 처리한 사례에서는 전문가도 혀를 내두르게 하는 경영자 이상의 포스가 느껴졌다.

많은 사례 중에서 NPL로 매입한 채권을 잔금일을 앞당겨 '복등기'로 당일 매수인에게 넘기는 노하우는 고수도 놀랄 만한 기발한 투자법이다. 입찰참가조건부 사후정산 방식이나 채무인수 방식 그리고 론세일로 가져와야 될 물건을 정확히 구분해 투자하는 투자법도 설명해주셨다.

마지막으로 김포 통진의 근린 시설을 매입한 건은 시할아버지가 돌아가신 상중에 유동화전문회사 직원이 전화로 "이 물건 가져가겠느냐."며 물어와서 핸드폰으로 검색해서 괜찮은 물건이라 생각해 매각기일 변경 후 사후정산 방식으로 매입해 현재 김포 시내에 찜질방으로 월세 4,500만 원에 임대 중이라는 사례도 있었다. 이모두가 필자가 만난 고수 중에서도 최고의 고수다운 초청 강의였다.

3
35년 특수물건 경매 전문의 실전 투자가

주변에 많은 투자 전문가들이 있지만 필자의 NPL 경매아카데미 8기생인 '여의주경매' 대표는 현재까지 경매 컨설팅을 해준 건만 해도 수백 수천 건은 되는 경매 전문가이다. 경매전문학원을 운영하는 권리분석의 최고 권위자이자 특수물건을 1,000건 이상 낙찰 받아 수익을 낸 경매학원 원장을 직접 만나 투자 이야기를 들어보았다. 경매학원에서 가르친 제자들이 배운 지식을 이용해 경매로, 공투로 수익을 얻고 있었다. 많이 입찰한 공투자는 최고 40명이다. 때로는 분당에 있는 ○○저축은행에서 공담으로 40명이 개별 채무자가 되기도 하고 매각 물건을 재감정해 경락잔금을 받기도 했다.

40년 넘게 특수물건만 경매로 낙찰 받아 경매를 업으로 하며 직접 학원에서 경매를 가르치고 지금도 직접 경매투자를 진행하고 학원생들의 다양한 투자 사례와 실전 경매를 배우면서 경매 물건의 선택, 낙찰, 명도 등 사후 처리, 부동산 처분과 관리까지 모두 진행하고 있었다. 이 경매학원장이 필자에게 경락잔금대출 한도 여부를 문의해 왔다.

■ 사례 분석

경기도 화성시 남양읍 *남리 *97-*7번지
임야 10,789.4㎡(3,263.6평)
건물 328㎡ (99평) | **토지** 10,789㎡ (3,264평)
감정가액 3,916,614,160원
매각금액 3,150,000,000원(2등 입찰금액 3,023,780,000원)
청구금액 1,182,226,392원
1순위 농협 416,000,000원 (설정일 2011. 07. 06)
2순위 농협 1,300,000,000원 (설정일 2014. 08. 08)
1, 2순위 설정금액 1,716,000,000원 (대출잔액 1,320,000,000원)

2등 입찰자는 3,023,780,000원이다. 2등 입찰자에게 1등 입찰자가 찾아와 잔금을 치르지 않을 테니 근저당권 설정금액 1,716,000,000원만큼 배당 받을 수 있으니 NPL로 매입하라고 하였다는 것이다. 계약금을 포기하면 몰수되고 배당 금액에서 추가로 설정 금액까지 배당으로 수익을 창출할 수 있다는 이야기이다. 1등 입찰자는 농협자산 관리회사에서 매입한 유동화전문회사가 방어 입찰로 참여한 후 2등 입찰자에게 매입 의뢰를 요청한 것이다.

결국 이 물건으로 어떻게 수익을 창출할지 방법은 모르지만 특수물건을 수천 건 다룬 원장님과 그 경매 연구반 제자들은 건물(펜션)을 지어 분양하기에 경치와 위치 환경이 최적이라 여기고 매매 형태로 이 물건을 계약해 투자하는 전문업체였다.

그렇다면 이 물건의 경락잔금대출 한도는 얼마일까?

1차 유찰, 2차 변경, 3차 변경, 4차 유찰로 5회차 최저가가 19억 1,914만 1,000원이었으나 31억 5,000만 원에 4명이 입찰해 매각이 된 이 물건의 대출한도는 19억 1,914만 1,000원이다. 31억 5,000만 원(낙찰가)의 80%(2,520,000,000원)로 생각하는 사람도 있지만 대부분 금융기관에서는 이전 최저가액(1,919,141,000원)을 경락잔금대출 대출한도로 하는 지침이 있다.

결국 NPL 대위변제로 31억 1,000만 원에 매입했다. 그리고 31억 5,000만 원에 부동산 매매계약을 체결했다. 불법 건축물 2개, 주택 2개, 분묘1구가 있었으나 합의가 끝난 상황이고 이곳에 주택을 지어 분양하려는 계획은 아무나 하지 않는다. 이 경매원장님만의 노하우와 실전 경험이 있었기 때문이다.

그리고 다른 한 건의 경락대금대출 한도는 40명이 공동 입찰했고 매각 금액은 39억 1,000만 원이었다.

저금리 대출처를 모르고 투자하는 곳도 많다. 하지만 지출을 줄이는 방법은 법무사 비용도 줄이고 대출금 이자도 줄여 금융 비용을 낮추는 방법이다. 금융기관 몇 곳에 전화해서 저금리를 찾는 것도 하나의 방법일 것이다.

아무튼 경매투자 최고 전문업체는 이렇게 부동산을 다루고 자산 가치를 상승시키는 방법을 알고 있다. 어떤 투자를 하든 각 부문의 전문가는 남다르다는 것을 다시 한 번 확인하는 계기였다.

4
토지 전문가의 토지 금맥 투자법

대한민국 토지투자 분야에서 최고 전문가인 김양수 교수의 투자법
을 소개한다. 왼쪽은 투자하면 안 되는 땅이고 오른쪽은 투자 가능

개발제한구역	토지거래허가구역
군사기지 및 군사시설보호구역	건축허가착공제한지역
문화재보호구역	개발행위허가제한지역
협상변경허가대상구역	배출시설 설치제한지역
도시공원구역	수질보전 특별대책지역 1권역
완충녹지, 공원	수변구역
상수원보호구역	상수원보호(기타)
하천구역 / 배수구역(성남시)	상대 / 절대정화구역
농업진흥구역	수도권정비계획법(과밀, 성장, 자연)
농림지역	공장설립승인지역
자연환경보전지역	공장설립제한구역
임업용보전산지	비행안전구역
공익용보전산지	전술항공…
도로	자연보전권역
묘지	과밀억제권역
맹지	성장관리권역
관리지역 / 보전산지	지구단위계획구역
관리지역 / 농업진흥구역	가축사육제한지역
온천지구(온천공보호)	접도구역

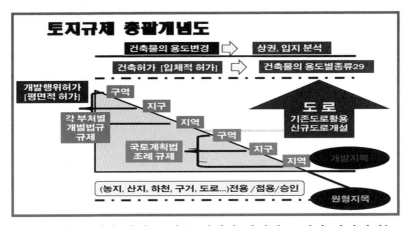

한 토지이다. 여러 가지 토지를 배워야 하지만 토지와 관련해서는 배울 게 많고 도로만 강의해도 하루에 다 못 끝내는 경우도 있다. 그만큼 토지투자법에서 도로가 중요하다는 이야기이다.

■ 사례 분석 1

> 경기도 수원시 화성동 56-*번지 단독주택
> **감정가** 1,052,727,360원
> **대지** 518㎡(156.82평)　　　　　**감정가** 959,040,000원
> **건물** 273.3㎡(92평)　　　　　　**감정가** 93,687,360원

매각가 10억 6,050만 원으로 (주)RAW 법률회사에서 낙찰을 받았다. 감정가보다 높게 받은 이유는 무엇일까? 건물 감정은 낮다.

이 단독주택 물건은 지적도를 보면 답이 있다. 토지이용계획 확인원을 살펴보고 변화시킬 수 있는 능력만 있다면 '이 사람을 진정한 토지 전문가라고 일컬을 수 있다.'

잘 살펴보면 이 물건은 코너에 있다. 최상의 건물에 대지도 156평이면 활용 가치가 높은 땅이다. 이런 토지가 넓은 곳을 찾아 신

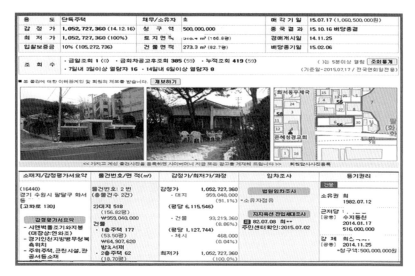

용 도	단독주택	채무/소유자	초	매각기일	15.07.17 (1,060,500,000원)
감 정 가	1,052,727,360 (14.12.16)	청 구 액	500,000,000	종국결과	15.10.16 배당종결
최 저 가	1,052,727,360 (100%)	토 지 면 적	31㎡ (166.8평)	경매개시일	14.11.25
입찰보증금	10% (105,272,736)	건 물 면 적	273.3 ㎡ (82.7평)	배당종기일	15.02.06

조 회 수	· 금일조회 1 (0) · 금회차공고후조회 385 (59) · 누적조회 419 (59)	( )는 5분이상 열람
	· 7일내 3일이상 열람자 16 · 14일내 6일이상 열람자 8	(기준일-2015.07.17 / 전국연회일전용)

· 본 물건에 대한 이해관계인 및 회원의 제보를 받습니다. 제보하기

<< 가지고 계신 물건사진을 등록하면 사이버머니 지급 또는 광고 게재해 드립니다 >> 회원입찰사진등록

소재지/감정평가서요약	물건번호/면 적(㎡)	감정가/최저가/과정	임차조사	등기권리
(16440) 경기 수원시 팔달구 화서동 [고화로 130]	물건번호: 2 번 (총물건수 2건)	감정가 1,052,727,360	법원임차조사	건물
		· 대지 959,040,000 (91.1%)	· 소유자점유	소유권 최 1982.07.12
감정평가서요약	2)대지 518 (156.82평) ₩959,040,000	(평당 6,115,546)	지지옥션 전입세대조사	근저당 수지등천 [공동] 2014.01.17
- 시멘벽돌조기와지붕 (대점상:연와조) - 경기인천지방병무청북측위치 - 주위주택,근린시설,관공서등소재	건물 · 1층 주택 177 (53.50평) ₩64,907,620 방3.서재 · 2층 주택 62 (18.70평)	· 건물 93,219,360 (8.86%) (평당 1,127,744) · 제시 468,000 (0.04%) 최저가 1,052,727,360 (100.0%)	82.07.08 최** 주민센터확인:2015.07.02	516,000,000 강제 최스 [공동] 2014.11.25 ·청구액:500,000,000원

축 하거나 물건을 지어도 된다. 건축 제한도 무리가 없다. 이유는 도로에 접해 있기 때문에 일조권 침해 등 여타 행정상 제한도 크게 없기 때문이다. 이 부동산의 감정가는 15억 원대이지만 실제는 20억 이상의 가치가 있는 땅을 보고 활용 가치가 충분히 있으므로 전문가 집단에서 감정가보다 높게 낙찰 받은 것이다.

1년 후 이 부동산은 건물 두 동이 올라갔다. 부동산은 땅의 방향, 도로에서 떨어진 거리가 중요하다. 이런 물건의 코너에 과일 가게가 있었는데 지상 4층으로 1층은 주차장과 과일집으로 2층, 3층, 4층은 주택으로 신축되었다.

■ 사례 분석 2

경기도 남양주 와무읍 도곡리 10**번지

감정가 1,949,506,020원

토지 721㎡(218.10평) | **건물** 292.7㎡(88.5평)

토지 감정가 1,874,600,000원   **건물 감정가** 74,906,020원

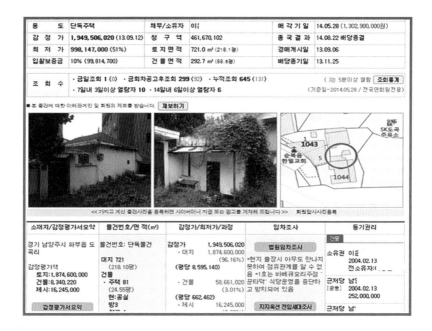

용 도	단독주택	채무/소유자	이□	매 각 기 일	14.05.28 (1,302,900,000원)
감 정 가	1,949,506,020 (13.09.12)	청 구 액	461,670,102	종 국 결 과	14.08.22 배당종결
최 저 가	998,147,000 (51%)	토 지 면 적	721.0 ㎡ (216.1평)	경매개시일	13.09.06
입찰보증금	10% (99,814,700)	건 물 면 적	292.7 ㎡ (88.5평)	배당종기일	13.11.25

이곳은 낙찰가 13억 290만 원에 비해 얼마나 올랐을까? 현재 시가만 해도 3~4배 올랐다. 상상만 해도 토지가 왜 돈이 되는지 토지를 제대로 배워야 하는 이유이다.

■ 사례 분석 3

경기도 여주시 금사면 소유리 산3-*0번지
토지(임야) 89,020㎡(26,928.6평)
감정가 890,200,000원

이 임야는 매각가 3억 4,021만 600원에 낙찰 받아 146명에게 지분으로 나눠 팔았다.

그러나 이 땅은 쓸모가 없는 땅이다. 그 이유는 그림 오른쪽 모서리 1평이 도로에 물려 있어 맹지는 아니지만 지분권가는 이 땅을

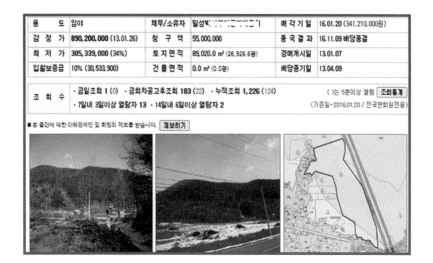

용 도	임야	채무/소유자	밀성박◌◌◌◌◌◌◌기	매 각 기 일	16.01.20 (341,210,000원)
감 정 가	890,200,000 (13.01.26)	청 구 액	55,000,000	종 국 결 과	16.11.09 배당종결
최 저 가	305,339,000 (34%)	토 지 면 적	89,020.0 ㎡ (26,928.6평)	경매개시일	13.01.07
입찰보증금	10% (30,533,900)	건 물 면 적	0.0 ㎡ (0.0평)	배당종기일	13.04.09
조 회 수	·금일조회 1 (0) ·금회차공고후조회 183 (22) ·누적조회 1,226 (124) ·7일내 3일이상 열람자 13 ·14일내 6일이상 열람자 2			( )는 5분이상 열람 조회통계 (기준일-2016.01.20 / 전국연회원전용)	

■ 본 물건에 대한 이해관계인 및 회원의 제보를 받습니다. 제보하기

활용할 방법이 없다.

이 경매 낙찰자는 돈을 벌었지만 지분 매입자는 토지를 모르고 활용 방법이 없어 쓸모없는 땅에 돈만 묶이게 된 물건이다.

■ 사례 분석 4

경기도 용인시 처인구 양지면 대대리 *15-*번지
공장용지 3,450.0 ㎡ (1,043.6평)
감정가 767,050,000원

이 물건은 매각가 4억 80만 원으로 신*미 외 4명이 입찰해 낙찰되었으나 대금이 미납되었다. 사건은 3회 유찰되고 4회차 매각기일에 4명이 경합해 매각가율 52.3%에 낙찰된 바 있으나, 대금이 미납돼 재매각(재경매)이 진행 중이었다. 그런데 권리분석(등본)상 매수인이 인수할 권리가 없고 매각으로 모두 소멸되는 권리였다. 같은 주소지 상에 특별한 시설물이 없는 것으로 보인다는 점에서 토

지를 인도 받는 데도 어려움이 없을 것으로 예상되었다. 낙찰될 당시에 4명이 경합했지만, 전 회차 유찰되었던 가격을 훨씬 초과해 낙찰되었고, 차순위와 입찰 가격 차이가 7,200여 만 원(최저가의 약 38.5%)이나 되었음을 감안하면, 실거래가격에 대한 착오로 인해 매각대금을 미납한 것으로 추정해볼 수 있었다.

인근 중개업소 등을 방문해 실거래가격에 대해 심층적인 탐문 조사가 필요하고, 용도 지역이 자연(보전)녹지 지역이지만 인근에 전원 마을이 조성되어 있으므로 처인구청을 방문해 개발행위허가 가능성을 알아보는 등 사후 활용 계획을 마련하고 입찰했다. 주)에 이스공조에서 2억 9,777만 원에 낙찰 받았다. 그리고 이곳을 개발해 재매각했다. 토지를 제대로 아는 사람은 이렇게 적정한 가격에 낙찰 받은 다음 재매각해 시세 차익을 내기도 한다.

■ 사례 분석 5

이 물건은 10억 377만 7,000원에 낙찰되었으나 첫 번째 낙찰자가 잔금을 치르지 않았다. 최저가 536,633,000원의 입찰보증금 53,633,000원을 몰수당하고 매각가 697,770,000원에 최종 낙찰되었다.

완충녹지에 저촉된 임야로 공업용 부동산이 혼재해 실제 쓸모 있는 땅은 얼마 되지 않는다.

이 물건은 공유물 분할을 위한 형식적 경매 사건으로 첫째, 매각기일에 상당히 높은 매각가율 130.9%에 낙찰된 바 있으나, 대금을

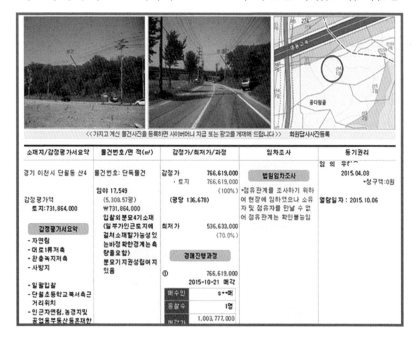

<<가지고 계신 물건사진을 등록하면 사이버머니 지급 또는 광고를 게재해 드립니다>> 회원답사사진등록

소재지/감정평가서요약	물건번호/면적(㎡)	감정가/최저가/과정	임차조사	등기권리
경기 이천시 단월동 산4 감정평가액 토지:731,864,000 **감정평가서요약** - 자연림 - 대로1류저촉 - 완충녹지저촉 - 사방지 - 일괄입찰 - 단월초등학교북서측근 거리위치 - 인근자연림, 농경지및 공업용부동산등혼재한	물건번호: 단독물건 임야 17,549 (5,308.57평) ₩731,864,000 입찰외 분묘4기소재 (일부가인근토지에 걸쳐 소재할가능성있 는바정확한경계는측 량을요함) 분묘기지권성립여지 있음	감정가 766,619,000 · 토지 766,619,000 (100%) (평당 136,678) 최저가 536,633,000 (70.0%) **경매진행과정** ① 766,619,000 2015-10-21 매각 매수인 s··메 응찰수 1명 매각가 1,003,777,000	**법원임차조사** ·점유관계를 조사하기 위하 여 현장에 임하였으나 소유 자 및 점유자를 만날 수 없 어 점유관계는 확인불능임	임 의 우ㅇㅇ 2015.04.08 ·청구액:0원 열람일자: 2015.10.06

미납해 재매각(재경매)되었다. 권리분석(등본)상 매수인이 인수하는 권리가 없고 매각으로 인해 모두 소멸되는 권리이다. 같은 주소지 상에 분묘가 4기 소재해 경계측량이 필요한데 매각 대상 토지의 면적이 넓으므로(약 5,607평) 영향은 미미할 것으로 예상된다. 다만 단독 입찰이었음에도 불구하고 최저매각가격보다 2억 3,700여 만 원(최저가의 약31%)이나 더 써서 낙찰 받았고, 특히 재매각 절차 진행 중 1회 유찰된 사실까지 감안하면, 실거래가격에 대한 착오로 인해 대금을 미납한 것으로 추정된다.

입찰에 관심이 있다면, 실거래가격에 대한 탐문 조사가 선행되어야 하고, 용도 지역이 자연녹지 지역이고 왕복 2차선도로와 접하고 있으므로, 이천시청을 방문해 개발행위허가 가능성을 알아보는 등 사후 활용 방안을 마련하고 입찰해야 한다. 분묘기지권은 매각 대상 토지 지상에 분묘(4기)가 있어서 분묘기지권 성립 여부가 문제될 수 있는데, 분묘와 관련해 마을 이장이나 주민, 소유자 등을 만나 언제 설치된 분묘인지, 연고자가 누구인지 탐문 조사를 선행해야 한다. 그 결과 분묘기지권 성립 여부가 판단된다.

① 토지 소유자의 승낙을 얻어 설치한 분묘

② 분묘를 설치한 후 20년 경과

③ 자기 토지에 분묘를 설치한 후 양도한 경우

위 세 가지 중 어느 하나에 해당하면 성립하는데 그 뒤 이장(移葬)이나 개장(改葬)을 요구하는 등 그에 따른 대응책을 강구해야 한다(장사 등에 관한 법률 제27조, 28조). 언제 개발행위를 할 수 있는 물건이 될지는 모른다.

먼저 퀴즈를 통해 도로 투자 사례를 살펴보자. 다음 중 경매로 낙찰 받으면 안 되는 곳이 있다. 어디일까?

① E → A를 사용 승낙을 받아 주택을 준공했다.

② E 주택준공 A를 도로 사용 중이다.

E, A, B, C가 경매로 나왔다. 무엇을 낙찰 받을 것인가?

B와 C는 A를 사용할 수 있다. E는 A를 사용할 수 있다.

C (농지)	E (주택 준공)	
B (농지)	A (도로 농지)	A-1(농지)
D (농지)		

그렇다. A를 낙찰 받으면 아무 쓸모없다. 그래서 낙찰 받으면 안
된다. A는 도로 농지 사도로 막으면 10년 이하 징역형이다. 사용승
낙을 해주면서 이미 사용수익권을 포기한 바와 같다. 도로 농지로
막으면 '교통 방해죄'에 해당된다. 교통방해죄는 형법 제186조에
의해 궤도, 등대 또는 표지를 손괴하거나 기타 방법으로 교통을 방
해하는 행위이다. 이는 민법과 부동산 공법의 차이를 모르기 때문
에 일어나는 일이다. 농지 전용 허가, 개발행위 등도 건축법의 적용
을 받는다.

서울 구로구 궁동에 있는 이 물건은 1999년도에 허허벌판이었
다. 이때 10년 이상 잘 살았는데 땅주인이 나타나 철거(집을 허물라)
를 하라면서 소송을 걸어와 패소한 장애인이 집을 무단 점거 사용
한다며 사용료 3,800만 원을 건설사 회장에게 주었다.

장애인은 일부 건물을 철거했다. 회장은 이 지역에서 살지 않았
으므로 장애인은 일부 땅을 또 침범해 사용했다. 임의로 설치한 시

설물 등에 대해 2014년에 재차 소송이 붙었다. 서로 감정이 상해서 2차 땅 분쟁이 시작되어 장애인 부부가 또 패소를 했다. 그리고 다시 화단과 일부를 내주었다. 회장은 집을 짓기 위해 그 땅을 시에 기부채납을 했다. 그리고 그 땅에 담벼락을 세웠다.

기존 담벼락 앞으로 펜스를 설치해 벽 쪽으로 나올 수 없게 되었다. 펜스를 설치할 때는 인도와 도로 경계 지점에 설치하게 되는데, "부자가 베풀면서 살아야지"라고 하는 사람이 있지만 문제는 굳이 회장이 담벼락을 설치할 이유가 있었느냐이다. 회장은 도로를 기부채납했지만 화단은 회장 소유로 되어 있어 이곳에 펜스를 쳤다. 즉 필요치 않은 담벼락을 설치할 필요가 있었느냐는 것이다. 핵심은 '주위토지통행권'이 없었다.

법조계의 해석은 회장이 너무 과잉 해석을 했다는 것이다. 알박기는 불법이다. 그러나 건설사 측에서 건물을 짓기 이전부터 집이 있었기 때문에 '알박기'라고 우겼으나 실제 이 사건은 '알박기'가 아니었다. 재개발 전 이미 주택이 존재해서이다.

이처럼 도로와 알박기 형태의 부동산은 매입해 법 해석을 제대로 해야 한다. 도로와 같은 공원의 문제가 또 있다. 집을 살 때 측량하고 사는 사람은 없을 것이다. 건물주(중소 건설가 회장)가 공원 땅에 심긴 100그루 나무를 뽑아내 구속된 사례가 있었다. 이유는 나무를 제거해야 정원도 만들고 부지도 확보할 수 있어 한 행위이지만 공원을 개인 정원으로 사용하는 것은 금지되었다.

무단으로 경사지를 깎아서 평평하게 만들어 지가를 높인 것이다. 기존 나무를 벌목하는 경우 개발로 산사태 위험 등이 있어 개발행위가 제한되었다. 처음에 개발행위를 하여 수익을 챙기려 했으나 근린 생활 내의 땅까지 사라고 하자 사람이 다니는 도로를 막고 담벼락을 설치한 것이다.

■ 사례 분석 6

다음은 교량 설치로 맹지를 해결하는 방법이다. 왼쪽이 맹지였으나 오른쪽처럼 교량을 설치해 맹지를 탈출한 것이다. 맹지, 결정적 하자가 '효자' 노릇을 할 수 있다.

경매 부동산 중 맹지(盲地)라는 단어를 자주 접하게 된다. 토지구획정리를 거친 지역은 대부분 맹지가 아니다. 임야 중 지방 토지는 대부분 맹지가 상당수이다. 맹지란 지적도상에서 도로와 조금이라도 접하지 않은 토지를 말한다. 타 지번으로 둘러싸여 지적도상 으로는 도로에서 직접 진입할 수 없는 토지인 셈이다.

문제는 맹지에 건물을 건축할 때 발생한다. 건축법에 따르면 도로에 2m 이상 접하지 않은 토지에는 원칙적으로 건물을 지을 수가 없다. 도로와 2m 이상 접했더라도 자동차가 필요한 건축물이라면 주차장법에 의거하여 도로가 4m 이상이 되어야 건축 허가를 받을 수 있다. 이것이 토지경매에서 맹지의 낙찰가를 한없이 떨어뜨리는 결정적 이유다.

그러나 경매가 매력적인 이유는, 위험성이 있는 물건의 낙찰 가격이 떨어지고 그렇기 때문에 수익도 커진다는 사실이다. 결국 누구라도 꺼릴 수밖에 없는 하자를 자기만의 방식으로 해결할 때 수익을 극대화할 수 있는 셈이다. 지적도상 도로와 접하지 않아 맹지로 표시되지만 실제로는 맹지가 아닌 것도 많고 실제로 맹지라고 하더라도 그 하자를 치유할 수 있는 길을 열어놓고 있는 토지도 적지 않다.

우선 입찰 전에 맹지의 진입로가 될 수 있는 토지의 소유자와 합의하는 방법이 있다. 맹지를 취득한 후 건축에 필요한 진입로에 대해 매매를 약정하는 것이다. 물론 그런 거래라면 당연히 매도자가 절대적으로 유리한 입장에서 거래의 조건을 결정할 것이다. 그러나 진입로 165m^2(50평)를 매수하는 데 시세의 세 배를 주었다고 하더라도 맹지 1,653m^2(500평)를 시세의 3분의 1 가격에 취득할 수 있다면 아쉬울 것이 없는 거래임이 분명하다.

진입로가 될 부분의 토지가 국유지라면 문제는 훨씬 쉬워진다. 물론 국유지라 하더라도 그 토지가 중요한 용도를 갖고 있다면 기대하기 어렵겠지만 그렇지 않다면 국가에 점용 허가를 얻어 사용할 수 있다. 한 필지 전부가 아니라 진입에 필요한 최소의 면적만 특정해 점용 허가를 신청할 수 있다.

매년 점용료를 지불해야 하는 것은 당연하지만 그 비용이 맹지를 개발해 얻는 수익에 비해 흔쾌히 지불할 수 있는 정도에 불과하다면 이야기가 달라진다. 게다가 혹시 나중에 국가가 그 토지를 불하하게 되면 그 매수의 우선권은 현재 점용 허가를 받아 사용하고 있는 사람에게 주어진다는 점도 덤으로 기대해볼 수 있다.

수년 전 강원도 홍천군의 약 1만 1,898㎡(3,600평) 토지가 경매로 진행된 사건이 있었다. 관리 지역에 남하향 지세로 토지 모양도 나쁘지 않았다. 앞쪽으로 접해 흐르는 폭 10m 정도의 도랑은 수량도 풍부하고 수질도 좋아 더 이상 좋을 수 없을 만큼 완벽한 조건을 갖춘 '전원주택지'였다. 문제는 그 도랑의 건너편에 도로가 개설돼 있었던 것이다.

맹지라는 결정적 하자 때문에 3회 유찰을 거듭했고 감정평가금액 대비 34%까지 최저가가 차감되었다. K 씨는 4회 차 입찰에서 3명의 경쟁자를 물리치고 낙찰에 성공했다. 잔금을 지급하고 소유권을 취득한 후 K 씨는 지방자치단체에 교량 설치 허가를 신청했다. 약 3,500만 원의 비용으로 다리를 설치하고 낙찰 받은 토지에 분할과 토목공사를 거쳐 전원주택 단지를 조성했다.

서울춘천간고속도로의 동홍천IC 개통과 때를 같이해 6,610㎡(2,000평)를 분양했고 지금은 낙찰 받은 토지 중 가장 좋은 위치로 5,288㎡(1,600평)를 소유하고 있다. 6,610㎡의 분양 가격은 낙찰 대금과 교량 설치비, 토목공사비, 각종 세금을 회수하고도 남을 만큼이었고, 보유하고 있는 5,288㎡는 지금 3.3㎡당 35만 원을 호가한다. 이것이 바로 교량 설치로 맹지를 탈출하는 방법이다.

■ 사례 분석 7

수지구 성부동 산 15-11번지 공익용산지(산지관리법), 준보전산지(산지관리법)의 임야를 경매로 9억 원대에 낙찰(2016. 6. 2) 받아 15억 원에 재매각(2016. 8. 31)해 6억 원을 번 사례다. 매수자는 서수지건설(주)로 토지 개발 전문 건설회사이다. 부동산 가치를 오로지 도면, 지적도, 위성지도만 보고 판단한다면 '진정한 고수'라고 할 수 있다. 물론 서수지 건설회사도 충분히 개발행위로 순이익을 낼 수 있다. 그러나 당초 사례를 보고 농지, 임야 개발을 꿈꾸는 사람은 처음부터 무리다. 과욕과 무지는 경매 시장을 떠나는 첫 번째 이유라고 고수는 말한다.

금맥경매가 추구하는 토지경매는

- 시세 하락기에 더욱 빛난다.
- 진정한 부동산 경매투자 마인드를 가져야 한다.
- 중기적 기간을 두고 매입 후 수익률을 극대화해야 한다.

중요한 것은 잃지 않는 방법을 찾아야 한다는 것이다. 조합 설립 후 토지 등 소유자로부터 토지 또는 건축물 소유권이나 지상권을 양수해 수인이 소유하게 되면 그 수인을 대표하는 1인을 조합으로 한다는 것을 알아야 돈을 잃지 않을 수 있다. 이 말은 두 개 이상 부동산을 소유한 자가 조합설립인가 후에 매입하면 이 물건을 매입한 사람은 청산을 당하거나 지분으로 된다.(19조 1항 3호)

토지를 제대로 배우면 토후주택 / 재개발, 재건축 / 신축개발을 알 수 있다. 또한 특수지목 / 지구단위 토지 / 농지투자 / 상가투자 / 맹지투자 / 기타개발과 수용보상투자 / 미불 도시계획 도로 / 도로를 배우고 인허가 물건투자 / 상가 용도변경 투자를 알아야 한다. 또한 복합물건 분석(NPL)투자 / 법정지상권, 지분응용투자 그리고 공장 창고와 NPL 투자와 대위변제투자를 제대로 알아야 진정한 부동산 고수가 될 수 있다.

부동산을 모른다면 절대 투자하지 마라. 땅거미가 되는 지름길이다. 이런 사람들이 생각보다 많다. 토지(땅)는 경매보다 부동산 실력이다.

잠실에 저렴하게 나온 NPL이 있었다. 임대수익률이 연 16%였다. 그러나 실제 들어가보니 위장 임차인이 있었다. 수익률보다는 시세 등 전반적인 부동산 분석을 해야 손실을 줄일 수 있는 것이다.

그렇다면 무엇이 부동산인가?

농지연금투자를 시세로 매입해 내놓는 것은 바보 같은 일이다. 핵심은 경매로 시세보다 40% 이상 저렴하게 매입해서 농지연금을 받으라는 것이다. 실제 어느 교수의 어머니가 올해 돌아가셨는데 죽을 때까지 120만 원씩 연금을 받았다는 사실은 놀랍지 않을 수 없다. 농지는 상가처럼 공실률이 없고 사망할 때까지 연금을 받다가 혹 수용 보상이 되면 보상을 차액으로 받을 수 있다는 것이다.

70세 기준으로 기준공시지가 2억 원이라면 매달 82만 원을 받을 수 있다. 만약 감정가 1억 원 토지가 맹지로 40%인 4,000만 원에 낙찰 받아도 당초 감정가 1억 원의 80%인 8,000만 원으로 환산한 농지연금을 받을 수 있다는 것이다.

토지 중 신문에 광고 낸 부동산은 사지 마라. 그 이유는 이익 극대화되어 파는 물건이라 재시세 차익을 얻기가 쉽지 않다. 진정한 고수는 신문에 광고를 내서 파는 사람이 아니라 광고주가 되어야 한다. "역세권 30평 사게 해주겠다."는 광고만 믿고 가보면 토지 가치가 없는 땅까지 붙여서 판다는 것이다.

역세권이라고 모두 좋은 곳은 아니다. 가평역 앞 역세권 일반상업지역(지적도-분홍색)이 있었다. 이곳은 말만 역세권이지 실제 10년째 코스모스가 심어져 있다. 역세권 판단 예측은 인구 밀집지가 관

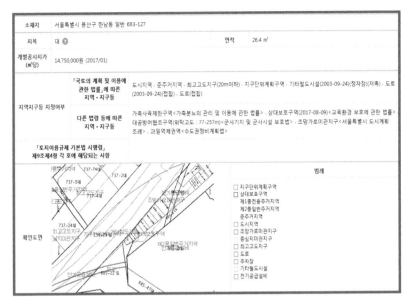

소재지	서울특별시 용산구 한남동 일반 683-127		
지목	대 ❓	면적	26.4 m²
개별공시지가 (㎡당)	14,750,000원 (2017/01)		
지역지구등 지정여부	「국토의 계획 및 이용에 관한 법률」에 따른 지역·지구등	도시지역 · 준주거지역 · 최고고도지구(20m이하) · 지구단위계획구역 · 기타철도시설(2003-09-24)(정차장)(저촉) · 도로 (2003-09-24)(접합) · 도로(접합)	
	다른 법령 등에 따른 지역·지구등	가축사육제한구역<가축분뇨의 관리 및 이용에 관한 법률> · 상대보호구역(2017-08-09)<교육환경 보호에 관한 법률> · 대공방어협조구역(위탁고도 : 77-257m)<군사기지 및 군사시설 보호법> · 조망가로미관지구<서울특별시 도시계획 조례> · 과밀억제권역<수도권정비계획법>	
	「토지이용규제 기본법 시행령」 제9조제4항 각 호에 해당되는 사항		
확인도면			범례 □ 지구단위계획구역 □ 상대보호구역 제1종전용주거지역 제2종일반주거지역 준주거지역 □ 도시지역 □ 조망가로미관지구 중심지미관지구 □ 최고고도지구 □ 도로 □ 주차장 □ 기타철도시설 □ 전기공급설비

건이다. 도심에 사람의 왕복이 많은 곳이다. 그러나 가평역 앞 역세권은 사람들이 셔틀버스에서 내려서 바로 남이섬으로 이동하므로 쓸모없는 상업지이다. 따라서 미래 가치로 승부해야 한다.

미불용지, 노후 주택, 재개발, NPL/대위변제, 유치권, 지분, 법정지상권, 농지산지, 수용보상, 재개발 등 이 모든 것을 알고 투자해야 수익을 내는 진정한 최고가 될 수 있다.

다음과 같은 땅은 위험하다.

서울특별시 용산구 한남동 683-**7번지 26.4 m²(7.99평)가 경매로 나왔다. 지도의 오른쪽은 같은 주소 683-1*4번지이다. 아래 왼쪽은 같은 주소 683-*0번지 지목상 '도로'이며 소유자는 국가로 국유지이다.

꼬마 빌딩 갖기를 소망하는 사람들이 많다. 8평에 꼬마 빌딩을 세울 수 있다. 그러나 이 물건에는 지을 수 없다. 그 이유는 저촉된

도로에서 4미터이면 세로로는 6미터이기 때문이다. 그러나 이곳은 서울특별시 도시계획 조례의 조망가로미관지구로 건물을 짓기 위해 건축후퇴선 3미터를 뒤로 하게 되면 2평짜리가 된다. 앞으로 3미터, 뒤로 50센티미터를 띄우고(공간) 건물을 지어야 한다.

이곳을 20억 원에 매입했다. 그렇다면 큰 실수를 한 것이다. 이곳에서는 가설건축물 도로 부지에 테이블을 놓고 불법건축물을 사용해 커피 장사를 하고 있었다. 그러나 건축 행위를 하면 안 되는 곳이다. 국가가 시 조례로 변경한 곳이라 개인이 변경하지 못한다. 당초 683-40번지를 매수해 20평으로 건물을 지으려 했던 곳인데 수포로 돌아갔다. 이런 물건은 공법적 측면까지 배워야 한다.

■ 사례 분석

서울특별시 광진구 광장동 *84-8번지
토지(임야) 전체 14,803㎡ 중 7,105㎡ (2,149평) 지분경매
감정가 5,549,348,640원

위 물건은 2회 유찰되고 3회차 매각기일에 매각가율 79.16%에 낙찰(43억 9,300만 원)된 바 있으나 대금을 미납해 입찰보증금 3억 5,510만 원을 몰수당하고 재매각(재경매)이 진행 중이다. 권리분석상 매수인이 인수하는 권리가 없고 매각으로 인해 모두 소멸되는 권리이다. 다만 이 사건은 전체 토지 중 소수 공유지분(48%)에 대한 매각인데, 단독 입찰이었음에도 불구하고 최저매각가격보다 8억 4,000여 만 원(최저가 23.7%)이나 더 써서 낙찰(28억 4,200만 원) 받았음을 감안하면, 공유지분비율이나 실거래가격에 대한 착오로 인

소재지/감정평가서요약	물건번호/면적(㎡)	감정가/최저가/과정	임차조사	등기권리
서울 광진구 광장동 384 **감정평가서요약** - 광장중학교서쪽근접 - 주위임야,주택,학교,확 장공사중인천호대로등 소재 - 현재확장공사중인천호 대로접하고있고인근시 내버스(정)및약간떨어 리지하철5호선광나루 역소재 - 동남향중경사내지완경 사지 - 남서쪽확장공사에있 는천호대로와접하며폭 확경계는등산로와일 부접하고있음 - 공원 - 도로접함 - 전기공급설비(고압선) 저촉 - 비오톱1등급 - 상수원보호기타(2012. 11.23)(공장성립제한 지역) - 제10조제11조에의거, 전력,통신,가스등공공 의이익및안전과밀접한 관계가있는국가기간시 설이포합된지도는공개 제한대상으로분류되어 있어도면에표기하지않 음 - 정확한지적경계확인곤 란하여정확한경계확인 필요	물건번호: 단독물건 임야 7,105/14,803 (2,149.40평) ₩5,549,348,640 (토지 24/50 이기택 지분) • 전체 14803㎡ (4476평) • 지분 7106.44㎡ (2149 평) 아카시아나무,잡목, 머실나무십여그루포 합	감정가　5,549,348,640 · 토지　5,549,348,640 (100%) (평당 2,581,813) 최저가　1,454,728,000 (26.2%) **경매진행과정** ① 　5,549,348,640 　2016-09-19 유찰 ② 20%↓ 4,439,479,000 　2016-10-31 유찰 ③ 20%↓ 3,551,583,000 　2016-12-05 매각 매수인　유 응찰수　1명 매각가　4,393,000,000 (79.16%) 허가 2016-12-12 납기 2017-02-21 (대금미납) ③ 　3,551,583,000 　2017-03-27 유찰 ④ 20%↓ 2,841,266,000 　2017-05-01 매각 매수인　문정선외1 응찰수　1명 매각가　2,842,000,000 (51.21%)		지상권 한국전력공사 2011.11.16 지료:64,359,100 철 탑및송전선이존속하 는기간 근저당 예리 2013.05.23 864,000,000 근저당 박형연 2013.08.09 650,000,000 근저당 정__ 2013.08.19 1,000,000,000 근저당 윤L__ 2013.08.19 799,700,000 근저당 전! 2013.08.19 583,000,000 가압류 황__ 2013.10.31 100,000,000 2013가단8786서울동 부(종) 근저당 초 2013.11.04 442,000,000 근저당 드림 2013.11.08 210,000,000 근저당 장__ 2013.11.08 400,000,000

해 대금이 미납(2억 8,410만 원)돼 계약금을 몰수당하고 재매각으로 나온 물건인 듯하다. 따라서 실거래가격에 대한 탐문 조사가 선행되어야 하고, 그 밖에 공유지분을 낙찰 받았을 경우 당사자 간 이해가 상충되기 때문에 협의에 의해 토지를 분할하는 것은 어렵고, 공유물 분할 청구소송과 공유물 분할을 위한 임의경매를 신청해 대응할 수밖에 없다. 이에 소요되는 기간이 최소한 1년 이상이고 그 비용까지 감안해 입찰해야 한다는 점도 참고해야 한다.

이런 물건은 개발행위가 이루어지기 어렵다. 그 이유는 연결 도로(연결허가 금지구역)로 도로를 통해 차량 진·출입이 안 되기 때문이다. 보행자 안전을 위해서이다.

2017.10.11	남부1계 201			2,736,657,000 매각		· NPL
	서울 금천구 시흥동 97			2,180,326,000 (80%)	737	· 개발지역
대지	[법정지상권 입찰외]			2,300,000,000 (84%)		· 특수권리분석
	토지 762㎡ (231평)					· 법정지상권

경기도 시흥시 시흥동 *70번지 7,623㎡
감정가 2,736,657,000원

위 물건은 NPL 물건이다. '**철강'으로 가건물은 경매 물건에 해당되지 않았다. 가건물은 2~3년마다 재연장해야 한다. 유암코에서 23억 원에 매입한 후 '사후정산 방식'으로 매입했다가 29억 원에 입찰에 들어가려고 했으나 자금 확보가 안 되어 23억 원에 유입(직접낙찰)해 29억 원에 매각해 6억 원의 시세 차익을 얻었다. 당초 7층까지 주상복합 건축물을 지을 수 있었다.

석수역 주변 역세권 지구단위계획에서 확인한 또 다른 NPL 물건이다. 지구단위계획을 확인해보니 60미터까지 지구단위계획 건축 행위가 가능한 곳이라 가능했다.

아래 물건에서는 지분경매로 16132.2㎡ 중 102.4㎡(31평) 제기동 43구역 조합의 공유 조합원권을 획득했다. 한 필지 내 수백 개 집이 있어 가능한 일이다. 청량리에서 가까운 거리에 있는 재개발 구역으로 조합원 분양권을 받아 일반 분양가 차이와 토리 프리미엄을 얻을 수 있는 곳이다.

사진	매각기일 용도	물건기본내역	감정가 최저가	상태
	2017.11.06 8일전 대지	북부1계 201(▭▭▭ 서울 동대문구 제기동 ▭▭ ▭▭▭ ▭▭17길 13 -6) [일괄] ▭ [입찰외 지분매각] 토지 102㎡ (31평)	389,196,000 249,086,000	진행 (64%)

묻지도 따지지도 않는 투자처는 4대문 안의 땅이다. 사놓으면 10년이든 20년이든 잃지 않는 땅이다. 영등포, 용산, 여의도, 왕십리, 청량리의 지분은 쪼가리 땅이라도 돈이 된다. 이런 곳의 지분 경매를 확인해보자. 이곳은 직접 근접의 핵심이기 때문이다. 이는 서울 시장이 국민들에게 도시기본계획안으로 발표한 곳이다. 이런 곳은 국가가 알아서 개발해준다.

'접수일자'를 보면 땅이 완성된 지 분양권 6개 받을 수 있는 곳인데 5억 원 분양권으로 30억 원 수익이 가능한 곳이다. NPL로 매각하는 금융기관은 이 물건의 가치를 모르고 매각한다. 유동화전문회사도 마찬가지이다. 부동산의 가치분석을 제대로 알면 투자수익을 NPL로 극대화시킬 수 있다.

사진	매각기일 용도	물건기본내역	감정가 최저가	상태
	2017.10.20 하천	의정부9계 **2017-** 경기 남양주시 진접읍 장전 _ _ _ _ _ 괄]29 7-1. [재매각 명지] 토지 1,885㎡ (570평)	124,935,000 61,219,000 97,400,000	매각 (49%) (78%)

위 물건은 당초 9,151만 원(73.25%)에 낙찰되었으나 대금미납으로 나왔다가 다시 9,740만 원(78%)에 매각되었다. 하천이라도 '수용보상' 또는 '미불용지' 물건은 돈이 된다. 소송을 해서 승소하면 9,200만 원 수익을 얻을 수 있는 하천이다.

서울특별시 용산구 보광동 3-＊97번지 한남동 재개발구역 '도로' 86㎡가 공매(2017-6063-001)로 나왔다. 건축심의 승인이 난 지역으로 22층 재개발 3구역이다. 그렇다면 4㎡를 다른 곳에서 매입해서 붙여야 한다.

이런 땅은 90㎡가 안 되면 조합원 자격이 안 나온다. 이곳은 프리미엄만 억이 붙었다. 그러던 차에 같은 지번에 53㎡가 공매(2017-6063-003)로 나왔다. 이 두 곳을 공매로 받으면 조합원 자격이 가능하다. "프리미엄 5억 원이 붙어 있다."는 말은 감정가 5억 원이면 10억 원을 주고 산다는 의미이다. 서울시 조례에 들어 있다. 서울시 조례 찾는 방법은 다음과 같다.

대한민국국가법령정보→자치법규(클릭)→서울특별시 도시 및 주거환경 정비 조례 →조례→화면내검색→접수일 검색

확인해 보면 '등기일자'가 아닌 '접수일자' 기준으로 한다고 되어 있다. 종전에 땅을 가지고 있는 소유주는 부동산 등기부에 따르면 소유권 취득일이 소유권 취득일자가 아닌 '접수일자'라고 되어 있다.

소유권 취득일자는 2014년 5월 30일이다. 조례에는 접수일로 따진다고 적혀 있다. 2013년 12월 30일 이전이었으면 6명이 분양권이 나오는데 사망 후에는 분양권이 1개 또는 청산된다. 이론 없는 실전은 정말 천하다. 끊임없이 공부하고 부동산 가치분석을 제대로 알면 투자 수익을 NPL로 극대화시킬 수 있다. 손실 없이 평생을 즐길 수 있는 투자를 하시길 바란다.

5
대위변제 전문 AMC

대위변제만으로 수익을 얻고 있는 대위변제 전문가를 만났다. 필자가 다니는 금융기관은 대위변제 대출을 90%로 취급하고 있다. 금리는 연 5%이다. NPL(Non Performing Loan)이란 금융기관의 3개월 이상 원금 연체 채권으로 흔히 무수익여신, 미회수채권 또는 부실채권이라 한다. 자금이 필요한 채무자에게 돈을 빌려준 은행이 이자를 제때 납입하지 못하고 경매가 진행된 채권을 부실채권으로 분류해 근저당권을 매각한다.

연체가 높아지면 위험 가중치가 높아지고 8% 이상 BIS 비율을 맞추지 못해 금융감독기관의 감사와 낮아진 BIS 비율을 고객들이 알게 되면 은행 예금이 인출되는 사태도 발생할 수 있기 때문에 은행의 입장에서 연체 채권은 빨리 처분해야 한다.

부실채권은 '2016년 7월 25일 이후' 개인에게 매각이 금지되는 개정대부업법이 시행되었다. 개인은 '대위변제 방식' 또는 '채무인

민법 제480조 임의대위변제, 제481조 법정 대위변제

2016년 7월 25일부터 개인에게 부실채권(NPL)매각(3년 이하 징역 또는 3,000만 원 이하 벌금), 매입(5년 이하 징역 또는 5,000만 원 이하 벌금)금지는 론세일(채권양수도계약)에 한하기 때문이다.

수 방식', 그리고 '입찰참가조건부 사후정산 방식'으로 투자 가능하고 '공투 형태'로 투자하고 있다.

'자산유동화에 관한 법률'은 이 법에 따라 일정 기준을 충족하는 회사인 자산유동화회사(SPC : Special Purpose Company)로 일정한 금액의 풀(Pool)을 구성해 제1금융기관에서 매입해 또 다른 유자격 AMC에게 매각을 한다. 금융위원회에 등록된 유자격 AMC는 또 다른 AMC에게 매각을 하거나 개인에게 입찰 참가조건부(사후정산 방식) 또는 채무인수 방식으로 매각을 한다. 개인은 대위변제 방식으로 투자가 가능하다.

이렇듯 부실채권을 매입해 수익을 내던 AMC가 우후죽순으로 늘어나 경쟁이 치열하다 보니 대위변제로 수익을 내는 개인 또는 AMC가 많이 있다.

다음 사례는 채무자를 설득해 대위변제 금액의 1~2% 수수료를 주고 신용정보등록을 방지하고 본 대출이 매각이 되면 몇 개월 더 살게 하는 조건으로 채무자를 설득해 채무자와 같이 흥국생명에 찾아가 임의대위변제를 성공시킨 사례이다.

■ 사례 분석

여기서 매각가액이 순이익일까?

그렇지 않다.

　NPL 대위변제는 대출원리금을 채무자를 대신해 갚아주고 근저
당권을 매입해 채권자 변경 후 누군가 낙찰이 되면 설정금액 범위
내에서 수익을 얻는 방법이다.

　순이익 546,000,000원(설정금액)-438,520,273원(총투자금)

　　　　=107,479,727원

　수익률 107,479,727원/60,520,273원=177.59%

　NPL 대위변제 후 채권자 변경 비용과 대위변제대출금 질권대
출이자를 합해 총투자된 금액은 4억 3,852만 273원이었다. 그리고
매각 금액이 6억 7,130만 원이었다. 2등 입찰 금액은 6억 5,599만
9,900원, 2등 입찰자가 NPL 투자법만 배웠어도 패찰하지 않고 배

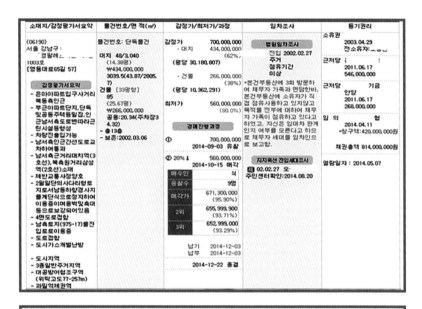

중앙6계 201					
서울 강남구 내지농	타운 10	700,000,000	종결		· 세대조사
1동 경동대로65길 57]		560,000,000	(80%)	445	· 특수권리분석
아파트 [유치권]		671,300,000	(95.9%)		- 유치권
건물 85㎡ (26광)X33광형]	토지 48㎡ (14광)				

당, 유입(직접낙찰), 재매각으로 더 많은 수익을 낼 수 있었을 것
이다.

대위변제를 위와 같은 사례로 투자하는 사람도 있고 DM을 발송
하는 사람도 있고 개인회생 또는 파산신청자를 법률사무소에서 소
개를 받는 사람도 있다. 대위변제는 채무자와 대위변제자 그리고
금융기관 제3자가 다 같이 만족하는 투자법으로 각광을 받고 있다.

하지만 뒤에서 다룰 필자가 개발한 신(新)대위변제 투자법은 일
정한 GPL채권을 매입해 정상적일 때 대출 후 연체될 시점에 '기한
의 이익 상실 등록' 후 법정대위변제로 선순위 채권을 상환하고 합
법적인 연체이자를 받는 방법으로 새롭게 등장하고 있다.

6
대기업 임원 연봉 수익 올리는
똑똑한 대위변제

제3자 또는 공동채무자의 1명이 채무자를 위해 변제하면 그 변제자는 채무자 또는 다른 공동채무자에 대해 구상권을 취득하게 되는데, 민법은 이 변제자의 구상권을 확실히 하기 위해 변제자는 변제를 받은 채권자가 가지고 있는 권리를 대위해 행사할 수 있다고 정하고 있다(민법 제480조·제481조). 이를 대위변제 또는 변제에 의한 대위라고 한다.

　대위변제가 생기는 요건으로는 제3자 또는 공동채무자의 1명이 채무자를 위해 변제를 하고, 그 결과로서 채무자 또는 다른 공동채무자에 대해 구상권을 가지는 것이 가장 기본적이다. 변제를 함에 있어서 정당한 이익을 가지고 있는 자이다. 예컨대 물상보증인·담보 부동산의 제3취득자·보증인·연대채무자 등에 대해서는 위의 요건만으로 대위가 생긴다(민법 제481조). 이것을 법정대위라 한다. 그러나 그 밖의 사람은 변제를 하고 동시에 채권자의 승낙을 얻지 않으면 대위의 효과가 생기지 않는데, 이를 임의대위(任意代位)라 한다(민법 제 480조1항).

똘똘한 대위변제 한 건으로 대기업 임원 연봉만 한 수익을 얻을 수 있다. 대부업법이 개정되면서 개인은 론세일(배당투자) 투자를 할 수 없도록 금지되었다. 그러나 NPL 투자에 관심이 많은 법인과 개인 투자자는 대위변제 투자법을 배워 투자를 하고 있다.

■사례 분석

물건지 서울시 송파구 신천동 10*동 1*0*호(황** 소유)

면적 건물 166.7㎡(39.42평), 대지 31.15/22.158㎡(9.42평)

사건번호 서울동부지방법원 201*타경**(201*타경 19**0 중복)

설정액 1순위 1,184,400,000원(우리은행: 대위변제: ○○Sh),
2순위가 674,700,000(○○Sh)(2순위 ○○Sh이 우리은행 채권을
대위변제한 후 ○○Sh 부기등기)

감정가 1차 1,800,000,000원(유찰), 2차 1,440,000,000원, 3차 1,152,000,000
(유찰), 4차 1,152,000,000원(낙찰, 64%)

배당 결과를 확인해보자.

0순위 : 배당인 경매 비용은 환급 받으므로 제외하고 당해세

1순위 : 221만 1,948만 원(재산세 등 당해세) 배당되었다.

2순위 : 11억 4,299만 2,349원(채권자 배당), 후순위 근저당권자 ○○Sh가 제1순위 우리은행 대출금, 제2순위 근저당권 이해관계인 지위에서 법정대위변제(원금 및 연체이자 : 9억 781만 7,608원)를 했다. 이후 제1순위 근저당권자의 연 17% 연체이자를 해당 금액 대위변제자 제2순위 근저당권자가 선순위 우리은행 대출금 대위변

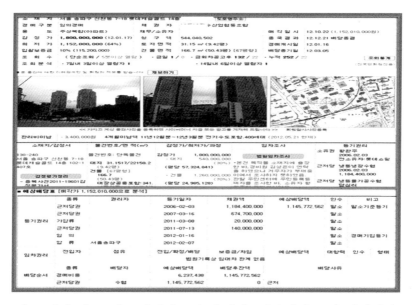

제로 채권 및 그 담보권권리를 승계 받아, 배당기일 동안 연체이자 연 17%에 해당하는 1억 3,000만 원 배당 수익을 얻어 손실을 최소화할 수 있었다.

즉, 우리은행 대출원금 9억 원 및 미납 대출금이자 781만 7,608원을 제2순위 근저당권 설정자 ○○Sh에서 법정대위변제해 손실을 줄이고 당기순이익(수익)을 늘렸다. 만약 개인 투자자가 이 투자법을 활용한다면 더 다양한 수익을 얻을 수 있다. 만약 개인이 대위변제를 했다면 이 1건으로 대기업 연봉을 받을 수 있었다. 만약 우리은행에서 경매 진행 배당금으로 수협에서 원리금을 상환한다면 경매 낙찰 기간 동안 원금, 연체이자를 우리은행에서 받아 갔을 것이다.

대위변제는 대출은 안양저축은행, 민국저축은행, JB우리캐피탈, 전북은행, 그리고 ○○수협 서초지점에서 대위변제대출을 해주고 있다. 금리는 연 5%이다. 개인이 임의대위변제 또는 법정대위로 대위변제대출을 받으려면 소득증빙이 있어야 한다. 결국 대위변제 신청으로 대위변제를 승낙 받고 계약금 10%만 내고 90%는 대위변 제대출로 소액 투자가 가능하다.

위 사례와 같이 9억 781만 7,608원을 대위변제할 경우 10% 인 9,078만 1,760원을 납입하고 대위변제증서로 위 금융기관에서 90%를 대출 받아 처리하면 된다. 단, 주의할 점은 필자가 취급한 대위변제 대출도 대부분 아파트였다는 것이다. 왜냐하면 대부분의 아파트 매각가율이 94~97%이므로 손실될 염려가 없고 선순위 조 세채권 등을 제하고도 5순위, 7순위까지 배당하고 청구액이 적은 경우 소유자에게까지 배당되기 때문이다. 따라서 아파트 위주로 대위변제해야 안전하다. 뒤에 다룰 GPL과 P2P와 신대위변제법에 서도 대부분 아파트에 투자하게 된다.

7
대위변제의 함정을 피하는 방법

그러면 대위변제 투자의 함정은 없을까?

■ 사례 분석

【대법원 98마 1031판결】요지
낙찰대금 지급기일 이전에 선순위 근저당권이 소멸한 경우 후순위 임차인의 대항력이 소멸하지 않는다.
선순위 근저당권의 소멸로 낙찰 부동산의 부담이 현저하게 증가하는 경우 민사소송법 제 630조 1항의 유추적용에 의해 낙찰허가 결정 전 취소 신청을 할 수 있다.

아래와 같은 사례에서 위와 같은 일이 발생할 수 있다.

A 2016. 02. 10. 근저당권 1,300만 원(국민은행) 원리금상환대출

B 2016. 02. 11. 보증금 1억 원(한○○) (확정일자 ×)

C 2016. 02. 12. 근저당권 3,000만 원(신한은행)

D 2017. 10. 12. 경매기업 (등기기업은행)

이 경우 위 경매가 순조롭게 매각이 되어 1억 2,000만 원에 낙찰
이 되면 B는 확정일자가 없으므로 우선변제권을 받을 수 없다.

이 경우 배당은 A 1,300만 원, C 3,000만 원, B가 배당 후 잔액
을 배당 받게 된다. B 임차인이 어려운 살림에 이 보증금 전액을
지킬 수 있는 방법은 무엇이 있을까? 이때 취하는 최선의 방법은
이해관계인(임차인)으로서 법정대위로 국민은행 원리금을 상환하는
것이다.

▶ 대위변제 후

A 2016. 02. 10. 근저당권 1,300만 원(국민은행)

B 2016. 02. 11. 보증금 1억 원(한○○) (확정일자 ○)

C 2016. 02. 12. 근저당권 3,000만 원(신한은행)

이렇게 되면 한○○은 대항력이 생기므로 보증금 1억 원을 지킬
수 있다. 이때 최고가 신고인 낙찰자는 어떤 방법을 취하면 될까?

위 대법원 사례처럼 낙찰자는 낙찰대금 지급기일 이전에 선순위
근저당권이 소멸한 경우 후순위 임차인의 대항력이 소멸하지 않게
되므로 선순위 근저당권의 소멸로 낙찰 부동산의 부담이 현저하게
증가하는 경우 민사소송법 제630조 1항의 유추 적용에 의해 낙찰
허가 결정 전 취소 신청을 할 수 있다.

대위변제 신청자는 반드시 등기부의 말소 신청을 해야 한다. 1순
위 우리은행 근저당권을 대위변제하고 말소기준권리 순위가 가압

류권자로 바뀌었다. 대위변제는 대금 납부 전까지 실익 여부를 파악해 등기부등본에 나타나 있지 않은 함정을 파악해야 한다.

간혹 선순위 근저당권의 말소로 인해 발생하는 리스크에 대해 어떻게 풀어야 할지 고민하게 된다. 선순위 근저당권이 말소되므로 낙찰자가 인수해야 할 함정(대항력권자)이 생길 수 있기 때문이다. 이때는 물건명세상의 하자로 인해 이의 신청으로 불허가 신청을 할 수 있다. 매각허가 결정 전에는 즉시항고를 하고 매각허가 결정이 확정이 되었다면 경매 취소 신청을 해야 한다. 계약법상 유상계약 매도인의 담보책임에서 유상계약은 쌍방이 권리 관계를 주고받아야 한다.

불공정계약이 있을 시

첫째, 대금감액청구권

둘째, 계약해제권

셋째, 손해배상청구권

넷째, 완전물 급부청구권이 있다.

잔금 납부 전이면, 대금감액청구권의 권리 하자 상의 이유(등기상 하자가 아님)로 물건명세상에 발견되지 않은 임차인의 권리상 하자가 발생했으므로 무효화시켜야 한다. 잔금 납부 후라면 계약해제권으로 접근하면 된다. 배당이 종결되었다면 계약해제권 또는 배당이의신청으로 금융기관이라면 돌려받을 수 있다. 그러나 개인이 소득이 없거나 신용이 좋지 않은 경우 대위변제대출을 받기 쉽지 않으니 사전에 '대위변제대출 가능 여부'를 확인해야 한다.

위 사례는 NPL 1일 완성반 한 수강생이 임차인이 대위변제 후 채권양도로 복등기하는 경우 대박 수익을 낸 사례이다.

NPL 대위변제 투자는 연체된 근저당채권(NPL)을 이해관계인(법정대위변제) 제3자가(임의대위변제-채권자 채무자 동의) 채무자 대신 변제하고 근저당채권을 승계 취득한 후 근저당채권에 붙어 있는 17% 내지 19.5%, 저축은행 연 24%의 연체이자율에 상당한 연체이자 배당 차익을 얻을 수 있다. 즉 대위변제자는 대위변제 이후부터 배당 기일까지 기간 동안 누적된 연체이자 배당 수익을 얻는 것이다. 만약 저축은행 대위변제대출 이자율 연 6.5%로 대위변제할 원리금 중 90%를 질권대출을 받아 투자한다면 대위변제 금융기관 근저당채권의 연체이자율이 연 17%라면 대위변제 차액인 10.5%의 합법적인 연체이자를 받을 수 있다. 그러므로 대위변제 대출금리가 연 4% 후반의 금융기관을 찾아보는 것도 수익을 더 얻을 수 있는 방법이다.

대위변제대출 금융기관에서는 법인대위변제보다 개인대위변제를 더 원한다. 왜냐하면 개인은 충당금을 요주의(10%) 채권으로 쌓지 않아도 되기 때문이다.

Chapter 4

NPL 투자로
부자가 된
사람들

1
부실채권의 오해와 진실

금융기관에서 일하면서 좋은 점은 여러 투자자를 만나볼 수 있다는 것이다. 그중에는 부실채권(NPL) 투자 경력 3개월 만에 고수익을 낸 내는 투자자, 1년 된 투자자, 3년 된 투자자, 5년 · 7년 · 10년 된 투자자, 13년 된 투자자도 있었다. 이분들에게 대출을 해주다 보면 자연히 재무제표를 확인하게 된다. 단기 차입금으로 재무제표에 표시되는 금액은 대부분 NPL 근저당권부 질권대출이다. 이 단기 채무가 상환될 시점이 확정배당일이라는 사실을 보고 가끔 물어볼 때가 있다. 그러면 이런 대답이 돌아왔다.

"배당수익률 2개월 후 200% 예정으로 대출금상환 예정입니다."

"이 대출금은 배당률 300%입니다."

"이 대출금은 배당률 500%입니다."

이분들의 대답이 보여주듯, 여전히 NPL 투자는 수익률이 좋다. 그러나 이제 막 NPL에 투자하는 사람들을 보면 어떻게 투자를 시작해야 할지 막막해하는 경우가 많다. 부실채권에 투자하려는 사람이나 관심이 있는 사람들에게 필요한 것은 이론보다는 이런 실제 투자로 수익을 내고 있는 실전 투자자들의 경험이 필요하지 않나 싶다. 책을 준비하면서 그동안 내가 만난 NPL 경매 부자들의 사례를 풀어보기로 마음먹은 것도 그래서이다.

이론은 '네이버' 또는 '다음' 같은 포털 검색으로 얼마든지 파악이 가능하고 각종 카페에서도 알 수 있다. 하지만 정작 알아야 할 비법은 접하기가 쉽지 않다. 아마도 13년 정도 투자한 NPL 경매투자자라면 부실채권 투자의 함정과 비전 그리고 수익 금액을 내는 방법을 정확히 알 것이다.

5년, 7년, 10년, 13년 정도 투자한 AMC 대표에게 물어보곤 한다.

"요즘 NPL 투자는 어떻습니까?"

그러면 대략 이런 대답이 돌아온다.

"아직까지 이쪽은 수익 낼 수 있는 NPL 채권이 많이 나오고 있는 실정입니다. 수익률도 좋고 대략 직장 연봉의 3~5배는 됩니다. 출근도 자유롭고 여행 삼아 임장 활동도 하고 이런 확정된 채권을 투자처로 두고 있으니 얼마나 행복합니까?"

이렇게 말하는 자산관리회사 대표의 얼굴은 편안하기 그지없다. 그리고 행복해 보인다.

그동안 NPL 투자 책들은 판례와 이론에 치우치다 보니 용어도 생소하고 읽기도 난해했다는 이야기를 들을 때마다 난감하기만 했다.

"이론적으로 이해와 유통 구조 그리고 매각 금융기관의 근저당권을 매입해 배당으로 수익을 내거나 유입으로 재매각 수익을 내는 방법은 알겠는데……." 어디에서 NPL 채권을 매입해야 하는지 금융기관에 어떻게 접근해야 하는지 구체적으로 이해하기가 쉽지 않다는 이야기를 많이 들었다. 그래서 카페에 다양한 정보와 NPL 경매 칼럼을 일주일에 두 편 이상 올리고 있다.

NPL 투자는 질권대출 가능 여부와 경락잔금대출이 가능한 채권을 매입해야 손실 없는 성공 투자를 할 수 있다. 부동산 경매에 대해 먼저 공부하고 나서 NPL(부실채권) 투자를 해야 하며 기본적인 지식을 갖추고 투자에 임해야 한다. 물론 믿을 만한 자산관리회사(AMC)에 '공투'로 투자한다고 해도 투자자는 투자 물건에 대해 기본적인 권리분석을 할 줄 알아야 한다.

내가 이상준박사NPL연구소(http://cafe.daum.net/happy-banker)에서 NPL에 대한 다양한 연구를 시작하게 된 동기는 27년 동안 몸담고 있던 직장 리스크관리실에 근무하면서 부실채권(NPL) 매각 심사 업무를 맡게 되면서부터이다. 필자와 같이 금융과에서 근무했던 ㈜DK대부AMC 박대규 대표는 지금은 중국과 미국에서 무역을 하는 잘나가는 후배이다. 그가 법인을 설립하고 스스로 신협, 새마을금고, 저축은행, 수협, 치과협회신협 등 매각 리스트를 받고 임장 활동을 하며 수익을 얻는 사례를 살펴보자.

감정가 5억 원 근린 상가(채권최고액 6억 원)를 NPL로 3억 5,000만 원에 매각했다. 대출원금에 매각했는데 매각(낙찰) 금액이 무척이나 궁금했다. 6개월 후 이 물건의 매각가율을 확인해보니 4억 2,500만 원에 낙찰되었다. 그리고 72일 후 배당을 받았다.

이 NPL매입자 수익은 얼마일까? 필자는 무척이나 궁금했다. 전북은행으로부터 NPL 매입 금액 90%, 3억 1,500만 원, 연 4.8%

NPL 근저당권부 질권대출(NPL대출)을 끼고 소액 투자(3,500만 원) 채권자변경등기 비용(360만 원)과 대출금이자(1,043만 9,013원)를 제하고 252일 만에 배당 수익(4,464만 5,918원)을 냈다. 중소기업 중견 직원의 연봉이다.

필자와 한 금융기관에서 일하는 몇몇 심사위원들이 부실채권 매각을 반대했다. "왜 이렇게 저렴하게 매각하느냐?"는 이유였다.

그러나 BIS(자가자본) 비율을 8% 이상 맞추어야 하며 직원이 연체채권자 독촉을 위해 내용증명을 발송하고 직접 찾아가고 전화하는 수고 등 관리비를 절감할 수 있고 연체채권을 회수하여 충당금 회수로 당기순이익이 증가하고 회수된 불건전대출은 우량한 중소기업과 가계자금 대출신청자에게 건전 대출할 수 있게 되니 각 금융기관에서는 NPL로 매각해 조기에 연체를 떨어낼 수밖에 없다.

'2016년 7월 25일 이후' 개정 대부업법으로 개인은 론세일(채권양수도 계약)이 금지되어 배당대출이 쉽지 않으나 지분 형태로 참여하거나 아카데미 기수별 믿을 만한 AMC 법인과 공동투자하면서 수익을 얻을 수 있다. 또한 입찰참가조건부 사후정산 방식이나 채무인수법, 그리고 대위변제법은 채권양수도 방식이 아니므로 개정 대부업법 이후에도 개인 투자가 가능하다. 또한 본 책에서 다루는 GPL을 활용한 신대위변제 투자법을 통해서도 누구든 쉽게 대위변제 환경을 만들어 고수익을 올릴 수 있다.

그렇다면 NPL(부실채권)이 무엇인지 궁금해하는 초보자들이 많을 것이다.

제1금융기관(기업, 우리은행, 신한, 씨티 등)은 부실채권(NPL)을 금융기관들이 연합해 SPC(특수목적법인)인 자산유동화 전문회사를 설립해 이 회사에 자산을 매각한다. 이들은 50억 달러, 100억 달러, 1,000억 달러의 큰 규모로 SPC 유동화증권을 발행해 NPL 대금을 지급하거나 펀드를 조성해 매입자금을 1 · 2 · 3차 투자자에게 자금을 조달해 투자해 수익을 얻는다. SPC(특수목적법인 유동화전문회사)는 서류상 존재하는 회사로서 실질자산 관리 업무는 자산관리자인 자산 보유자나, 신용정보회사, 자산관리회사에 위탁하게 된다.

이들 자산관리자들은 자산의 관리, 처분, 추심 등에 관한 사항을 위임 받고, 감정평가사와 회계법인 들은 해당 물건 소재지와 부동산 유형의 최근 낙찰가율을 고려한 매매 가능한 적정 가격으로 산정해 부실채권을 매입한다.

이렇게 제1금융기관은 유동화전문회사(유암코, 캠코 등)에 풀(pool) 또는 벌크세일로 대량 매각을 하고 유동화전문회사는 개별적으로 중소형 AMC에 매각하고 중소형 AMC는 또다른 AMC에 매각하거나 입찰참가조건부 사후정산 방식으로 개인에게 매각하기도 한다.

유동화전문회사는 이렇게 매입한 부실채권을 경매 진행과 NPL 재매각 등의 절차를 진행하게 된다. 일반인이 부실채권(NPL)에 접근할 수 있는 타이밍은 재매각 시 유동화회사로부터 채권평가보고서(예상배당표 및 수익률)를 받아 투자 여부를 결정할 매수의향서를 작성해 매입하거나 배당이나 방어 입찰로 참여를 한다.

정보에 능통하고 능력 있는 발 빠른 AMC 혹은 개인사업자는 금융기관과 직접 거래를 한다. 모든 임장 활동과 권리분석, 예상낙찰가 산정 그리고 매각 금액 결정 등 모든 수고를 필자 후배처럼 혼자 해야 하나 유동화전문회사(AMC)로부터 부실채권을 매입하면 이런 수고를 줄일 수 있다. 유동화전문회사가 금융기관으로부터 매수의향서로 매입한 부실채권을 신용정보회사와 자산관리회사 등이 다시 이를 되파는(재매각) 경우 일반 개미 투자자들이 투자해 수익을 얻을 수 있다.

그리고 중소형 3억 법인은 신협, 수협, 새마을금고, 저축은행에 건별 매입 또는 5건에서 10건씩 많게는 50건 씩 풀링(PooLing), 즉 수십 건씩 묶어서 일괄 매입해 배당 수익을 얻거나 방어 입찰 유입(직접낙찰)으로 재매각 수익을 얻는다. 농협(축협)은 농협자산관리회사에 위임해 매각하므로 전국의 농협·축협 물건은 농협자산관리 홈페이지에서 원하는 물건을 검색한 후 담당자와 매수가를 협상하여 매입해 투자한다.

다음은 최근 부동산 공인중개사의 투자 사례이다.

■ 사례 분석 1

H 씨가 감정가 10억 원, 대출원금 6억 원, NPL 매입가 6억 원 원금에 매입한 부천 원미구 중동 1층에 있는 근린 상가 153.05 m^2(46평), 채권최고액 7억 2,000만 원이었으며, 낙찰예상가는 5억 원이었다. 이 부동산이 경매로 최고가입찰자가 되어 낙찰 받는 방법과 부실채권으로 매입해 배당 수익을 얻는 방법의 차익이 3,790만 원 정도 차이가 났다.

H 씨가 경매로 5억 원에 낙찰 받을 경우, 비주거용은 낙찰 가격의 90%, 4억 5,000만 원을 경락잔금대출로 받으면 대출금의 월 이자액은 (연 3.8%) 142만 5,000원을 낸다.

상가 임대료 수익금은 보증금 1,000만 원에 월 300만 원이라고 보았을 때 월 순수익은 157만 5,000원이다. 그렇다면 H 씨의 실제 투자금은 5,000만 원과 등기비용 2,160원과 이사 비용 등 포함해 7,500만 원 정도이다.

① 1년 후 정상적인 대출은 감정가 10억 원, 담보비율 70%인 7억 원 담보대출로 4억 5,000만 원을 상환하고 2억 5,000만 원을 여유 자금으로 활용 가능하다.

② 그러면 H 씨의 투자수익률은 얼마일까? 18,900,000원/75,000,000원 = 25.2%이다. 1년 후 6억 원에 재매각한다면 양도차익 1억 원, 1년 이자를 제하고 1년간 임대 순수익 1,890만 원을 경매로 낙찰 받아 매각했으므로 양도소득세 4,000만 원과 등기 비용 2,160만 원, 기타 비용 7,500만 원을 지불해야 한다. 그렇다면 총 순수익금은 2,500만 원이다. 1년 순임대 수익은 1,890만 원이다.

매각 시 수익률(수익금/순수 투자금)은 43,900,000원/75,000,000원 = 58.53%이다.(보증금은 제외)

같은 조건으로 NPL로 낙찰 받은 L 씨의 경우 수익률은 16,800,000원/1억 원=16.8%이다. NPL로 경매에서 5억 원에 낙찰된 이 상가는 NPL근저당권부 질권대출 채권매입금 80%, 4억 원, 연 이자 4.8% (연 이자 19,200,000원/월 1,600,000원) 실제투자금 1억 원의 순수 임대 수익금 1,680만 원이다.[(3,000,000원-1,600,000원)=1,400,000×12월=16,800,000원]

그러나 같은 조건으로 NPL 매입채권을 6억 원(채권최고액까지 합법적인 연체이자를 채웠을 때)에 매각한다면 1억 원의 양도차익에 대한 양도소득세는 없다. 똑같은 조건이라고 한다면 양도소득세 4,000만 원을 제하지 않고, 순수익금은 양도차액 100,000,000원-35,000,000

원(기타비용)+16,800,000원(순수임대수익)=81,800,000원/135,000,000원=60.59%이다.

그러나 NPL(부실채권)의 최대 강점은 부동산 재양도매매 시 양도소득세를 절감하는 효과가 있다. 일반 매매와 부실채권 매매의 차이는 똑같은 조건에서 3,790만 원의 차이가 난다. [81,800,000원(NPL투자매각수익금)-43,900,000원(일반매매수익금)]

■ 사례 분석 2

서울 신림동에 있는 감정가 3억 7,000만 원, 105.6㎡ 아파트가 경매에 나왔다. 1순위 근저당권 2억 5,000만 원이 설정된 이 물건에 대한 경매 개시 결정이 나자 H 씨는 자산관리회사로부터 근저당권(채권최고액) 3,000만 원보다 싼 2억 2,000만 원에 매입했다. 그리고 3억 원에 물건을 낙찰 받았다. H 씨는 2억 5,000만 원 근저당권을 갖고 있어 상계신청(금융기관으로부터 상계동의서 받아) 법원에 상계신청(채무인수방식) 처리로 5,000만 원을 납입하고 아파트 소유권을 받아 1억 원 이익을 얻었다. 이 사례처럼 총 2억 7,000만 원을 들여 3억 7,000만 원 이득을 취할 수 있다. 이 경우 H 씨가 3억 원에 물건을 낙찰 받지 못했더라도 근저당권 2억 5,000만 원의 배당을 받을 수 있어 단기에 3,000만 원 고소득을 얻게 된다.

– 데일리안(지현호 기자)

이번 사례는 이해하기 쉬운 기사가 있어 이를 빌려 소개한다. 금융기관은 회계기준(IFRS)을 맞추기 위해 이 같은 부실채권을 유암코(연합자산관리회사), 대신F&I, 한국저당권거래소. 농협자산관리사, 지지옥션 홈페이지, 효성F&I 등의 자산관리회사(AMC)에 매각하는데 이곳에서는 부실채권의 담보물을 경매나 공매로 넘겨 채권을 회수하거나 판매한다. 따라서 투자자들은 이 채권을 사들여 배

【 자산건전성 분류 및 대손충당금 적립 기준 】

■ 자산건전성 분류기준

구 분	기 존	강 화	
		2013년 7월	2014년 7월 이후 ~현재
정 상	3개월 미만 연체	2개월 미만 연체	1개월 미만 연체
요주의	6개월 미만 연체	4개월 미만 연체	3개월 미만 연체
고 정	6개월 이상 연체	4개월 이상 연체	3개월 이상 연체
회수의문	6개월 이상 연체 (회수예상가액초과분)	4~12개월 미만 연체 (회수예상가액초과분)	3~12개월 미만 연체 (회수예상가액초과분)
추정손실	6개월 이상 연체 (손실확실시)	12개월 이상 연체 (회수예상가액초과분)	12개월 이상 연체 (회수예상가액초과분)

☞ 단계적으로 상향해 2014년 7월 1일부터 은행과 동일한 기준 적용

■ 대손충당금 적립기준(현재)

구 분	기 존	1단계	2단계	3단계	4단계	5단계	6단계	7단계
		2012.7.1~	2013.1.1~	2013.7.1~	2014.1.1~	2014.7.1~	2015.1.1~	2015.7.1~
정 상	0.5이상	0.55이상	0.6이상	0.65이상	0.7이상	0.8이상	0.9이상	1.0이상
요주의	1.0이상	2.0이상	3.0이상	4.0이상	5.5이상	7.0이상	8.5이상	10.0이상
고 정	20이상	20이상	20이상	20이상	20이상	20이상	20이상	20이상
회수의문	75이상	75이상	75이상	55이상	55이상	55이상	55이상	55이상
추정손실	100	100	100	100	100	100	100	100

(단위 :%)

당을 받거나 직접 낙찰 받아 투자 수익을 올릴 수 있다. 부실채권(NPL)은 수익 실현 가능한 권리분석과 임장 활동을 통해 부동산 물건에 대한 가치 판단을 잘할 때 고수익을 실현할 수 있다.

금융기관이 새 회계 기준(IFRS)에 따라 자산건전성비율을 현재 8% 이상에서 13%으로 이상 맞추어야 하고 경기침체로 연체 중인 부동산을 금융기관들이 6월과 12월 그리고 수시로 부실채권을 정리하면서 NPL 물건이 증가할 수밖에 없다.

NPL 권리 분석

경매 물건에서 가장 중요하다는 권리분석 방법을 공부해보자. 권리분석의 시작은 부동산 등기부등본의 '갑구'와 '을구'에서 말소기준등기를 찾는 것이다. 갑구는 소유권에 관한 사항이, 을구는 소유권 이외의 권리에 관한 사항으로 부채에 관한 사항들이 기재되어 있다. 예를 들어 가압류는 갑구에, 근저당권은 을구에 표시되어 있다. 그러나 등기부등본에는 나타나지 않는 권리들이 존재한다는 사실을 알아야 한다. 임차인, 유치권, 법정지상권 등이 그 예이다.

특히 선순위 임차인을 조심해야 한다. 가장 확실하게 하려면 법원 경매 서류 중에 매각물건명세서를 병행해 분석해야 한다. 매각물건명세서가 오류인 경우에는 국가의 배상 책임이 일부 있다는 대법원 판례도 있으니 가장 믿을 만하다.

그럼 등기부와 매각물건명세서를 병행해 분석하는 방법을 알아보자. 우선 등기부나 법원 경매서류에서 말소기준등기를 찾아야 한다. 말소기준등기란 나중에 자세히 배우겠지만, 경매의 매각 절차에서 말소와 인수를 결정짓는 등기를 말하며 그 이후에 설정된 권리들은 소멸된다고 이해하면 된다. 이는 앞서 보았던 법원 경매 서류로도 확인이 가능하다. 임의경매 기입 등기와 근저당권 중 더 빠른 근저당권이 말소기준등기임이 표시되어 있다.

이제 등기부등본 상에 나타나지 않는 임차인 정보를 확인하기 위해 매각물건명세서를 살펴볼 차례이다.

첫째 매각물건 번호 확인이다. 여러 물건 번호인지 하나의 물건 번호인지 공담으로 대출이 되었는지 확인해야 한다.

둘째, 배당요구종기일 확인으로 생각하지 않았던 당해세 배당에 주의해야 한다.

셋째, 임차인 내역 확인으로 보증금과 월세 확인으로 월세 체납 여부를 배당에서 제외시킬 줄 알아야 한다.

처음으로 부실채권에 투자하는 투자자는 고민이 많을 것이다 그러나 그런 고민은 경매에 입찰하기 위해 처음 법원 문턱에서 입찰서를 쓰던 기억과 같다고 보면 된다. 앞에서도 다루었지만 궁금증 하나를 해결하고 넘어가자. 금융기관에서는 매각(낙찰)되고 잔금을 치른 후 근저당권으로 배당을 받을 수 있는 합법적인 연체이자를 받을 수 있는 황금알 같은 부실채권을 왜 팔아버릴까. 금융기관의 속사정을 알면 이해가 될 것이다.

2017년 마감을 앞두고 재무 건전성을 확인한 결과 대손충당금의 보전(부실채권의 경우 고정 20% 이상, 회수의문 55% 이상, 추정손실 100%)과 고위험여신 추가 충당 그리고 정상대출이라도 3억 원 이상 고액 대출은 추가 충당하고 있었다. BIS 비율과 수익률 하락, 부실채권 지도 비율 등에 문제가 발생했기 때문이다.

금융기관으로서는 유암코 등 유동화전문회사에 헐값으로 매각

매각예정 리스트

번호	계좌번호	차주	대출잔액	가지급금	물건주소	사건번호	감정가	매각희망가
1	3610···2286	박··	80,000,000	5,594,130	인천시 옹진군 영흥면 내리 170-13	2016타경 39196	114,000,000	50,000,000
2	3610···4106	최·	108,000,000	3,831,570	인천시 옹진군 영흥면 외리 755	2017타경 13337	145,200,000 *(감정공매)*	111,831,570
3	3610···2600	김···	269,529,733	5,388,300	인천시 옹진군 영흥면 외리 760	2017타경 22225	417,900,000	250,000,000
4	3610··7652	이··	320,000,000	5,552,590	경기도 화성시 남양읍 남양리 250	2017타경 18308	481,260,000	326,000,000
5	3610···7711	홍·	172,000,000		인천시 남동구 논현동 448 논현2차 푸르지오 시티 651호	공매예정	230,000,000	160,000,000 *(예상 낙찰가액)*
6	3610··1074	김··	172,000,000	*(대 10원)* *낙찰가회 100% (최저가액) 100%*	인천시 남동구 논현동 448 논현2차 푸르지오 시티 1050호	공매예정	230,000,000	160,000,000
7	3610···7577	소··	172,000,000	*감정가대비 68.2% =452,100*	인천시 남동구 논현동 448 논현2차 푸르지오 시티 750호	공매예정	230,000,000	160,000,000
			1,293,529,733	20,818,690	1,314,348,423		1,848,360,000	1,217,831,570

하는 것보다는 개별 매각하는 것이 이익이므로 서둘러 매각을 추진한다. 은행들은 유동화전문회사에 부실채권을 매각, 관리하지만 제2금융기관은 유동화회사를 매각하기보다는 중소형 AMC에 매각을 한다. 필자가 몸담은 금융기관에서도 건별로 MRP(최저매각예상가) 이상에 매각을 하고 있으며, ○○수협은 아예 매각 리스트에 매각 금액을 공개하기도 한다. 위는 ○○수협에서 매각 리스트에 매각 금액을 공개한 내역이다.

이 물건에 대한 히스토리는 경매 법원의 문건 처리 내역 중 접수 내역을 살펴보면 한눈에 알 수 있다.

▶ 출구 전략

본 물건은 매입한 채권 금액보다 낙찰 예상가격이 높은 양질의 물건이다. 다시 말해 경매에 군이 참여하지 않더라도 제3자가 낙찰받아 배당 수익을 올릴 수 있는 최적의 물건이라는 의미이다. 부실채권 물건을 고를 때는 이처럼 목적을 분명히 해야 한다. 즉 배당 투자를 노릴 것이냐, 유입투자(경매에 참여해 직접 낙찰을 받는 방법)를 노릴 것이냐, 아니면 재매각이나 채무자 자진변제냐 등등 목적에 따라 거기에 최적화된 물건을 고르는 것이 현명하다는 얘기다.

🔍 Key Point

■ 매각물건명세서 이해하기

경매의 꽃은 권리분석이다. 권리분석 세부 내역은 매각물건명세서라고 할 수 있다. 이를 볼 수 있는 능력이 수익을 남기는 데 절대적이기에 매각물건명세서와 예상배당표 작성을 제대로 알지 못하고는 경매할 때 낭패를 보는 수가 있다. 매각물건명세서는 경매의 종합재무제표라고 보면 된다. 말소기준등기, 임차인의 대항력 유무, 배당 유무, 인수하는 권리 등 다양한 정보를 제공하는 보물단지이다.

① 매각물건명세서의 개념

법원의 매각물건명세서는 응찰자에게 부동산의 물적 부담 상태, 취득할 종물, 종된 권리의 범위 등과 최저매각가격 산출의 기초가 되는 사실을 공시해 신중한 판단을 거쳐 입찰에 참가하게 함으로써 적정 가격에 의한 입찰을 도모하기 위해 마련된 제도이다.

법원은 부동산의 표시, 부동산의 점유자와 점유의 권원, 점유할 수 기간, 차임 또는 보증금에 관한 관계인의 진술, 등기된 부동산에 관한 권리 또는 가처분으로서 경락에 의해 그 효력이 소멸되지 아니하는 것, 경락에 의해 설정된 것으로 보게 되는 지상권의 개요 등을 기재한 경매 물건명세서를 작성하고, 이를 경매기일의 1주일 전까지 법원에 비치해 일반인이 열람할 수 있도록 작성해놓은 것이다.

② 매각물건명세서 작성 취지

민사집행법 제105조 제2항은 "법원은 매각물건명세서 · 현황조사보고서 및 평가서의 사본을 법원에 비치해 누구든지 볼 수 있도록 해야 한다."고 규정하고, 민사집행규칙 제55조는 "매각물건명세서 · 현황조사보고서 및 평가서의 사본은 매각기일(기간입찰의 방법으로 진행하는 경우에는 입찰기간의 개시일)마다 그 1주 전까지 법원에 비치해야 한다.

다만, 법원은 상당하다고 인정하는 때에는 매각물건명세서 · 현황조사보고서 및 평가서의 기재 내용을 전자통신 매체로 공시함으로써 그 사본의 비치에 갈음할 수 있다."고 규정하고 있다.

경매 절차에서 매각물건명세서의 작성은 입찰 대상 부동산의 현황을 되도록 정확히 파악해 일반인에게 그 현황과 권리관계를 공시함으로써 매수 희망자가 입찰 대상 물건에 필요한 정보를 쉽게 얻을 수 있게 해 예측하지 못한 손해를 입는 것을 방지하고자 하는 데 그 취지가 있다.(대법원 2004. 11. 9.자 2004마94 결정 등 참조)

③ 매각물건명세서 기재 사항

부동산의 표시와 부동산 점유자와 점유의 권원, 점유할 수 있는 기간, 차임 또는 보증금에 관한 관계인의 진술, 등기된 부동산에 대한 권리 또는 가처분으로서 매각으로 효력을 잃지 않는 내용, 매각에 따라 설정된 것으로 보게 되는 지상권의 개요.

집행법원이나 경매 담당 공무원이 매각물건명세서 작성에 관한 직무상의 의무를 위반한 경우, 국가의 배상책임 유무(적극) : (대법원 2008.1.31.선고 2006다913 판결)

집행법원으로서는 매각 대상 부동산에 관한 이해관계인이나 그 현황 조사를 실시한 집행관 등으로부터 제출된 자료를 기초로 매각대상 부동산의 현황과 권리관계를 되도록 정확히 파악해 이를 매각물건명세서에 기재해야 하고, 만일 경매 절차의 특성이나 집행법원이 가지는 기능의 한계 등으로 인해 매각 대상 부동산의 현황이나 권리관계를 정확히 파악하는 것이 곤란한 경우에는 그 부동산의 현황이나 권리관계가 불분명하다는 취지를 매각물건명세서에 그대로 기재함으로써 매수신청인 스스로의 판단과 책임 하에 매각대상 부동산의 매수신고가격이 결정될 수 있도록 해야 할 것이다.

그럼에도 집행법원이나 경매담당 공무원이 위와 같은 직무상의 의무를 위반해 매각물건명세서에 매각대상 부동산의 현황과 권리관계에 관한 사항을 제출된 자료와 다르게 작성하거나 불분명한 사항에 관해 잘못된 정보를 제공함으로써 매수인의 매수신고가격 결정에 영향을 미쳐 매수인에게 손해를 입게 했다면, 국가는 이로 인해 매수인에게 발생한 손해에 대한 배상책임을 진다고 할 것이다.

매각물건명세서상의 불분명한 기재와 경매 담당 공무원의 잘못된 답변으로 최선순위 전세권자인 소외인보다 후순위로 이루어진 나머지 전세권설정등기가 매각으로 인해 모두 말소되는 것으로 오인한 상태에서, 매수신고가격을 결정함으로써 그 각 전세권을 인수해야 하는 예상하지 못한 손해를 입게 되었다고 할 것이므로, 피고로서는 위와 같은 경매 담당 공무원 등의 직무의무 위반 행위로 인해 원고가 입게 된 손해를 배상할 책임이 있다고 할 것이다.(대법원 1998. 11. 13. 선고 98다31837 판결 참조).

④ 매각물건명세서 보는 방법

매각물건명세서는 법원이 입찰자들에게 정확한 정보를 제공해서 예측하지 못하는 손해를 방지하기 위해서 제공하는 문서. 매각물건명세서는 간단하게 한 장으로 구성되어 있다.

가장 중요한 것이 최선순위 설정일자이다. 최선순위 설정일자에 보면 어떤 권리가 그 부동산에 가장 먼저 권리 설정이 되어 있는지 표기되어 있다. 최선순위 설정일자를 보고 이것과 임차인의 전입신고일자를 비교해 임차인의 대항력 여부를 판단할 수 있는 기준이다.

임차인의 대항력 여부는 건물의 최선순위 설정 일자를 기준으로 한다. 또한 배당요구종기가 중요한데 임차인은 배당요구종기일까지 배당 신고를 해야 배당을 받을 수 있다.

각 점유자마다 정보의 출처에 따라 구분해 표기를 한다. 즉 위의

정보출처 구분에 보면 이 점유 정보가 등기부등본상에 임차권등기에서 나온 사실이라면 등기사항전부증명서가 출처가 되어 표기되고, 현황 조사에서 점유인이 진술한 내용은 현황 조사가 출처가 되며, 마지막으로 임차인의 권리신고 내용은 주거임차권자가 출처가 되어 표기된다.

여기서 만약 임차인이 임차권등기를 안 했고 현황 조사상의 내용과 권리신고한 내용이 다르다면(보증금 금액이 틀릴 경우) 가장 임차인일 가능성이 올라간다. 또한 여기서 중요한 것이 배당요구일자 인데, 배당요구일자를 확인해서 배당요구종기 전에 신고를 했는지 확인해야 한다.

임차인은 아무리 권리가 있더라도 배당요구종기 전까지 배당신청을 해야 배당을 받을 수 있다. 만약 어떤 임차인이 대항력이 있고 확정일자까지 받아서 배당신청을 했는데 배당요구종기일 후에 배당신청을 했다면?

이 선순위 임차인이 배당금을 한 푼도 못 받았다면 낙찰자는 임차인의 보증금을 전액 인수해야 한다. 가장 하단에 보면 낙찰 후에 사라지지 않는 인수되는 권리사항들이 표기되는 곳이 있다. 매각허가에 의해 효력이 소멸되지 아니하는 것, 즉 낙찰 후에도 소멸되지 않고 인수하는 권리사항들을 표기하는 곳인데 여러 가지가 있다. 구분하자면 아래와 같다.

선순위 권리 : 가처분, 가등기, 지상권, 전세권, 대항력 있는 임차인

후순위 권리 : 예고등기, 법정지상권, 유치권, 건물 철거 및 토지인도청구 가처분, 대항력 있는 임차권등기

법정지상권 등이 표기된다. 성립 여부의 가능성은 있지만 확실진 않을 때 "법정지상권이 성립할 여지가 있음"으로 표기되며 그 성립 여부는 입찰자가 파악해야 한다.

비고란에는 특별 매각 조건이나 특이 사항을 기록된다. 농지취득자격증명원 필요, 법정지상권, 유치권, 입찰보증금 : 20% 등 위에 표기되지 않은 인수될 만한 특이 사항을 모두 표기한다. 농지취득자격증명을 취득할 수 있는지는 농민, 농업법인, 농업인이 되고자 하는 자 : 미래 사항으로 누구나 농업인이 될 수 있다.

⑤ 매각물건명세서 특징

매각물건명세서는 법원 사이트에서 매각기일(입찰일) 일주일 전에 확인할 수 있다. 그 전에는 현황조사서나 감정평가서만 볼 수 있다. 또한 매각물건명세서에 어떤 흠이 있을 경우에는 매각불허가나 각하의 사유가 된다. 만약 매각물건명세서에 임차인이 없는 것으로 나와서 낙찰 받았는데 알고 보니 대항력 있는 임차인이 있으면?

바로 불허가신청을 하면 불허가 되어 입찰보증금을 돌려받고 그 물건은 매각물건명세서가 수정돼서 다시 재경매 진행된다. 그러므로 매각물건명세서는 매우 중요하다. 결국 매각물건명세서는 중요하기 때문에 일반 정보지만 믿지 말고 반드시 입찰 전에 대법원 경매 사이트를 확인하고 입찰해야 한다.

2
신대위변제 투자법으로 기회를 창출하는 신흥 부자들

저금리 시대 성공적인 재테크 방법은 무엇일까? 부동산 트렌드와 경제 시장의 흐름을 읽는 능력을 키우고 타이밍을 맞추고 자신에게 유리한 시장 흐름을 찾는 것도 하나의 방법이다. 재테크는 노력 성과도 중요하지만 새로운 틈새 투자처를 찾아내는 것도 정부의 강도 높은 부동산 대책에 대처하는 방법일 수 있다. 더 많은 수익을 얻고자 하면 더 많은 시간을 활용해 투자 방법을 연구하고 리스크에 대비해야 한다. 성공적인 재테크는 준비하고 기다리는 사람에게 온다. "평생 기회가 3번 찾아온다."고 하지만 "준비된 사람에게는 하루에 3번 이상 기회가 찾아올 수 있다." 이런 사람이 성공 가능성도 높아지고 이것이 성공적인 재테크를 하는 요령이다.

정부의 8·2 대책으로 부동산 투자가 불안하다. 이럴 때 새로운 틈새 전략 상품에 주목해보자. 경제와 시사에 밝은 사람들은 금융 상품에 친숙하다. 저금리 시대 대안 상품이 지금 다룰 GPL 투자법과 신대위변제 투자법이다. 이 단어가 생소한 사람도 있겠지만 저금리 시대 정부의 잦은 정책 변화에 대응할 만한 투자법으로 분명 효자 노릇을 할 상품이라고 말할 수 있다.

"요즘 같은 불황기에 부동산 투자를 하기가 쉽지 않습니다. 새로운 투자처가 있을까요?"

최근 필자가 가장 많이 듣는 질문이다.

"수익형 부동산 투자는 어떨까요?"

수익형 부동산은 고시원, 당구장, 숙박 시설, 임대 소형 아파트, 주거용 오피스텔, 상가, 주상복합, 수익형 호텔, 수익형 토지 등 그 대상만 해도 여러 가지가 있다. 이러한 수익형 부동산의 투자 흐름은 수익률이 높은 월세 수익을 기대하는 것이다. 부동산 갭(GAP) 투자로 미분양아파트를 30% 저렴하게 매입해 전세 끼고 소액 투자를 한다거나 아니면 대출을 받아 월세를 받는 방법이 있다.

이 방법은 월세가 일정하다면 부동산 매입 가격을 낮춰야 수익률이 올라가는 구조다. 그렇다면 경기가 호황일 때나 불황일 때 언제든지 수익률이 높은 투자 방법 소개해볼까 한다. "원금 손실이 없고 100% 안전한 투자 방법이다."라는 유사수신행위 투자처의 홍보성 글은 사용이 금지되어 있다. 그러나 이제 다룰 투자 방법은 이 말에 걸맞은 사례다. 잘 이해하고 실천한다면 누구든 성공할 수 있는 '절대 성공 법칙'이다.

■ 사례 분석

사진	매각기일 용도	물건기본내역	감정가 최저가	상태	조회수	추가정보
	2017.08.23 아파트	의정부16계 2017-7기 경기 포천시 일동면 기산리 797 일동 기산베스 트빌 101동 4층 운악청계로 1772] 건물 85㎡ (26평)[35평형] | 토지 48㎡ (14평)	176,000,000 123,200,000 (70%) 155,999,999 (88.6%)	매각	265	· 세대조사 · GG Tip

경기 포천시 일동면 기산리 797 일동기산베스트빌 101동 4층 406호 [운악청
계로 1772]

건물 85㎡ (26평)[35평형] | **토지** 48㎡ (14평)

대출원금 85,000,000원(1순위 축협 102,000,000원)

대출원금 49,000,000원(2순위 ○○ 63,700,000원)→A대부→(주)B대부대환

감정가액 176,000,000원

매각가액 155,999,999원(2017. 8. 23)−2,886,474원(경매비용)

　　　　−102,000,000원(축협)−51,113,525원(B대부 배당)

청구금액 89,780,99원

대출일 2015년 12월 2일 | **상환일** 2017년 12월 2일

▶ 제2순위 B대부 GPL 매입 투자 수익 계산

총투자금 45,000,000원(GPL매입)+382,200원(이전비용)+462,238원(대
출이자)=45,844,438원

NPL대출 36,000,000원, 7.559%, 62(2017. 9. 3~11.3)/365=462,238원

현금투자 9,844,438원=45,844,438원(총투자금)−36,000,000원(대출금)

투자이익 45,000,000원×34.7%×62/365=2,652,410원−844,438원

9	근저당권설정	2016년1월29일 제3512호	2016년1월29일 설정계약	채권최고액 금102,000,000 채무자 김 　　　경기도 . . . . . . 일동면 인곡1길 44-24 근저당권자 . . 산업협동조합 115437-0000122 경기도 포천시 포천로1586번길 6 (신읍동) (일동지점)
10	근저당권설정	2016년1월29일 제3513호	2016년1월29일 설정계약	채권최고액 금60,000,000원 채무자 김남ㅇ 　　　경기도 포천시 일동면 인곡1길 44-10 근저당권자 이동ㅇ 620012-······· 경기도 포천시 일동면 운악청계ㅇ 1772, 101동 406호(일동기산베스트빌아파트)
11	7번근저당권설정등기말소	2016년2월2일 제3848호	2016년2월2일 해지	
12	8번근저당권설정등기말소	2016년2월2일 제3911호	2016년2월2일 해지	
13	근저당권설정	2016년2월12일 제4347호	2016년2월12일	채권최고액 금63,700,000원

=1,807,972원

수익률 1,807,972원/9,844,438원=18.36%

2017타경＊050 GPL매입 2순위 대환 고수익 투자법 사례이다. GPL 투자로 선순위 법정대위변제로 연체이자를 받는 방법이 최종 목적이었으나 중간에 생각보다 빨리 입찰기일이 잡히고 낙찰이 되어 수익이 많이 줄어들었다. 그러나 괜찮다. 이런 물건을 이미 수십 건 가지고 있기 때문이다. 채무자를 설득해 자진 상환을 유도하는 방법도 있다.

▶ 제2순위 ○○ GPL 매입 투자 수익 계산

NPL(Non Performing Loan)이 부실채권이라면 GPL(Good Performing Loan)은 상환기일이 남아 있는 정상채권이다. 정상채권(GPL)은 유동화순환 투자가 가능하다. 즉 상환기일이 남아 있는 2순위 근저당권을 매입해 매입 금액의 90% 대출(유동화)을 해주었다. GPL 투자자는 4,500만 원 중 10%인 450만 원으로 소액 투자가 가능하며 다른 물건에 유동화순환 투자도 가능하다. GPL은 매각가율이 94%가 넘는 아파트에 85% 범위 내에만 투자하므로 안전한 투자가 이루어진다.

■ 사례 분석

총투자금 45,844,438원
GPL **매입** 45,000,000원+382,200원(이전비용)+462,238원(대출이자)=45,844,438원

소 재 지	경기 포천시 일동면 기산리 797 일동 기산베스트빌 101동 4층 406호 (11117) 경기 포천시 일동면 운악청계로 1772				
경매구분	임의경매	채 권 자	축산업협동조합		
용 도	아파트	채무/소유자	김	매 각 기 일	17.08.23 (155,999,999원)
감 정 가	176,000,000 (17.04.04)	청 구 액	89,780,990	다 음 예 정	
최 저 가	123,200,000 (70%)	토 지 면 적	47.7 ㎡ (14.4평)	경매개시일	17.03.23
입찰보증금	10% (12,320,000)	건 물 면 적	84.9 ㎡ (25.7평) [36평형]	배당종기일	17.06.12
조 회 수	·금일조회 2 (0) ·금회차공고후조회 38 (11) ·누적조회 266 (23) ·7일내 3일이상 열람자 6 ·14일내 6일이상 열람자 2			( )는 5분이상 열람 [조회통계] (기준일-2017.08.23 / 전국연회원전용)	

■ **GG Tip** 상세정보와 공시자료 등을 참고한 지지옥션의 주관적인 의견임 (2017.07.26)

본 사건은 권리분석(등기내용 포함)상의 하자나 매각 후 인수사항은 없을 것으로 예상됩니다

매각사례 동 아파트 단지내 동일 평형(35평형) 4층이 2014년 12월에 경매가 진행(2014-25437)되었는데, 당시의 감정가격은 1억 6,600만원이었으며, 6명이 경합하여 매각가를 84.4%에 매각(낙찰)된 바 있으므로 참고하시기 바랍니다.

■ 본 물건에 대한 이해관계인 및 회원의 제보를 받습니다. [제보하기]

현금투자 9,844,438원= 45,844,438원(총투자금)−36,000,000원(대출금)

NPL 대출 36,000,000원, 7.559%, 62(2017. 9. 3.~11. 3.)/365=462,238원

투자이익 45,000,000원×34.7%×62/365=2,652,410원−844,438원
=1,807,972원/9,844,438원=18.36%(수익률)

위는 필자가 GPL매입 채권을 '유동화순환 투자'를 하도록 대출해준 사례이다. 2순위 대출은 1순위가 연체가 되거나 신용회복신청 확정 판결이 난 시점, 즉 기한의 이익이 상실될 시점에 법정대위(민법 제481조)로 더 많은 수익을 얻을 목적이었으나 매각기일이 생각보다 빨리 잡혀 낙찰된 사례이다. 만약 이 물건이 법정대위변제까지 이루어졌다면 수익률은 연 15.5% 또는 연 17%까지 축협에서 받아 갈 연체이자를 다 받을 수 있었던 물건이다.

이것이 신대위변제 투자법과 GPL 투자법이다. NPL은 생물처럼

진보하고 있다. 앞으로도 어디까지 진보할지 필자도 가늠할 수 없다. 내 몸에 맞는 투자 방법을 찾고 있다면, 내가 가장 잘할 수 있는 손쉬운 재테크 방법을 찾고 있다면 이 글만 잘 이해하고 공부한다면 이미 절반은 성공한 셈이다. 얼마를 벌었느냐보다 어떻게 벌었느냐보다 지속적이고 안정적인 수익을 얻을 투자처를 찾는 것이 그에 못지않게 중요하다. 올바르고 제대로 된 재테크 투자처가 무엇인지 앞의 사례를 기억하고 연구할 필요가 있다.

이 투자 방법은 P2P와 연관이 있고 대위변제보다 진보한 신대위변제 투자법 그리고 GPL 매입 후 연체 시점에 연체이자를 받을 수 있는 투자법까지 모두 하나로 연결하는 고수익 투자 방법이다.

3
NPL 고수들이 더 많은 기회 만들어내는
부실채권 투자 노하우

■ 사례 분석

경기도 천안시 서북구 성정동 1022,1020 1동 병원 1층~6층

감정가액 5,426,857,830원   **청구금액** 4,325,800,000원

설정금액 3,380,000,000원   NPL **매입** 2,680,000,000원

질권대출 2,412,000,000원

총투자금 2,941,221,152원=2,680,000,000원+20,280,000원(이전비
용)+121,330,576원(대출이자)+119,610,576원(법인수수료 등)

현금투자 529,221,152원=2,941,221,152원(총투자금)-2,412,000,000원(질
권대출)

매각금액 3,388,970,000원-2,941,221,152원(총투자금)=439,748,848원

순수익금 3,388,970,000원-18,959,693원(경매비용)-50,862,580원(당해
세)-360,000,000원(2순위질권대출)-350,000,000원(2순위질권대
출)-2,412,000,000원=197,147,727원

수익률 197,147,727원/529,221,152원=37.2%

소재지/감정서	물건번호/면적(㎡)	감정가/최저가/과정	임차조사	등기권리 NPL
331-170 충남 천안시 서북구 성정동 1022,1020 1동호 감정평가서 건물 : 3,295,117,830 **감정평가정리** - 도로변주소:충남 천안시 서북구 쌍용대로 225 - 철콘구조철편지붕 --------- -일괄입찰 -선경아파트남동측인근 -주위각종근린상가,편의시설,단독주택,다가구주택등형성 -차량진출입가능 -인근버스(정)소재 -대중교통사정보통 -2필일단의부정형평지 -동측6차선,서측2차선도로접합 -도시지역 -2종일반주거지역 2013.04.10 가온감정	물건번호: 단독물건 건물 • 1층병원 532.73 (161.15평) ₩2,643,449,670 현:공실 • 2층병원 576.14 (174.28평) 현:공실 • 3층병원 583.37 (176.47평) 현:공실 • 4층병원 583.37 (176.47평) 현:공실 • 5층병원 344.09 (104.09평) 현:공실 • 6층병원 340.49 (103평) 현:공실 •지하1층주차장 1066.56 (322.63평) ₩651,668,160 • 소매점 14.4 (4.36평) 대장상동재,멸실 • 화장실 2.88 (0.87평) 대장상동재,멸실 - 총6층 - 보존:2009.06.18 조경수포함	감정가 5,426,857,830 •대지 2,131,740,000 (39.26%) (평당 5,950,426) •건물 3,295,117,830 (60.72%) (평당 2,693,586) 최저가 2,659,160,000 (49.0%) **경매진행과정** ① 5,426,857,830 2013-11-25 유찰 ② 30%↓ 3,798,800,000 2013-12-30 유찰 ③ 30%↓ 2,659,160,000 2014-02-03 유찰 ④ 30%↓ 1,861,412,000 2014-03-10 변경 ① 3,798,800,000 2015-08-17 유찰 ② 30%↓ 2,659,160,000 2015-09-21 매각 매수인 조대경 응찰수 2명 매각가 3,388,970,000 (62.45%) 2위 2,711,100,000 (49.95%)	**법원임차조사** 최병돈 (보) 200,000,000 약국/1층일부 점유기간 2013.~2년계약 조사상 *1층 일부 약국은 임차인은 점유사용중이며 왕은 관계인부재로 임대관계 및 점유관계조사 할 수 없어 1층 사무실에현황조사 안내문 투입하였다.관할 세무서 등록사항 등의현황조사 출장시 해당사항 없음. 관할 세무서 등록사항 발급 요청 시 해당사항 없음.관할 세무서 조사시는 발급되지 않음을 참고바랍니다.본 임대관계 조사에는 음악적 임차인의 구술을토대로 작성하였으며.임차인에게 현황조사 안내문 전달 후	근저당 사 2009.09.03 3,380,000,000 가압류 베이 터코리아 채권관리팀 2010.01.13 45,800,000 2010카단146대전천안 근저당 스인 터넷 2011.11.08 900,000,000 압류 천안시서북구 2011.11.17 임의 스서비스 2013.04.09 청구액:900,000,000원 2013.04.09 2013.09.17 2013카경18935 천안시서북구 2013.11.29 2014.01.10 2014타경535 ●액 4,325,800,000원
			감정가액 5,426,857,830원 설정금액 3,380,000,000원 매입금액 2,680,000,000원 질권대출 2,412,000,000원 실투자금 268,000,000원 부기등기 20,280,000원 대출이자 121,330,576원 총투자금 409,610,576원 기타비용 119,610,576원 매각금액 3,380,970,000원 배당금액 290,000,000원	

대부분의 사람들은 자신이 가진 무한한 잠재력을 인식하지 못하고 살아가기 쉽다. 하지만 일단 질러보면 자신도 놀랄 만한 잠재력이 있음을 발견할 가능성이 높다. 무엇이든 해보지 않고는 자신이 무엇을 해낼 수 있는지 알 수가 없다. 필자의 아카데미 경매 수강생들에게 딱 어울리는 말인 듯하다. 많은 수강생들이 처음에는 돈에 초점을 두고 강의를 듣는다. 하지만 모든 강의를 마친 뒤에는 따뜻한 사람 냄새 나는 사람들을 만나며 "쿵쿵거리는 심장 소리를 듣고 커다란 삶의 시계 소리에서 무엇이 소중한지"를 배우게 된다.

필자가 그리 오래 살지는 않았지만 아카데미 마지막 주에 이런 말을 꼭 해준다.

크게 성공한 것은 아니지만 저는 잠자기 전 행복하고 아침에 눈떠 기쁜 사람입니다. 그리고 나름대로 스스로 성공했다고 생각합니다. 왜냐하면 돈이나 경제력보다는 직장을 다니면서 현직에서 얻은 이론과 실무와 실전 내용을 교류할 여러분과 같은 전국 각지에서 오신 많은 분들을 매달 만날 수 있기 때문입니다. 제가 깨우친 성공의 법칙은 멈추지 않고 전문가로부터 지속적인 배움을 터득하고 실천해 수익을 얻는 법입니다. 성공의 법칙은 이미 여러분이 얻었습니다.

NPL경매아카데미 1주차를 시작한 지가 엊그제 같은데 벌써 마지막 주입니다. 바로 이것이 성공의 법칙입니다. 시작하면 결과는 나옵니다. 비전은 내가 가야 할 목적지에 도착해서 또 다른 목적지를 내다보는 혜안을 가지는 것입니다. 지금 시작은 어렵고 복잡하고 힘들게 느껴지는 모든 일들이 일단 저질러보면 자신도 놀랄 만한 잠재력이 있음을 발견하게 됩니다. 물론 결과도 나옵니다. 가만히 있으면 돌부리에 걸려 넘어지지 않겠지만 결과는 아무것도 얻어지지 않습니다. 해보지 않고서는 자신이 무엇을 해낼 수 있는지 알 수가 없습니다.

우리 인생은 우리가 만듭니다. 수영을 할 줄 모르는 사람이 수영장을 바꾼다고 해서 수영을 잘하게 되는 것은 아닙니다. 도전하기 싫어하는 사람이 직장을 바꾼다고 해서 도전을 잘하게 되는 것은 아니지요. 성공의 법칙은 일단 전문가에게 이론과 실전과 실무를 배우고 실패하고 실수하면서 실무에서 새롭게 나만의 노하우를 터득하고 그것을 바탕으로 도전하고 결과를 이루어내는 사람입니다.

우리가 돈을 버는 이유는 돈을 이용해 우리의 삶을 만족시키기 위해서입니다. 결국 의식주를 해결하기 위함입니다. 그러나 백화점에서 100만 원짜리 옷을 사서 입어도 자기 몸에 맞지 않으면 맵시가 나지 않아 10만 원짜리로 보일 수 있습니다. 최고급 호텔에서 자연산으로 산해진미를 사 먹을 수 있을 만큼 돈이 많아도 위가 안 좋거나 치아가 건강하지 않다면 그 입맛은 무엇으로도 살 수 없습니다.

건강을 모르는 사람이 비싼 약을 먹는다고 병이 낫는 게 아니고, 사랑을 모르는 사람은 상대를 바꾼다고 해서 사랑을 얻고 행복해지는 게 아닙니다. 거주하는 집은 80평 아파트 펜트하우스이거나 앞마당이 잔디가 깔리고 테라스가 있는 3층짜리 저택이지만 집 안에는 대화가 없고 식탁에서 밥만 먹고 자기 방으로 들어가는 가족은 돈이 아무리 많아도 행복하지 않습니다.

이 모든 문제의 근원은 내 자신에게 있습니다. 내가 좋아하는 사람도 내 자신이고, 내가 사랑하는 사람도 내 자신이며, 내가 싫어하는 사람도 내 자신입니다. 내가 변하지 않고는 아무것도 변하는 게 없습니다.

수강생 여러분 모두 열정을 가지고 도전하고 성취하여 결과를 이뤄내길 바랍니다.

이 책을 읽는 독자들도 많은 NPL·경매 부자들처럼 그 비밀 노트를 하나씩 풀어서 돈 걱정 없는 노년을 맞이하기를 기원한다. 그리고 필자가 직접 만난 많은 성공한 사람들처럼 희망과 신의 재테크에 한 발 다가서기를 바란다.

필자가 만난 NPL 경매 부자들은 학벌이 높거나 부모를 잘 만나거나 다른 특별한 배경이 없는, 우리가 주변에서 흔히 만나는 보통 사람들이었다. 하지만 이들에게 느낀 공통점은 자기 분야에 소신을 가지고 열정을 잃지 않았으며 처음에는 실수도 실패도 있었지만 그 과정을 즐겼고 결국에는 스스로 자신의 목표점을 찾아갔다는 것이었다.

돈에 맞춰 일하면 직업이고 돈을 넘어 일하면 소명이라고 한다.

직장은 우리 인생을 보장해주지 않는다. 평생 직업으로 일하면 월급을 받고 소명으로 일하면 선물을 받듯이 큰 꿈을 가지고 자신의 미래와 꿈을 머리에 크게 그리는 사람은 언제나 소풍처럼 삶을 즐길 것이다. 자신의 삶에서 보람과 가치, 의미와 재미를 동시에 발견하고자 하는 확신이 있다면 지금 당장 시작해야 한다. 돈이 목표면 생업이요 인정받는 것이 목표면 직업이 되지만, 의미 찾기가 목표가 되면 일은 천직이요 소명이 된다.

거듭 이야기하지만, 필자의 아카데미를 찾는 많은 사람들이 NPL이 돈이 된다고 하니 찾아왔다가 몇 번 들어보다가 곧 포기하고 현실로 돌아간다. 이처럼 바로 포기하고 예전으로 돌아가는 사람들을 보면 안타깝기 그지없다. 결과를 이루어내는 사람들은 상대를 배려하며 아낌없이 베풀어준다. 이들은 성공의 법칙도 잘 알고 있다.

마지막으로, 부의 시발점은 종잣돈이다. 부자들은 천원은 아껴도 1,000만 원은 투자라고 생각하며 투자의 근원지를 본다. 인적 네트워크와 시간을 소중히 여기고 철저한 자기관리와 운동을 통해 미래를 꿈꾸고 설계해보라.

무계획은 실패를 계획하는 것과 같다. 계획표에 기간을 설정하여 새로운 목표를 세우고 이를 도전하고 실천하며 버킷리스트를 새롭게 채워 나가다 보면 간절한 꿈은 이루어지게 마련이다. 매일매일 조금씩 변화하면 어느덧 목적지에 다가간 자신을 발견할 수 있을 것이다.

4
NPL 틈새시장, 신탁채권 매입으로 부를 축적하는 고수익 기법

대출 상담 및 신청 업무를 처리하는 절차는 다음과 같다.

대 출 상 담	⇨	자금용도 · 상환계획 · 사업개요 조합과의 거래 상황 분석, 신용정보조회 등
서류의 징구	⇨	재무제표, 사업계획서, 법인등기부등본 등 신용조사 관련 자료 및 담보물건 관련서류, 부채현황표의 작성 등
신용조사	⇨	채무자의 신용상태 조사
적법성 심사	⇨	대출 거래자격 및 차입 관련 법률행위의 적법성 심사
사업계획 심사	⇨	판매, 구매, 생산, 시설투자계획, 자금수지계획, 소요자금 조달 및 상환계획의 적정 여부 심사
소요자금 심사	⇨	자금용도 및 대출 신청액의 적정 여부 심사

신용평가	⇨	여신의사 결정 및 지원조건 산정을 위한 신용평가
지원 가부 및 조건 결정	⇨	차주의 신용등급에 따른 지원가부 및 조건 결정
채권보전 조치	⇨	담보물의 감정 및 근저당권 설정, 연대보증인 입보 등
대출실행 및 사후관리	⇨	론리뷰, 연체 관리, 담보 및 보증인 관리 등

부동산 담보신탁 수익권증서를 발급 및 대출하는 과정은 다음과 같다.

수익권증서(담보신탁)로 사용하는 용어의 정의는 다음과 같다.

1) 부동산담보신탁 : 채무자 등이 여신의 담보로 제공할 부동산의 소유권을 부동산신탁회사에 이전(신탁설정)하고 부동산신탁회사로부터 동 부동산의 담보가치 범위 내에서 수익권증서를 발급 받아 이를 금융기관에 담보로 제공하는 제도이다.

2) 관리형토지신탁(주택건설자금에 한함) : 채무자 등이 부동산의 소유권을 부동산신탁회사에 이전(신탁설정)하고 신탁회사가 사업시행자로서 개발사업을 진행하되, 자금조달 의무는 위탁자(채무자)에게 있는 제도이다.

3) 수익권증서 : 부동산신탁회사가 채권자인 금융기관을 위하여 발행하는 담보증서.

4) 수익권리금(우선수익권 한도금액) : 수익권증서상에 기재된 금액으로 금융기관이 부동산신탁회사로부터 변제 받을 수 있는 최고 한도 금액.

5) 우선수익자 : 담보부동산 처분 시 수익권리금 범위 내의 채권을 부동산신탁회사로부터 변제 받을 수 있는 대출기관.

6) 우선수익자 순위 : 수익권증서상에 기재된 순위로 수익권리금을 교부 받을 수 있는 우선수익자 간의 순위.

7) 환가요청 기관 : 대출기관.

대상 수익권증서 및 부동산은 ① 담보 취득 대상 부동산신탁 수익권증서는 대출신청인 또는 제3자가 담보로 제공하려는 부동산에 대한 소유권을 신탁회사에 신탁 양도하고 교부 받은 다음 각 호의 신탁 상품 수익권증서를 말한다.

③ 제2항에도 불구하고 다음에 해당하는 부동산은 수익권증서로 대출 취급을 할 수 없다.

1) 가처분, 가등기, 압류, 환매등기, 예고등기 등 소유권에 제한이 있는 부동산.

2) 소유의 형태가 총유, 합유 등으로 인하여 소유권 행사가 제한되는 부동산.

3) 전 · 답 · 임야 중 매매가 제한되는 부동산.

수익증권 담보 취득 절차 ① 수익권증서를 담보취득 시에는 다음의 절차를 밟는다.

1) 신탁계약 체결 : 여신의 담보로 부동산신탁을 이용하고자 하는 경우에는 담보 제공자로 하여금 부동산신탁회사와 신탁계약을 체결하게 하고 다음 각 목의 특약 사항을 확인한다.

2) 수익권증서 발급 의뢰 : 다음 각 호의 기준에 의거 "수익권증서 발급의뢰서"를 작성하여 부동산신탁회사에 송부한다.

　가. 수익권리금 : 여신업무방법(예) 제1편 제3장 제154조에서 정하는 기준에 따름.

　나. 우선수익자 순위 : 제1순위에 한함.

　다. 신탁기간 : 여신거래 예상기간 이상.

　라. 채무자, 담보제공자(위탁자) 등 여신관계인의 진위 여부.

3) 수익권증서의 확인 : 수익권증서를 담보로 취득 시에는 감정서 및 부동산 조사분석서를 징구하여 다음 사항을 확인한다.

　가. 수익권리금의 적정 여부 : 대상 부동산의 감정가액에서 선순위 권리

금액을 공제한 금액 범위 내인지 여부. 나. 우선수익자 순위가 제1순위
인지 여부.

다. 신탁기간의 적정 여부.

라. 채무자 · 담보제공자(위탁자) 등 여신관계인의 진위 여부.

4) 수익권증서를 담보로 취득한 후 여신거래 발생 시에는 여신 내용을 우선
통지하고 "수익권증서 담보취득통지서"를 해당 부동산신탁회사 앞으로 송
부한다.

■ 사례 분석

인천시 남동구 간석동 425~23번지 지1층 28.275㎡

1층 76.395㎡ 방3 │ **2층** 100.62㎡ 방3 │ **3층** 60.74㎡ 방2

현재 전세 60,000,000원 1층(전체)

감정가 390,615,920원

▶ 근저당권설정 부동산담보대출 한도

감정가 390,615,920원×70%-135,000,000원(27,000,000×방 5개)-
60,000,000원=78,431,144원(담보대출한도)이다. 그러나 부동산을 매
입해 투자하는 사람들은 은행 금리가 저금리이다. 레버리지 효과
로 월 수익을 높이려고 신탁담보대출(수익권증서담보)로 대출을 더
많이 요구한다.

▶ 부동산담보신탁(수익권증서담보) 한도

390,615,920원×70%-60,000,000원(전세보증금)=213,431,144원이다.
그러므로 대부분 대출을 많이 받으려는 사람들은 통상 신탁비용

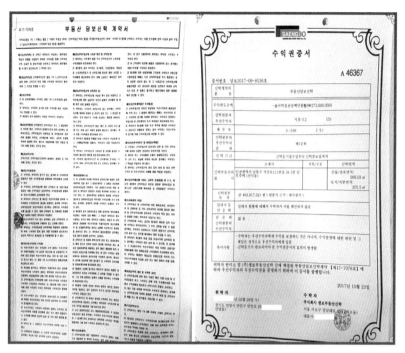

으로 수익권증서금액(대출금액 120%)의 0.4~0.5% 비용을 지불하고
도 신탁수익권증서대출을 받는다. 신탁대출은 '주택임대차보호법',
'상가임대차보호법'이 적용되지 않는다. 그러므로 방수에 대한 지
역별 소액 보증금을 차감하지 않고 감정가의 70% 그리고 사업자
대출은 감정가의 75~80%까지 대출이 이루어진다.

위와 같이 부동산담보신탁계약을 하면 그림 오른쪽의 수익권증
서가 발급된다. 이 대출이 연체가 되면 해당 금융기관의 생보신탁
에서 공매 신청을 하게 되고 공매 신청이 접수되면 감정가에서 하
루에 오전·오후 그리고 부동산 경매와 다르게 그 다음 날 4일 연
속 오전·오후로 공매가 진행되므로 빨리 매각기일이 잡히고 결국
은 NPL 채권 매입자가 유입해 재매각해야 하는 상황이 발생한다.

이 중간에 별도로 재산세 납입 기간에는 NPL 채권 매입자가 납입자가 되며 신문 공고료와 공매 수수료 등 통상적으로 600~800만 원을 추가로 부담해야 하는 상황이 발생한다. 그러나 필자가 NPL 토지와 NPL 신탁 물건은 또 하나의 틈새시장이다.

아무도 이 물건은 손대지 않는다. 필자의 금융기관에서 내놓은 토지와 신탁 물건은 1차 매각 리스트에 나와 있는 채권이 6차, 7차에도 다시 나오는 경우가 허다하다. 이런 물건의 시세를 파악하고 현장 임장 활동을 통해 급매로 할 경우 얼마인지 그리고 월세와 전세보증금은 얼마인지를 파악하면 이 또한 틈새시장이 될 수 있다.

5
정부 부동산 대책에 대응하는 NPL 틈새 투자법

직장에 다니는 이철수 씨(47세)는 소득 대비 지출이 많아 걱정이 많다. 이 씨가 번 돈은 250만 원 남짓, 그나마 150여 만 원을 대출금 이자와 보험료 그리고 친구들과 즐기는 술값으로 고스란히 토해 내고 있다. 게다가 투잡으로 3년 전 시작했던 치킨집도 문을 닫으면서 여러 곳에서 빚은 더 늘어나 신용도가 많이 낮아진 상태이다. 이 씨와 같은 상황에 처한 사람들이 새로운 재테크에 눈을 돌리고 있다. 금융기관의 채권(근저당권)을 매입해 배당 수익을 얻으면서 점차 경제적으로 호전되는 상황을 만들어가고 있다.

■ 사례 분석

인천 남구 주안동 1418-27 KJ빌라 4층 *02호 [한나루로 502번길 82]
건물 40㎡ (12평) | **토지** 23㎡ (7평)
감정가액 85,000,000원

사진	매각기일 용도	물건기본내역	감정가 최저가	상태	조회수	추가정보
	2017.09.14 다세대	인천4계 201Ⅱ 청10206 인천 남구 주안동 1418-27 KJ빌라 4층 ■ ■호 [한나루로502번길 82] 건물 40㎡ (12평) | 토지 23㎡ (7평)	85,000,000 59,500,000 59,600,000	매각 (70%) (70.1%)	181	· NPL · 세대조사 · 건축물대장 · GG Tip

설정금액 60,000,000원(현 잔액 50,000,000원)

설정일 2005. 12. 3. (말소기준등기일)

매각금액 59,600,000원　　　　　**청구금액** : 50,527,025원

임차보증 25,000,000원 한기철 [점유]

점유기간 2016년 2월 5일~2018년 2월 5일

전입 2016. 02. 05 | **확정** 2016. 02. 05 | **배당** 2016. 10. 26

NPL 매입 25,027,025원=50,527,025원(청구금액)-25,000,000원(임차보증
　　　　금)

등기비용 360,000원

투자금액 26,318,257원①

현금투자 3,387,025원=25,387,025원-22,000,000원(대출금)

대출이자 22,000,000원(대출금-대신저축은행), 연 7.5%, 206일(2017. 5.
　　　　4~2017. 11. 26)=931,232원

매각금액 59,600,000원-2,139,865원(경매비용)-25,000,000원(최우선변제
　　　　금)=32,460,135원(배당금)

　　만약 말소기준등기일이 2005년 12월 3일이라면 최우선변제금
소액 보증금은 3,500만 원/1,400만 원으로 실제 배당 최우선변제
금액은 1,400만 원이다. 그러나 매각 금융기관과 담당자는 이런 상
황을 모르고 보증금을 차감하고 매각한다.

　　순이익금 32,460,135원(배당금)-투자금액 26,318,257원①=6,141,878원
　　수익률 6,141,878원/3,387,025원=181.33%

첫째, 위장 임차인 배당배제로 고수익을 노리자. 위 사례처럼 임차인이 부동산 시세만큼 대출(설정 금액)이 있는 상태에서 들어온 세입자라면 위장 임차인일 확률이 높다. 이런 세입자를 선별해 배당배제하면 더 큰 수익을 얻을 수 있다. 공인중개사는 설정 금액이 70%가 넘으면 세입자를 보호하기 위해서 일정액의 대출금을 상환하고 설정금액감액신청을 한 후 전월세계약을 체결한다. 이 경우 전월세계약서를 확인해보면 중개계약이 없는 '쌍방합의'로 되어 있어 2,500만 원의 입금 내역을 확인 받아 위장 임차인을 배제한다. 이런 임차보증금이 있는 NPL 채권은 NPL 채권 매각 시 MRP(최저매각예상가)에서 임차보증금 전체(2,500만 원)를 차감하고 매각한다.

만약 말소기준등기일이 2005년 12월 3일이라면 배당 금액은 최우선변제금(1,400만 원)이다. 실제 NPL 매입 시 2,500만 원을 차감하고 매입한 후 2,500만 원-1,400만 원=1,100만 원 수익을 얻으면서 투자를 하게 되는 것이다.

둘째, 월세보증금을 차감해 배당배제하자. 월세가 있다면 월세를 경매 개시 결정 시점부터 납입하지 않게 되는데 이 또한 미납

소재지/감정평가서요약	물건번호/면 적(㎡)	감정가/최저가/과정	임차조사	등기권리
(21358) 인천 부평구 부평동 433-222 벽복의집 가동 2▓)1호 [부흥북로15번길 1] 감정평가서요약 - 북인천정보산업고등학교복서측인근	물건번호: 단독물건 대지 15/192 (4.65평) ₩44,000,000 건물 46 (13.83평) ₩66,000,000 · 전용 46.73㎡ (14평)	감정가　110,000,000 ·대지　44,000,000 　　　　(40%) (평당 9,462,366) ·건물　66,000,000 　　　　(60%) (평당 4,772,234) 최저가　77,000,000	법원임차조사 구 ▓ 전입 2016.09.22 확정 2016.09.22 배당 2016.11.02 (보)　15,000,000 (월)　　400,000 주거/전부 점유기간 2015.10.30~	소유권 심 ▓ 201u.12.08 전소유자:이복녀 근저당 ▓(새) 2010.12.08 103,600,000 임 의 ▓(새) 2016.09.08 ·청구액:75,109,230원

배당순서	종류	배당자	예상배당액	배당후잔액	배당사유
	경매비용		2,035,902	53,164,098	
	임차인	김▓	20,000,000	33,164,098	소액임차금배당 (기준일:2008-10-06)
	근저당권	국민은행	33,164,098	0	근저

월세금만큼 차감해 배당배제하므로 더 많은 수익을 얻을 수 있다. 예를 들어 전세보증금 2,500만 원/월 30만 원이었다면 경매 개시 결정 또는 경매 신청을 알았다면 월세를 납입하지 않게 된다.

미납 월세가 1년에 360만 원이라면 2,500만 원에서 360만 원을 차감하고 배당 받아야 한다. 그러나 2,500만 원을 모두 배당금으로 받게 되는데 이때 월세미납금을 차감하도록 '배당배제신청'해 수익을 늘리자. 아래 배당표를 보면 1,500만 원을 배당 받지 못하고 40만 원×8회 월세미납금 320만 원을 배당배제해 1,180만 원만 배당 받았다. 사실 1,500만 원 소액임차보증금도 위장 임차보증금일 가능성이 높다.

채 권 자	구 ■	■순의 파산관재인 변 호사 임은호	
채권금액 원 금	11,800,000	2,869,597	
이 자	0	0	
비 용	0	0	
계	11,800,000	2,869,597	
배 당 순 위	4	5	
이 유	임차인(확정일자임차인)	채무자겸소유자(잉여금)	
채 권 최 고 액	0	0	
배 당 액	11,800,000	2,869,597	

6
부동산 경매로 못다 이룬 꿈을
NPL 론세일 투자법으로 이루다

소액으로 투자할 사람은 론세일(배당소득)이나 유입(낙찰) 방법으로 부실채권에 투자하게 된다. NPL 근저당권의 채권 매입으로 배당 수익을 얻으려는 목적이 있는 투자자라면 입지도 고려해야 한다.

본 론세일 배당 사례와 같이 안양천이 흐르고 교육 도시와 풍수지리학과 교통 환경이 좋은 물건은 대부분 빠른 시일에 매각(낙찰)이 되므로 론세일(배당소득)으로는 최고의 물건이다. 게다가 아파트라면 더할 나위 없이 좋은 채권이다.

가끔 "3억 법인이 아닌 50억 법인에만 NPL 매각한다."는 새마을금고도 있다. 그러나 필자는 이런 기준은 새마을금고연합회와 중앙회의 잘못된 공문 시달이라고 생각한다. 회원 조합 전체 새마을금고의 이득을 위해서도 올바른 방법은 아니라고 생각된다. 왜냐하면 채권 매입자끼리 경쟁으로 최고가 입찰자를 찾아 더 높은 금액에 채권을 매각할 수 있는데 50억 법인에만 매각하게 된다면 독점으로 더 받을 수 있는 채권 금액을 할인해서 팔게 되는 꼴이기 때문이다. 부득이한 경우라면 3억 법인이 50억 법인에 일정한 수수료를 주고 매입하면 된다.

그럼 론세일 사례로 얼마의 수익을 얻었는지 알아보자. 경기도 일대에서 공인중개사로 부동산업을 하다가 가끔 법원 경매에 입찰해 경매로 수익을 내던 김수자(여, 50) 씨는 NPL 투자법을 우연히 알게 되었다. 경락잔금대출로 알게 된 금융기관에서 경매 진행 중인 연체채권을 NPL로 매입하라는 제안을 받았기 때문이다.

경매로 수익을 얻는 것보다는 배당수익 또는 유입(직접 낙찰)으로 재매각도 할 수 있고 경매보다 한 발 앞선 투자법이 NPL이라는 것을 알았다. 필자보다 먼저 NPL을 경험했고 현재 시중에서 이름만 대면 다 아는 NPL 교수도 처음 이분에게 NPL 투자법을 배우고 조언을 듣고 NPL 관련 책을 썼다고 한다.

다음은 김 대표가 투자한 론세일(배당수익) 사례이다.

■ 사례 분석

서울 양천구 목동 926-8 목동성원 10*동 1층 *06호.
84.31 ㎡ (25.5평)[32평형]
감정가액 602,000,000원 　　　　　　　　**매각금액** 596,110,000원(99%)

○○새마을금고로부터 NPL 매입가가 407,560,570원이었으나 2등 입찰 금액이 567,500,000원이고 3등 입찰 금액도 567,260,000원으로 총 5명이 입찰했다. 5등 입찰자도 483,100,000원이었다.

필자는 경락잔금대출 한도 상담을 하면서 이런 사례를 많이 본다. NPL 투자를 해본 경험이 있다면 누군가 나보다 먼저 입찰한

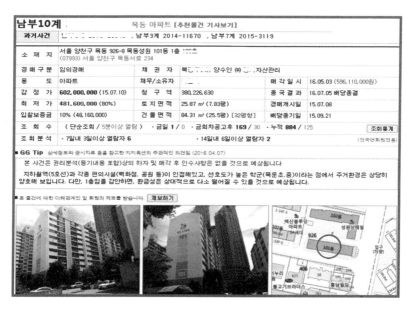

사람이 있을 경우 임장 활동 시간과 교통비 등 비용을 절약할 수
있었을 텐데 아직 NPL 투자법을 모르고 일반 경매 입찰만 고집하
는 투자자라면 경매와 NPL 투자를 같이 하면 더 좋을 듯하다.

　필자라면 이 경우 후순위 대부업체 대위변제로 선순위 대위변제
를 통해 합법적인 연체이자를 받는 방법을 고려해볼 것이다. 또는
새마을금고에서 임의(법정)대위로 원하는 물건을 모두 얻을 수 있
는 방법을 생각해보는 것도 좋을 듯하다.

　새마을금고 총 채권 금액이자 정상이자와 연체이자가 이미 쌓여
있고 원리금 균등상환이라면 NPL 투자자에게 더 많은 이익을 가
져다줄 수 있다. 그리고 연체이자를 보면 통상적으로 금융기관은
기간별 가산금리를 적용한다.

　현재 적용 금리가 4%이라면 원금 연체가 1~3개월 미만(현 금리
+기간별 금리 8%)으로 12% 연체이자를 받을 수 있다. 경매 진행 채

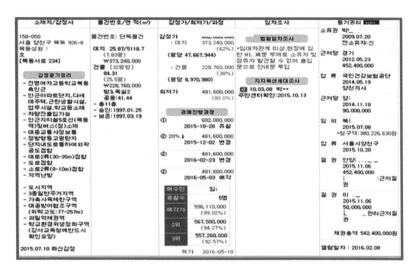

권은 3개월 이상이므로 현재 적용 금리가 4%이라면 원금 연체가 3개월 이상(현 금리+기간별 금리 10%) 14% 연체이자를 받는다. 그러나 저축은행, 새마을금고, 신협 등은 연체이자 22~24%까지 채권자 변경 신고로 배당 받을 때 채권신고 계산으로 받을 수 있는 방법이 있다.

NPL 매입 금액보다 2등, 3등, 4등, 5등 입찰 금액이 훨씬 더 높다. 이것이 바로 NPL 투자법을 제대로 알아야 하는 이유이다. 만약 2등 입찰자가 NPL로 매입했거나 개정대부업법 이후 개인은 론세일 투자가 금지되었으므로 3억 법인에 일정한 수수료를 주고 입찰 참가조건부 사후정산 또는 사전입찰약정 방법(REO법)으로 매입했어도 수익도 챙기고 원하는 물건의 소유권을 취득했을 것이다. 또는 대부업체 채권을 인수해 새마을금고 법정 대위변제로 인수해도 되었다.

이렇듯 NPL 투자는 다양한 레버리지 투자가 가능하다. 그래서

채우자 : 박					(단위 : 원)
계 정 과 목	원금	정상이자	연체이자	가지급금	증지
가계일반 자 금	348,000,000	20,269,330	33,695,390	5,595,850	407,560,570

채우자 : 박___)2- (3)　　　　　　　　　　　　　　　　(단위 : 원)

담보부동산의 표시	서울시 양천구 목동 926-8 목동스 　　　-1
소유자 및 근저당권 설정자	박
근저당권 설정금액, 설정등기 접수일자, 접수번호	설정최고액 :₩452,400,000 접수 2012.5.23 제23151호
양도인 (갑) : 새마을금고 이사장 광주광역시 북구 (144- 0)	
양수인 (을) : 주식회사 스 대표이사	

필자는 NPL 투자를 '엔젤 투자', '레버리지' 투자라고 말한다. NPL
은 1순위 근저당권 452,400,000원을 매입하는 것이다.

즉 ○○○새마을금고 → 채권양수인 ○○자산관리사
2순위 근저당권 90,000,000원 주)○○대부(구 ○○○대부)
투자금 대비 순이익 총 소요기일 질권대출~배당일(160일)이었다.

질권대출 348,000,000원, 7.5%, 160일/365=11,441,095원

매각금액 596,110,000원-4,628,924원(경매비용)-452,400,000원(○○
　　　　　AMC배당)-90,000,000원(○○○대부)=49,081,076원(소유자
　　　　　배당)

NPL 매입 407,560,570원=348,000,000원(원금)+20,269,330원(이자)

▶ ○○AMC 수익률 분석

총투자금 421,716,065원=407,560,570원(매입가)+2,714,400원(이전등
기비용)+11,441,095원(이자)

▶ **배당금 정리 및 순이익 현황**

순수익 30,683,935원=452,400,000원(배당금)-421,716,065원(총투자금)
NPL 대출 348,000,000원×연7.5%×160/365 [2015. 7. 1 ~ 2015. 12.
7(안양저축은행)]=11,441,095원(NPL질권대출일부터 배당일
까지 질권대출이자)
현금투자 73,801,874원(순수투자액)=421,801,874원(총투자금)-
348,000,000원(질권대출)
수익률 30,683,935원/73,801,874원= 41.57%(투자기간 160일)

7,380만 1,874원 현금투자로 160일 동안 3,068만 3,935원의 론세
일(배당수익)을 얻었다. 통상적으로 론세일(채권양도양수계약) 체결일
은 채권양도를 통지하는 날보다 빠르다. 물론 계약을 하면서 바로
통지하는 경우도 있을 수 있겠지만 대개의 경우는 양도통지를 계
약 이후에 하게 된다.

채권양도통지서를 작성한 날에 내용증명 우편으로 통지를 한다
면 작성일과 확정일자는 같은 날이 될 것이고, 양도통지서를 작성
한 날 이후에 내용증명 우편으로 통지를 한다면 작성일과 확정 일
자는 다른 날이 될 것이다. 무엇보다 근저당권을 채권으로 매입하
므로 확정일자로 채권을 확정해 훗날의 분쟁을 예방할 수 있으므
로 통상적으로 확정일자를 받아놓아야 한다는 대법원 판례가 있다.

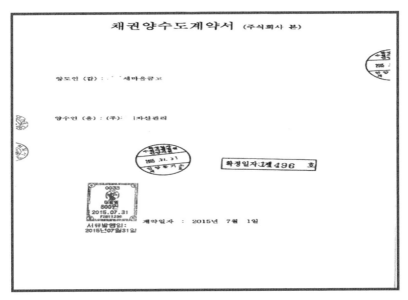

채권양도양수 통지의 경우 추후 대항력 문제가 생길 수 있다. 이 경우 확정일자가 있는 양도통지를 하게 되면 그 통지서가 채무자에게 도달된 날짜로서 우열을 가리게 된다. 우체국에 방문해 내용증명으로 보내면 채무자에게 도달되는 날짜가 확정일자로 도달되었다고 인정이 된다.

이 경우 통지서를 3부 작성하여 우체국에 내용증명과 함께 배달증명까지 함께 신청하면 채무자에게 도달된 날짜까지 정확히 확인할 수 있어서 도움이 된다. '내용증명과 배달증명'까지 함께 해 달라고 요청하면 확정일자부 통지가 된다. NPL 근저당권부 질권대출을 받으면 금융기관 거래 은행 법무사에서 이 모든 것을 해준다.

이번 사례는 새마을금고 근저당권을 부실채권으로 론세일(채권양수도계약) 매입해 수익을 낸 자산관리회사의 수익법을 알아보았다. 자산관리회사는 개인이 직접 대부업 등록 자격 기준을 갖추면 개인도 직접 매입할 수 있다. 그렇지 않을 경우 다만 투자를 원하는 개인은 일정한 수수료를 주고 자격을 갖춘 대부업 등록 자산관리사로 부터 매입해 수익을 내면 된다.

위 사례와 같이 개인 투자자는 대부업 등록을 마치지 않고도 근저당권부 2순위 질권설정으로 배당을 받거나 사후정산 방식으로 투자하고 있다. 2등 입찰 금액이 NPL 매입 금액보다 높다. 부실채권 투자법을 배웠다면 1등으로 입찰하고 양도소득세도 줄일 수 있었을 것이다.

7
위험과 기회가 공존하는 NPL 배당표 권리분석

위장 임차인 배당배제 사례로 더 많은 수익을 얻을 수 있다고 필자는 강의 시간에 그 배당 배제하는 방법을 소개한다. 임대인 정다운은 시가 5억 원 상당의 상가 건물 담보로 2017년 4월 2일 은행으로부터 2억 원을 빌리면서 같은 날짜로 근저당을 설정해주었다. 한편 정다운은 2017년 5월 20일에 2016년도 종합소득세 2억 원을 신고한 후 세금은 납부하지 않았다. 전자대리점을 운영하고자 사업자등록 신청을 한 한미소는 2017년 5월 30일에 정다운으로부터 위상가를 보증금 2억 원에 임차하고 같은 날 세무서장으로부터 확정일자를 받았다. 한미소는 상가 건물의 등기부등본을 열람했는데, 시가 5억 원이고 근저당권에 의해 담보된 채무가 2억 원이므로 보증금 2억 원에 임대차계약을 체결해도 자신의 임차보증금반환채권은 안전할 것이라고 생각했다.

그런데 과세 관청은 정다운이 세금을 체납했다며 상가 건물을 압류했고, 그 후 위 건물은 공매 절차를 통해 4억 원에 매각되었다. 세입자는 임차보증금을 돌려받을 수 있을까?

주택을 임차하거나 상가 건물을 임차하고자 할 때 보통 해당 부동산의 등기부등본을 통해 임차인의 보증금에 대한 권리보다 앞서는 저당권, 질권 등의 권리가 있는지를 검토하게 된다. 그러나 많은 사람들이 간과하는 것이 바로 임대인의 세금체납 여부다.

만약 임대인이 세금 체납했는데 다른 재산이 없는 경우, 국가 또는 지방자치단체는 해당 건물을 압류하고 공매처분하고 그 매각 대금으로 세금을 걷어간다. 이때 임차인의 보증금반환채권이 조세채권보다 후순위일 경우 자신의 임대차보증금을 받지 못하게 될 수도 있다. 반면에 NPL 채권 매입자는 미납(체납) 월세보증금 또는

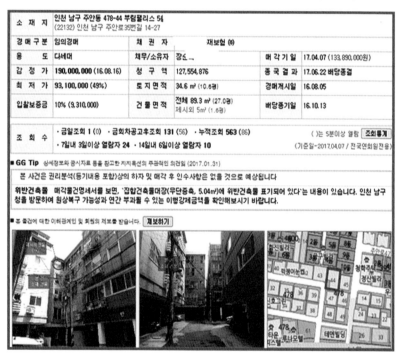

위장 임차인 배제 방법으로 틈새 수익을 창출할 수 있다.

■ 사례 분석

인천 남구 주안동 478-44 부림팰리스 5층 50＊호

토지 34.6 ㎡ (10.5평) | **건물** 89.3 ㎡ (27.0평)

감정가액 190,000,000원(2016. 8. 16)

낙찰가액 133,890,000원   **설정금액** 146,400,000원

채권자 현대해상화재보험㈜

원금 122,000,000원   **이자(연체)** 18,938,176원

합계 140,938,176원

근저당 146,400,000원   **설정일** 2015. 8. 11-말소기준등기

세입자 손○○   **보증금** 3,000만 원

전입 2015. 8. 20.   **확정** 2015. 8. 20.

배당 2016. 9. 6.

주거/전부 점유기간 2015. 9. 1 ~ 2017. 9. 1

설정일이 2015년 8월 11일부터 말소기준등기일 이후이고, 주거/전부 점유기간은 2015년 9월 1일부터 2017년 9월 1일이다. 뭔가 냄새가 난다. 이 위장 임차인만 입증한다면 수익이 가능한 물건이다. 만약 현대해상 근저당권설정 금액에서 임차보증금만큼 차감하고 매입한 후 위장 임차인을 배당배제했다면 더 큰 수익이 가능하다.

▶ 배당표 작성

133,890,000원-2,676,872원(경매비용)-27,000,000원(임차인 손○○)-106,450원(남구청-당해세)-104,118,442원(현대해상)+11,764(경매비용

인 천 지 방 법 원
배 당 표

사　건　2016ㄷ ㄱ ㅇㅇㅇㅇㅇ 부동산임의경매

배당할금액	금	133,901,764

명세	매각대금	금	133,890,000
	지연이자 및 절차비용	금	0
	전경매보증금	금	0
	매각대금이자	금	11,764
	항고보증금	금	0

집행비용	금	2,676,872

실제배당할금액	금	131,224,892

매각부동산	1. 인천광역시 남구 주안동　478-44 부림팰리스 5층ㅇㅇㅇㅇ

채권자		손건ㅇ	인천광역시남구	현대해상화재보험 주식회사
채권금액	원　금	27,000,000	106,450	122,000,000
	이　자	0	0	18,938,176
	비　용	0	0	0
	계	27,000,000	106,450	140,938,176
배당순위		1	2	3
이　유		소액임차인	교부권자(당해세)	신청채권자(근저당권자)

이자)

위장 임차인 처리 순서

첫째, 취급 담당 금융기관 담당자에게 확인한다. 제1금융기관을 제외한 제2금융기관 담당자는 쉽게 알려준다.

둘째, 무상임차확인각서를 참고한다. NPL 채권 매입자는 선순위 전입 및 임차인이 존재할 경우 무상임차확인각서와 인감증명서가 첨부되어 있다.

셋째, 소유자를 만나 직접 확인한다. 채무자/소유자를 만나 이 위장 임차인으로 인해 지속된 유찰로 잔존 채권이 발생하므로 추후 채권추심이 들어온다고 말해 소유자/채무자를 설득하거나 대화내용을 녹음해 제출한다.

넷째, 대상 물건지를 방문해 사실 확인을 한다. 직접 물건지에 방문해 주변 주민들의 탐문으로 점유자의 사실 여부를 확인해보자.

선순위 허위 임차인 확인하는 방법

허위 위장 임차인 사례를 보면 한 푼이라도 더 받으려고, 또는 경매의 시간을 늦추기 위해 허위 위장 임차인을 만드는 경우가 간혹있다. 몇 가지 사례를 보면 다음과 같다.

첫째, 소유자와 친인척 관계에 있는 사람이 허위 임대차계약서를 만들어 임차권을 주장하는 경우이다.

둘째, 서류상으로만 세입자로 등재한 경우가 있다.

셋째, 최우선변제를 노려 경매개시기입등기 이전까지 전입신고를 마치고 점유하는 경우 등이 있다.

허위 위장 임차인을 찾는 방법을 구체적으로 알아보자.

첫째, 채권 서류에서 가족관계증명원을 확인한 후 세입자와 채무자가 인척 관계인지 조사한다.

둘째, 금융기관에서는 대출해주기에 앞서 선순위 임차인이 있는지의 여부를 확인하고 임차 관계에 대해 임차인에게 확인한 다음각서를 받아둔다. 그러므로 근저당이 설정된 금융기관에서 대출당시의 임차인을 확인한다.

셋째, '가장 임차인'이 아니라면 임차인으로 공과금 고지서가 발급되지 않았다면 '허위 위장 임차인'일 가능성이 매우 크다. 도시가스 사용료 발급자가 누구인지 확인한다.

넷째, 임차인 가족만 남기고 전출했다가 다시 전입신고가 되어있거나 전입신고자가 '친인척'이거나 '미성년자'일 때도 의심해볼만하다.

다섯째, 공인중개사는 집 시세 대비 대출이 60% 이상이면 중개를 하지 않거나 중개를 해도 전세금으로 대출금을 상환시킨다. 대출금으로 과다한 설정 금액이 있는데 임대차계약이 되어 있다면 또한 의심이 가능한 세입자이다.

여섯째, 최우선변제를 받고자 경매 개시 결정 직전에 전입신고와 확정일자를 받은 경우 허위 위장 임차인일 가능성이 있다. 명도소송에서는 임대차계약서를 작성할 당시의 상황, 중개업자의 작성 경위, 대금 지급 여부를 집중적으로 해명하게 한다. 그리고 보증금 지급 증거 자료, 온라인 송금 영수증, 은행에서 입출금된 통장 사본 등을 요구하고 허위 위장 임차인은 '경매방해죄'로 '형사처벌'의 대상이 된다는 점과 보증금 배당배제 신청을 할 수 있다는 점을 이용하면 협상 시에 유리한 입지를 차지할 수 있다.

허위 위장 임차인이라는 '무상임대차 각서'는 실제 상황에서는 아무 소용이 없다. 판사는 오로지 사실관계만을 중시할 뿐이다. 임차인이 나중에 번복한다면 각서는 무용지물이 될 수밖에 없으므로 낙찰자는 철저한 소명 근거 자료를 확보해야 한다.

⚡ Key Point

Q 낙찰 받으려고 하는 물건이 있는데, 아무리 생각해도 전세금이 5,000~6,000만 원 정도밖에는 안 될 만한 단독주택에 1억 원이라는 전세입자가 전입되어 있습니다. 임차인은 지금부터 5년 전 전입신고가 되었는데, 전입일자는 말소기준권리보다 빠른 선순위 임차인이고, 확정일자와 배당요구는 최근에 해 배당금을 한 푼도 받지 못하는 것입니다. 결국 낙찰자가 1억 원을 모두 인수해야 하는 경우인데……. 이런 경우 낙찰자는 임차인에게 처음에 어떻게 해야 하나요? 경매 법원에 임차인의 사실 확인을 요청할 수가 있나요?

𝒜 채권자가 은행이라면 은행에 임차인이 아니라는 서류가 있을 것입니다. 이미 낙찰이 되었다면 그 사람을 상대로 명도소송을 하고 소송에서 실제 임차인이라면 입출금 내역 등을 요구하면 됩니다. 채권자 측에 찾아가서 채무자와 저당권 설정 당시 임대차 존부 확인 및 임대보증 금액을 확인해보고, 임차인 임대보증금 자금 출처 내역 제출 요청, 자금 흐름을 역추적해 진의를 확인할 수 있습니다.

𝒬 임대차 존부를 채권자에게 확인하는 것은 은행과 같은 금융기관에서나 가능한 일인데, 임차인에게 직접 요구해야 하나요? 만일 임차인이 요구에 응하지 않고 거짓으로 소유자와 짜고 계약서와 영수증만 내보이며 인수할 것을 요구하면 보증금 송금 등을 누구에게 확인할 수 있는지요?

𝒜 시세의 반값에 낙찰 받고 시간과 배짱으로 수익을 극대화할 수 있는데 근저당권 설정자에게 위장 임차인이 존재한다며 배제신청을 하지 않으면 지속된 유찰로 금융기관의 채권 확보에 어려움이 있다고 담당자에게 문의하거나 또는 직접 찾아가면 위장 임차인을 확인할 수 있습니다.

그리고 낙찰 받은 후 세입자에게 명도소송과 만약 위장으로 확인될 시 민사상 손해배상과 경매집행방해죄, 사기죄로 별도의 형사고소도 할 것이라는 내용증명을 보내면 됩니다. 하지만 NPL 매입자는 채권 서류를 확인한 후 채권을 매입하므로 유입(직접) 낙찰 시 이런 걱정은 안 해도 됩니다.

8
부실채권 투자의 달콤한 유혹, 함정을 피하는 법

요즘 각광 받는 부실채권 투자로 수익만 낸다면 얼마나 좋을까. 하지만 수익이 있는 곳에는 반드시 함정이 있다. 경매보다 한 발 앞선 갑(甲)의 경매 NPL은 무엇인가? 그리고 NPL 투자의 함정은 무엇인지 알아보자.

NPL은 Non Performing Loan의 약자로 금융기관 담보부 부실채권을 말한다. 은행은 자산건전성을 유지하기 위해 부실채권(NPL)을 조기에 정리하는데, 이렇게 발생한 부실채권은 최종적으로 경매 매각대금에서 배당금으로 정리된다. 부실채권 유통 과정에는 유동화회사(SPC) 등 몇 가지 매개 장치가 있고, 채권유동화를 위해 만든 특별법(자산유동화에 관한 법률)도 있다.

금융권은 국제회계기준(IFRS)에 따라 부실채권을 단계적으로 매각해 장부상에서 완전히 없애려 하고, 금융감독원은 은행들에 대한 NPL 비율을 1.5% 이내로 권고하기 때문에 NPL(부실채권)이 늘어나고 있다. 대기업과 유암코 등 투자회사들이 도매상 역할을 맡아 일반 개미 투자자에게 매각하게 된다.

개미 투자자들은 NPL(부실채권)을 구입하기 위해 중대형 AMC의 자산을 관리하는 자산관리회사의 전문가들과 협의해야 하고 매입 가격, 매입 방식 등 매매와 관련된 모든 조건은 매도자와 매수자의 가격 협상이 맞을 때 이루어진다.

NPL 투자는 다음 네 가지로 나눌 수 있다.

첫째, 론세일 투자이다. 이것은 채권양수도계약으로 배당 받아 수익을 얻으려는 목적이 있다.

둘째, 유입(직접 낙찰) 받는 것으로 직영 또는 실거주 목적이 될 수 있다.

셋째, 재매각 목적의 PREO 투자 방식이다. 이는 대출과 명도를 마친 후 재매각을 하여 시세 차익을 보려는 목적이다.

넷째, 입찰참가조건부 사후정산 방식으로 채권을 매입한 후 높은 가격에 입찰 대출을 받는 것으로 소액 투자가 가능하다.

NPL의 매각 방식은 다음 세 가지로 정리할 수 있다.

첫째, 론세일 방식으로 근저당권부 채권을 매입하는 것이다. 주로 제2금융기관 수협, 신협, 새마을금고, 임협, 저축은행에서 채권을 양도하는 경우에 사용한다. 정상적인 최선순위 근저당권자 입장에서 보면 배당기일까지 기다려도 원금과 밀린 연체이자(연 14.5~24%)를 받을 수 있는 아주 좋은 조건이므로 굳이 좋은 채권을 매각할 이유가 없다.

그러나 유찰이 여러 번 되고 지상권, 유치권 등과 같은 특수한 권리 관계가 뒤섞여 복잡한 물건이라고 판단될 때는 채권자가 채권을 정리하게 된다. 권리분석을 제대로 하지 못하면 모든 위험은 매수인의 몫이다.

전문적인 투자자라면 이 방식으로 채권을 유입(직접 입찰에 참여해 낙찰매입)해 수익을 기대할 수 있지만, 비전문가가 시장 분위기를 제대로 파악하지 못하고 이 방식으로 채권을 구입하면 자칫 손해를 볼 수도 있다.

둘째, 채무인수 방식이다. 부실채권을 인수해서 해당 경매 부동산을 직접 유입(낙찰)하고자 하는 경우에 해당된다. 계약금을 먼저 낸 후 낙찰이 되면 채권자가 계약자에게 사전에 협의한 가격으로 채무하는 방식이다. 제일 무난한 방식이다. 그러나 이득을 얻을지는 전혀 별개의 문제이다.

셋째, 입찰대리 방식이다. 투자자는 일정 금액 이상으로 입찰에 참여하고, 채권자는 그 물건에 대해서 입찰 당일에 유입하지 않는다는 조건인데, 채무인수계약과 결합되어 이루어지는 것이 일반적이다. 복잡한 유치권 등과 결부되어 채권자 입장에서 홀가분하게 털어내고자 할 때 보통 유치권자와 채권자 간에 이러한 계약이 이루어지는 것을 본 적이 있다. 특약으로 "낙찰가와 차순위 매수인의 입찰가 차액 전부 또는 그 차액의 2분의 1을 채권자가 투자자에게 지불하기로 한다."라는 조항을 넣기도 한다.

NPL(부실채권)에 투자하려면 기초 지식으로 알아야 될 것들이 너무나 많다. NPL 투자의 모법(母法)이라고 할 수 있는 '자산유동화에 관한 법률'은 기초 자산으로 파생된 유동화 채권을 매입해 수익을 얻는다. NPL 시장을 장악하고 있는 유암코와 대신F&I 등도 시중은행과 대기업의 모회사를 둔 자회사가 많다. 형식은 별개 회사이지만 실제로는 시중은행과 같은 회사들이라고 보면 된다. 남들에게 우량 채권을 헐값에 넘겨주기 아까워 은행들이 직접 투자 회사를 만든 것이다.

시중은행에서 발생된 부실채권을 정리해 재수익을 얻을 목적으로 만든 특별법(자산유동화에 관한 법률)과 이러한 역학 구조에서 발생한 부실채권(NPL)을 제대로 알고 투자만 한다면 큰 수익을 낼 수도 있다.

1997년 IMF와 2008년 금융위기 이후 NPL을 떼어놓고서는 경매를 말할 수 없게 된 것이 현실이다. 실무에 종사하는 공인중개사나 경매컨설턴트라면 업무를 위해서 NPL에 대한 충분한 상식을 갖추어놓을 필요가 있다. NPL 투자로 고수익을 얻고자 하는 사람은 제대로 된 투자처를 제시하는 멘토를 만나 안전하게 수익 내는 법을 배워야 한다.

다음은 대부업체가 돈이 되지 않는 원룸텔을 담보로 취득한 후 NPL로 매각해 손실을 일으킨 사례이다.

■ 사례 분석

인천 중구 율목동 245-74 원룸타워 2동 1층 10*호

건물 24㎡ | **토지** 10㎡

감정가 30,000,000원　　**근저당** 15,000,000원(○○투자대부-1순위)

채권자 ㈜○○투자대부　　**청구액** 10,621,506원

매각가 16,619,000원-12,040원(당해세)-4,502,100원(부가가치세)-6,574,680원(지방세-주민세)-222,770원(지방세-자동차세)-285,520원(공과금 등)-3,873,480원(주)○○투자대부

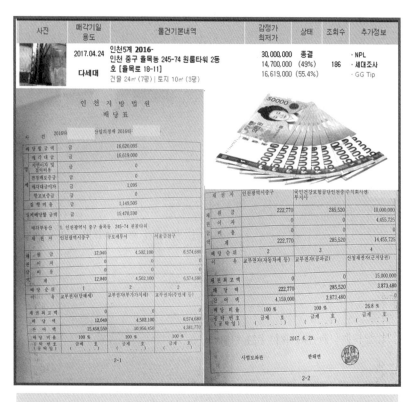

청구액 10,621,506원-3,873,480원(배당액)+1,150,600원(경매비용환급)=5,597,426원

손실율 5,597,426원/10,621,506원=△52.69%

대부업체도 돈을 빌려줄 때는 반드시 국세, 지방세 완납 증명서와 지방세 세목별 과세증명서가 필요하다.

8 · 2 조치와 후속 조치인 9 · 5 조치에도 불구하고 NPL(부실채권) 경매의 열기는 여전하다. 부실채권은 이런 조치에 크게 영향을 받지 않고 여전히 확정채권으로 안정성과 수익성 · 환금성이 좋기 때문이다. 그러나 수익이 있는 곳에는 반드시 함정과 리스크가 존

재한다. 전문가들조차도 예측하지 못하는 여러 함정들이 있다.

부실채권 투자의 리스크를 줄이고 함정을 피해 가려면 법규를 읽어보고 공부상의 서류와 실제 사용 정도 그리고 낙찰예상가와 배당표 작성하는 방법을 먼저 배워야 한다. 그러기 위해서는 주택임대차보호법과 상가건물임대차보호법, 민사집행법 및 특별법도 충분히 숙지해야 한다. 만약 이런 내용들은 소홀히 해 감정가 대비 저렴한 가격의 부실채권을 찾아 매입했다가는 낙찰 후 함정에 빠질 가능성이 높다.

함정을 피하기 위해서는 첫째는 NPL 권리분석을 잘해야 한다. NPL 경매 투자 핵심은 권리분석에 있다고 해도 과언이 아니다. 등기상의 권리관계를 파악하고 말소기준등기(최초 저당권설정일)보다 앞에 전입신고가 된 세입자라면 부실채권 투자에서 큰 문제가 되지 않는다. 배당을 신청하지 않은 경우 낙찰자가 물어주어야 하기 때문이다. 이런 기본적인 권리관계를 파악한 후에는 법정지상권 · 유치권 여부 · 분묘기지권, 맹지 여부 등 꼼꼼하게 법률 관계 분석까지 해야 한다.

둘째, 특수물건 참여 시 철저한 분석이 필요하다. 특수물건이 '법정지상권 성립 여지 있음', 또는 유치권신고 있음, 지분경매, 대지권 없음, 트인 상가, 오픈 상가 등은 임장 활동으로 철저한 사전 조사가 필요하다. 관리소장을 만나 등기부의 도면과 관리비 체납 그리고 현재 진행하고 있는 소송 여부 등을 파악하지 않으면 전문가도 리스크를 안고 손해를 보는 경우를 많이 본다.

셋째, 투자 금액에 대한 구체적인 자금 계획이 필요하다. NPL 경매는 근저당권부질권대출과 경락잔금대출이 가능한 채권을 매입해야 소액 투자가 가능하다. 주거용은 매입금의 90%, 비주거용은 80% 질권대출이 가능하다. 그러므로 채권자변경 비용과 등기이전 비용(0.6~1%)을 제외하고 10~20%만 있으면 감안해야 한다. 근저당권 채권 매입 금액보다 더 저렴하게 유찰되어 방어 입찰로 유입(직접 낙찰) 받는 경우는 명도소송비와 물류보관 센터 유체동산 등 보관비 그리고 이사 비용과 관리비 체납 등을 감안하고 낙찰 받아야 한다.

넷째, 임장 활동(현장 확인)은 필수이다. 법원 경매와 마찬가지로 현장 확인으로 채권평가보고서(물건보고서)를 작성해야 한다. 채권평가보고서에 낙찰예상가와 대출금이자(연체), 선순위 배당할 당해세와 조세채권, 주변 시세와 배당 받을 때까지 연체이자와 배당 받을 금액이 포함된다. 시세 파악과 권리행사 금액 그리고 물건 하자 여부는 서류상 나타나지 않으므로 현장에서 확인해야 한다. 급매로 나온 물건이 있다면 그 금액선에 매각될 것이다. 현장 부동산에 방문해 감정가의 적정 여부와 향후 개발 가능 여부 그리고 전세 금액과 월세로 내놓았을 때 가격과 매매가 가능한지, 토지는 분묘가 몇 구가 있는지, 맹지가 아닌지 등 도로 (사용) 여부와 경계를 파악하거나 지적 확인 없이 유입할 시 부실채권 투자의 함정에 빠져들 요인을 만들 수 있다.

다섯째, 법정(임의)대위변제를 조심해야 한다. 경매 진행 채권을 공략하는 대위변제 투자자가 늘어나고 있다. 개인회생 또는 파산 신청자 그리고 저금리에 경매 낙찰 물건 매각허가를 결정하기 전에 취하해 수익을 내는 이해관계인의 법정대위변제도 늘어나고 있는 추세이다. 경매취하자금 대출을 부추기는 대부업체도 늘고 있는 시점에서 채무자/소유자의 대위변제 가능성과 전세금을 전액 회수하지 못하는 세입자의 대위변제도 유의해야 한다.

Chapter 5

4차 산업혁명 시대를
준비하는
신개념 재테크

머지않은 앞날에 펼쳐질 제4차 산업혁명 시대에 관한 전문가들의 관측에 따르면, 첫째로 지식 정보 관련 기술혁신 속도를 고려할 때 초등학교에 입학하는 아동의 경우 졸업 후 70%가 현재 존재하지 않는 전혀 새로운 일자리를 갖게 된다. 둘째, 앞으로 10년 이내에 길거리에 다니는 자동차 중 한 대가 '무인자동차'일 것이다. 셋째, 인공지능 로봇이 법률 관련 자문과 기업 감사 업무의 상당 부분을 맡게 된다. 넷째, 로봇이 약사가 되고 수술도 하는 시대가 되며 인공지능 컴퓨터가 교사의 일을 해내고 3D 프린팅에 의한 간 이식이 이루어질 가능성이 높다.

이러한 4차 산업혁명 시대를 맞아 교육 분야에도 전면적 개혁이 필요하다. 새로운 일자리를 창출해낼 창의력과 새로운 능력을 갖춘 인재를 기르기 위해 기존 훈련과 재훈련을 위한 제도를 바꿔야 한다. 또한 재테크에서도 새로운 '틈새시장'으로 돌파구를 찾아야 한다. 아마도 우리가 배우는 대부분의 공부는 미래에는 사라질지 모른다. 5년 내 동시통역이 가능한 디바이스가 구글에서 출시되고 여러 산업 분야에 큰 영향을 끼칠 것이다. 특히 참신한 아이디어를 보유한 1인 기업이 대폭 늘어나고 국내 부동산 투자도 해외에서 개인들이 지금보다 더 쉽게 접근할 수 있을 것이다.

100세 시대를 준비하는 우리는 과연 어떠한 태도로 삶의 유연성을 키우고 4차 산업혁명 시대를 준비할 수 있을까? 새로운 패러다임의 변화에 휩쓸릴 것인가? 아니면 쓰나미처럼 엄청난 변화로 다가올 미래를 돌파할 것인가? 불평등한 중산층, 노동력의 위기, 수강생 간의 협력을 통한 혁신, 세제 체제의 개편에 따른 정부의 8·2 조치와 후속 조치인 9·5 조치, 10·24 조치의 신DTI, 신LTV, 신DSR에 맞는 신경기술의 맞춤형 공유경제가 NPL 경매 투자 수익법에 있다고 확신한다.

1
P2P 대출은 젊은 부자들의 전유물일까?

NPL 경매아카데미 수강생 7기 중 ㈜소딧의 P2P 김현정 대표와 손명석 팀장이 강의를 들으러 왔다. 강의가 끝난 뒤 P2P 대출 또는 경락잔금대출과 질권대출을 P2P로 활성화하기 위해 필자의 사무실에서 함께 이야기를 나누었다. 내가 생각했던 것보다 광고비를 많이 들여 P2P 홍보를 하고 있었다. 지지옥션 홈페이지에 "투자의 꽃길, 소딧"이라고 광고하는 데 월 200만 원이 들어간다고 했다. P2P는 플랫폼 사업자와 대부사업자 2개 사업자가 있어야 하는데 김현정 대표와 또 다른 대표가 정부지원금을 받아 와 좀 더 쉽게 P2P 광고를 하고 있었다.

P2P는 플랫폼 사업자(그림 왼쪽)와 대부업 사업자(그림 오른쪽) 두 가지가 있다.

P2P 투자법은 '초저금리 예·적금 수익을 이겨내는 투자법'이다. P2P(개인 간·Peer to Peer) 대출은 금융기관을 거치지 않고 투자

자와 대출자를 연결하는 구조이다. P2P 대출은 대출자와 투자자를 온라인 플랫폼으로 연결해주는 서비스로, 돈을 빌리려는 사람이 중개 업체를 통해 대출을 신청하면 불특정 다수 투자자가 십시일반 방식으로 돈을 빌려주는 방식이다. 정부가 추정한 P2P 대출잔액은 지난해 6월 969억 원에서 12월 말 3,106억 원으로 대폭 늘었을 만큼 가파른 성장세다.

일부 P2P 대출은 온라인에서 플랫폼을 제공하는 P2P업체가 100% 자회사로 대부업체를 별도 설립해 자금을 조달하고 대출을 실행하는 형태로 운영되고 있다. 현재 금융감독원이 추정하는 P2P 대출 겸업 대부업체는 150여 개 정도다.

평상 시에 필자와 호형호제하는 DK자산관리대부 및 키움캐피

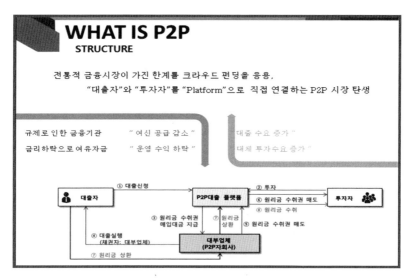

탈 박대규 대표는 무역업이 주업무다. 3단 선풍기를 대량으로 바이어로부터 매입해 시중에 유통시키거나 벌꿀을 들여와 유통시키고 일부는 홈쇼핑으로 방출한다.

이런 무역업자가 NPL 투자로 수익을 얻으면서 랜딩펀딩을 구축해 P2P 플랫폼을 만들었다. 85~90% 범위 내에서 아파트를 담보로 대출한 후 연체되거나 기한의 이익 상실 시점에 선순위 대출을 법정대위해 수익을 얻는 방법이다. 즉 정상채권, GPL(Good Performing Loan) 신대위변제 투자법으로 저금리 시대 새로운 투자처를 위한 고수익을 내고 있는 것이다.

'대부업 등의 등록 및 금융이용자 보호에 관한 법률' 개정 시행령과 감독규정에 의해 대부업자는 내년 3월부터 금융위원회에 등록해야만 영업할 수 있다. P2P 대출은 어떻게 수익을 얻을까? 은행에 1억 원을 정기예금하면 연 이자율이 2%일 때 월 이자는 166,666원이다. 이자소득세(15.4%)를 공제하면 실수익은 141,000원

(1.69%)이다.

금융기관에 예치 시 안정성이 보장된다. 그러나 수익성은 낮다. 그렇다면 P2P 투자 수익을 알아보자. 대부분 P2P 투자자는 아파트 12%, 근린 상가 15% 이자를 받는다. 그리고 이자소득세의 27.5%(25%+이자소득세2.5%) 세금을 공제하고 중간에 플랫폼 운영수수료와 관리비 명목의 수수료를 받고 투자자와 대출자를 연결해주는 구조이다. 하지만 생각보다 수익은 많이 나지 않는다. 광고비와 운영비, 직원 인건비를 제하면 실제 수익은 많지 않기 때문이다.

필자가 제시하는 최고의 고수익 기법은 합법적인 연체이자를 받는 법, 미납 월세 차감 투자법, 채권청구액을 채권최고액으로 신청하는 법 그리고 소딧이 경락잔금 80%를 대출한 후 부족한 후순위 대출을 하고 있는데, 이때 아래와 같은 2순위 대출 후 선순위 법정 대위변제하는 방법 등이다.

최근 아파트 매각가율은 94~97% 이상이다. 이런 아파트를 주담보로 선순위 대출금액 80~85% 범위 내에서 2순위 근저당권 설정으로 GPL(정상채권) 후순위담보대출을 취급한다. 금리는 연 24%, 연체 시 연이율 27.9%였으나 2018년 2월 8일 이후 연 20%, 연체이자 연이율 24%를 받는다. 그리고 3개월 이상 이자를 체납할 시 '기한의 이익 상실' 통보 후 임의 경매를 신청한다.

그리고 나서 이해관계인의 지위에서 법정대위로 선순위 채권을 상환하고 합법적인 연체이자를 배당 받게 된다. 이 투자법이 신대위변제 투자법이다. NPL 채권 매입자가 많고 경쟁자가 많다 보니 만들어진 NPL보다는 GPL(정상채권)을 대출한 후 연체가 되기를 기다렸다가 합법적인 연체이자를 받는 것이다. 정상채권(GPL)을 대출한 후 연체 시 선순위 설정 금액을 대위변제하는 방법인데 대위변제대출도 90~97%가 가능하므로 소액 투자가 가능하다.

NPL, P2P, GPL의 화려한 진화, 투자자의 안전 장치는 무엇이 있을까?

첫째, 담보 취득 시 국세 · 지방세, 부가가치세 납부증명서와 지방세 세목별 과세증명원을 받고 국세청 발급 '사실증명서'를 받아 근저당권자보다 먼저 배당 받는 선순위 체납 사실 여부를 파악해야 된다.

둘째, 무상거주확인서 및 인감증명서를 받고 대출거래약정서에 자필로 "'개인회생 또는 파산' 전입자 발생 시 '기한의 이익 상실' 됩니다."라고 각서를 받는다.

셋째, 정상 이자(연 20%), 기한의 이익 상실 또는 선순위(후순위) 3

	NPL 경매 고수익 비밀노트
1	합법적인 연체이자 투자법
2	MRP(매각최저예상가) 산정 투자법
3	GPL 투자법 신대위변제 투자법
4	채권평가보고서 작성 재매각 투자법
5	미납월세 공제 배당배제 투자법
6	특수물건(유치권, 법정지상권) 투자법
7	자산가치 상승 투자법
8	위장 임차인 배당배제 및 체납월세차감법
9	신탁/공매 투자법
10	채권최고액신고법(청구액 신청)

개월 이상 이자 납입이 지연될 시 연 24% 연체이자를 받을 수 있다.

넷째, 연체 및 기한의 이익 상실 시점에 선순위 채권을 법정대위변제한다.

다섯째, 법인 근저당권 설정자로 투자 한도(개인 1,000만 원씩 2구좌 2,000만 원)를 높이고 근저당권설정서 원본은 투자자가 보관한다. 법인은 한도 제한이 없다.

■ 사례 분석

경기도 화성시 병점도 858번지 정든마을 아파트 204동 *01호 아파트
123㎡(45평형)
감정가액 350,000,000원,
1순위 우리은행 254,000,000원(잔액 211,750,000원)
2순위 GPL대출 78,000,000원(잔액 52,000,000원)

정상(연체)이자 연 20%(24%) 중 개인 투자자의 지급 이자는 연 15%, 연 9%(광고비, 모집인 수수료, 법인세 등이 지급된다. 그러므로 2년 이내 상환 시 중도상환수수료 2%를 받는다.)이다. 150% 근저당권을 설정하여 월 이자가 1,040,000원, 1년 이자는 12,480,000원이다. 연체이자는 기한의 이익 상실 시점에 연 27.9% 월 이자 1,209,000원, 1년 이자가 14,508,000원이다. 우리은행 법정대위변제 시 연체이자는 연 17%로 월 이자는 2,999,791원이고 1년 이자는 35,997,500원으로 고수익이 가능하다.

다음은 P2P 협회에서 제공한 P2P 금융과 세금에 관한 내용이다.

아래 다섯 가지는 종합소득세 대상 소득은 분리과세 외 종합소득세(소득세법 제55조 1항)를 통해 과세한다. 분리과세는 종합과세표

준 계산 시 합산하지 않고 소득을 지급할 때 원천징수함으로서 과세를 종료한다.

종합과세 대상 소득의 종류

| 이자·배당
소득 | 사업소득
(부동산 임대) | 근로소득 | 연금소득 | 기타소득 |

소득세법 제14조 3항

종합소득세율(지방소득세 제외)

1,200만원 이하 : 6%

2,200만원 초과 ~ 4,600만원 이하 : 15% − 1,080,000원

4,600만원 초과 ~ 8,800만원 이하 : 24% − 5,220,000원

8,800만원 초과 ~ 1억 5,000만원 이하 : 35% − 14,900,000원

1억 5,000만원 초과 : 38% − 19,400,000원

P2P 이자소득은 확정 신고하지 않고 5월에 종합소득세(소득세법 제55조 1항)를 통해 과세하고 종료한다.

소득세법 제73조 (과세표준확정신고의 예외)

① 다음 각 호 어느 하나에 해당하는 거주자는 과세표준확정신고를 하지 아니할 수 있다.

− 근로소득만 있는 자

− 분리과세 이자소득, 분리과세 배당소득, 분리과세 연금소득 및 분리과세 기타소득만 있는 자

근로자 급여소득자는 소득세법 제73조(과세표준확정신고 예외)로 근로소득원천징수로 익월 10일 세금 납부 후 종료된다. 이자 배당

소득 2,000만 원 이하(분리과세) 원천징수로 납부 의무는 종결되지만 비영업대금 27.5% 최종 세율 부담 의무가 있으며 2,000만 원 초과 시 (종합과세)종합소득세율을 부담하며 최종 결정세액에서 원천징수로 납부한 세금을 빼고 나머지를 납부하게 된다.

"P2P 대출에 투자하거나 P2P 대출을 이용하려면 해당 업체의 등록 여부를 면밀히 확인해야 한다"며 "유예 기간 중에는 등록 대부업체 통합조회 시스템을 통해 확인할 수 있다"고 P2P협회에서는 설명한다.

업체의 등록 여부를 확인하려면 금감원 금융소비자정보포털 '파인'(http://fine.fss.or.kr)에서 '등록 대부업체 통합 조회'를 이용하면 된다. 장점은 높은 수익률, 안전한 투자처 그리고 '법정대위변제'로 더 높은 수익과 수익률을 기대할 수 있다.

또한 금융위는 기존 대부업과 P2P 대출업의 특성 차이를 고려

🔍 Key Point

P2P 금융 이자소득세가 27.5%를 적용 받는 이유는?

– 소득세법상 비영업대금의 이익으로 간주

– 소득세법 시행력 제26조【이자소득의 범위】

③ 비영업적 이익은 금전의 대여를 사업 목적으로 하지 아니하는 자가 일시적·우발적으로 금전을 대여함에 따라 지급 받는 이자 또는 수수료 등으로 한다.

– 소득세법 제129조【원천징수세율】

① 원천징수의무자가 다음 각 호의 구분에 따른다.

　가. 이자소득에 대하여는 다음에 규정하는 세율

　나. 비영업대금의 이익에 대해서는 100분의 25

해 P2P 대출업체에게는 총자산한도 적용을 완화하기로 했다. 기존 대부업체는 총자산을 자기 자본의 10배 이내로 운영해야 하지만, P2P 대출업체는 대출채권을 모두 자금 제공자에게 넘길 경우 해당 규제를 적용 받지 않는다. 대출자와 투자자를 연결해주는 역할만 하는 P2P 업체 입장에서는 대출채권으로 얻는 수익이나 신용 위험이 없기 때문이다.

단점은 없을까? 예금자보호 적용 대상 아니다. 그리고 금융 사각지대로 불법이 자행될 수도 있다. P2P 대출업체는 온라인상에서 돈이 필요한 사람과 돈을 빌려주는(투자하는) 사람을 중개해주는 형태라 금융회사가 아니라 통신판매업자로 분류된다. 업태는 인터넷으로 옷을 파는 쇼핑몰과 다를 바 없지만 실제 하는 일은 금융회사이다. 금융당국은 이들을 금융회사의 테두리 안에 넣기 위해 연계회사로 대부업체를 두도록 했다. 대부업체가 저축은행이나 캐피탈 회사에 비해 설립이 가장 쉽기 때문이다.

P2P 투자를 할 경우에는 금융위 등록업체인지 꼭 확인해야 한다. 문제는 대부업체라 해도 전부 금융당국의 감독 관할은 아니라는 점이다. 현재 개인 및 소형 대부업체는 지방자치단체에 등록하면 된다. 자산 100억 원 이상 등 대형 업체만 금융위 등록 대상이다. 그래서 개정안에서는 P2P 연계 대부업체를 '온라인 대출정보 연계 대부업자'로 따로 규정하고 금융위 등록을 의무화했다. 크라우드연구소에 따르면, 지난달 말 현재 영업을 하고 있는 P2P 업체는 163개에 이른다.

대신에 기존 대부업체가 P2P 대출을 끼고 규제를 피해 편법 영업하는 것을 막기 위해 대부업과 P2P 대출업 간 겸업은 막기로 했다. 예를 들어, 기존 대부업자가 자금을 조달하기 위해 P2P 대출업을 겸업하는 것은 유사 수신 금지(유사수신법) 및 공모사채 발행 제한(은행법) 등을 우회하는 통로가 될 수 있다. P2P 금융 투자 전략과 전망에 대해 공부하고 이해하면 투자에 대한 자신감이 생길 것이다.

다음은 P2P협회에서 제공하는 투자 가이드라인이다.

1. 예금자 보호법 마련.

2. P2P의 명확한 법적 근거 마련.

3. 검증되지 않은 업체들의 진입 장벽 마련.

4. 업체 간 중복 대출 방지 시스템 강화.

5. 업체들의 정보 공개 범위 명시 확대.

6. 개미 투자자 27.5% 세금 인하.

■ 사례 분석

다음 렌딩투자(펀딩) 41호 투자 사례는 DK대부 박대규 대표와 키움캐피탈대부 심선보 대표가 운영하는 렌딩투자 방법이다.

물건은 2호선 신대방역 남서쪽 400미터 인근 있는 역세권 아파트다. 서울 관악구 신림동 1722번지 신도브래뉴 104동 4층의 33평형 아파트 주변 시세는 KB국민은행 일반거래가 470,000,000원이다. 국토부실거래가를 조회해보니 490,000,000원이다. 346,550,000원(2012년 9월 5일)에 낙찰된 사례가 있다. 국민은행에서 부동산담보대출로 297,000,000원을 취급하고 채권최고액 356,400,000원으로 1순위 근저당이 설정되어 있다. 후순위로 LTV 85% 유휴담보가 119,500,000원이었는데, 후순위 70,000,000원을 P2P 대출로 취급

렌딩투자(펀딩)41호

물건현황

소재지		서울특별시 관악구 신림동 1722 신도브래뉴 104동 4층				
면적	m²	평	평형	세대수	입주년월	종류
건물	84.98	25.7	33평형	304	2003.04	아파트
대지	35.79	10.8				

시세현황

KB시세

(단위:만원)

-- 상위평균가 ― 일반평균가 ···· 하위평균가

기준월	매매가			전세가		
2017.08	하위 평균가	일반 평균가	상위 평균가	하위 평균가	일반 평균가	상위 평균가
	45,000	47,000	49,500	35,500	37,000	38,500

국토부실거래 (면적:동평형)

거래종류						
매매	2017.04	(층)	2017.07	(층)	2017.07	(층)
	50,000	11	49,500	5	49,000	3
전세	2016.07	(층)	2016.03	(층)	2016.10	(층)
	30,000	17	35,000	3	40,000	9

낙찰사례

매각기일	2012.09.05
낙찰가	346,550,000
호수	102동503호
응찰수(명)	1

※ 현 매매시세 약7천만원이상 상승함.

(단위: 원)

대출현황

감정가	선순위대출잔액	채권최고액	기준 LTV	유효담보가	당사 대출금액	당사 LTV
490,000,000	297,000,000	356,400,000	85%	119,500,000	70,000,000	74.9%
	국민은행			※선순위 잔대출 원금잔액으로 적용함.		

기타의견

► 본건 지하철 2호선 "신대방역" 남서측 약400미터 내 위치함.
► 현재 본 아파트 매물 없음.(보합세)
► 대출금액이 큰 건으로 선 펀딩결정 후 대출 진행예정임.

했다. 금리는 연이율 24%, 3개월 이상 연체 시 연 27.9%로 계약을 체결했다.

후순위대출을 할 경우 위험은 없을까?

감정가(시세) 490,000,000원×95%(매각가율)=465,500,000 원-356,400,000원(국민은행 설정액)=109,100,000원, GPL 후순위담 보대출 70,000,000원으로 비교적 안전하다고 볼 수 있다.

개인이 플랫폼을 이용할 시 처음에 4%(모집인 수수료 3%, 채권심사 수수료 1%) 수수료를 납입해야 한다. 그 이유는 플랫폼 법인 회사는 법인세와 유지관리비, 집금비 등 추가 비용을 납입해야 하기 때문 이다.

① 투자한도

- 개인 투자한도 : 1,000만 원, 2구좌 2,000만 원까지

- 법인 투자한도 : 무제한

② 세금징수

- 개인 : 이자수입으로 연 27.5% 세금 징수 후 채무자 대출금 상환할 때까지 연 15% 이자 수납이 가능하다.

- 법인 : 이자 수입·소득세·주민세 징수 없음, 법인세 2억 원 이내, 11% 법인세를 납입한 후 대출금 3개월 이상 이자 납입이 지연될 시 법정대위(이해관계인-2순위 근저당권자)로 국민은행 대출금을 상환한 후 연체이자를 받을 목적이다.

그러므로 P2P 금융 이자소득 과세 체계는 비영업대금의 이익으로 27.5%가 적용되므로 '분리과세' '종합과세' 시에 세율이 변동된다. 절세 전략은 분산투자로 최대한 세 부담을 줄이고 투자 금액이 크다면(2억 원 이상), 법인이나 대부업 등록을 고려해야 한다.

대부업 등록 방법은 한국금융협회 홈페이지에 들어가면 확인할 수 있다. 대표전화(02-6710-0814-3) 번호로 전화해서 교육 일정을 잡을 수 있으며 교육이 수료되어야 사업자를 낼 수 있다. 현금 50억 원이 있는 필자의 친구에게 GPL 후순위 아파트담보대출을 설명해주고 본격적으로 대부 금융업을 하기로 해서 아래와 같이 교육을 신청했다. 교육일은 통상 신청 후 한 달 정도 걸리므로 시간을 내서 지방으로 신청하면 더 빨리 교육을 받을 수 있다. 대부업보다는 1인 금융업으로 새로운 사업을 한다고 보면 좋을 듯하다.

🔍 Key Point

개인이 신규 신청할 때 필요한 서류

① 등록 신청서(일자리경제과 비치 혹은 홈페이지에서 다운로드) 1부

② 대부업 · 대부중개업 교육이수증 사본 1부(교육이수증 유효기간 6개월)

③ 영업장 소재지 증명서류 사본 1부(등기부등본, 임대차 등의 계약서)

④ 가족관계등록부 기본 증명서 1부(대표자)

⑤ 대표자 인감증명서 1부

⑥ 대표자 인감도장

⑦ 신분증(대리인 방문 시 – 위임장, 대리인신분증)

⑧ 등록수수료 10만 원(대부업 / 대부중개업 각각 수수료 부과)

법인이 신규 신청할 때 필요한 서류

① 등록 신청서(일자리경제과 비치 혹은 홈페이지에서 다운로드) 1부

  – 신청서 기재 내용(알고 갈 사항) : 법인의 주요 출자자 성명과 지분율, 임원의 성명과 주소

② 대부업 · 대부중개업 교육이수증 사본 1부(법인대표가 교육 받음, 교육이수증 유효기간 6개월)

③ 가족관계등록부 기본 증명서 각 1부(대표자, 임원 주민등록번호 표시되게 발급)

④ 법인 인감증명서 1부

⑤ 법인 인감도장

⑥ 신분증(대리인 방문 시 – 위임장, 대리인신분증)

⑦ 등록수수료 10만 원(대부업 / 대부중개업 각각 수수료 부과)

▌교육과정 안내

§ 오전교육(09:00 ~ 13:00)
- 교육과목 : 대부업법
- 교육내용 :
   1. 대부업등의 등록 및 등록절차
   2. 대부계약의 체결
   3. 등록대부업자 등 대부광고
   4. 이자율 계산 방법 및 사례
- 시험항수 : 15문항

§ 점심시간(13:00 ~ 14:00)
- 휴식

§ 오후교육(14:00 ~ 18:00)
- 교육과목 : 대부업 세무회계/신용정보법/채권추심법/민원사례
- 교육내용 :
   1. 대부(중개)업에 부여되는 조세의무 등
   2. 신용정보의 수집, 조사 및 처리등
   3. 채무자보호 및 불법채권 추심금지행위 등
   4. 대부업법, 채권추심법 및 기타
- 시험항수 : 5문항

§ 평가시험
- 교육내용 : 교육내용평가
- 시험항수 : 20문항

> ※ 본 시험은 교육생의 학습이해를 돕기 위한 평가이므로 교육이수증 교부와는 무관함
>
> 시험문제 형식 : 사지선다형 및 O, X형
> 평가시험 만점자는 협회장 명의의 표창장 수여
> 평가시험 만점자는 협회 홈페이지 공고 및 소비자금융신문에 기고

▌대부업 등의 등록(갱신)교육

본 교육 대상자는 대부업 및대부중개업(신규, 갱신 또는 변경)을 등록하려는 대표자 및 업무총괄사용인이 이수해야 하는 법정의무교육입니다.
(대부업법 제3조의4)

- 교육과정 : 1일 8시간
- 교육비 : 100,000원
- 교육대상 : 개인 - 대표자
　　　　　법인 - 대표자와 업무총괄사용인 모두

▌교육일정

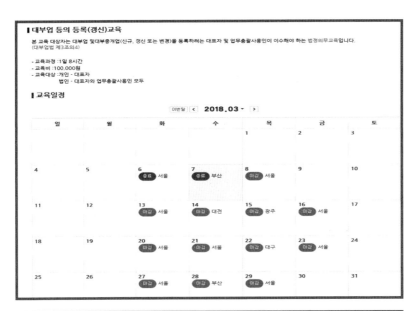

일	월	화	수	목	금	토
				1	2	3
4	5	6 종료 서울	7 종료 부산	8 마감 서울	9	10
11	12	13 마감 서울	14 마감 대전	15 마감 광주	16 마감 서울	17
18	19	20 마감 서울	21 마감 서울	22 마감 대구	23 마감 서울	24
25	26	27 마감 서울	28 마감 부산	29 마감 서울	30	31

▌교육장소 안내

서울	장소 : 한국대부금융협회 13층 교육장 주소 : 서울시 중구 소월로 10 단암빌딩 13층 (지번 : 서울시 중구 남대문로5가 120) 주차 : 가능 (개별적 유료주차)	약도 보기
부산	장소 : 부산 주사랑 교회(성운빌딩) 9층 (구)한화생명빌딩 주소 : 부산시 동구 중앙대로 324(초량동 1152-4번지 9층) 주차 : 불가	약도 보기
대전	장소 : 충남 (구)도청, 본관 2층(대회의실) 주소 : 대전 중구 중앙로 101 (지번 : 대전 중구 선화동 287-2) 주차 : 가능(개별적 유료주차)	약도 보기
대구	장소 : 대구 수토피아 평생교육원 대회의실 (6층) 주소 : 대구광역시 동구 동부로 174 대한빌딩 (지번 : 동구 신천4동 390-1) 주차 : 불가	약도 보기
광주	장소 : 광주광역시청 4층 1세미나실 주소 : 광주시 서구 내방로 111 (치평동) 주차 : 가능(개별적 유료주차, 광주시청 5부제시행)	약도 보기

2
저금리 시대, 예금 금리보다 20배 높은 고수익 GPL 투자

현재 시중에서 정기예금 금리 중 가장 큰 이자율은 단리 연 1.8~2.0% 수준이다. 이렇게 저금리인 요즘, 우리의 재테크 전략은 어디로 나아가야 할까? 부동산 간접투자, 주식, 달러투자, 리츠투자, 금투자, 은투자……. 아무리 생각해도 마땅한 투자처가 없다. 저금리 시대에는 어떻게 투자해야 유리할까?

첫째, 정부 부동산 시장의 변화를 주시하고 경기 사이클을 읽을 줄 알아야 한다. 시중금리 지표 국고채 금리가 상승세라면 실적배당 상품보다는 정기예금 위주의 포트폴리오를 짜는 게 좋다. 금리가 하락할 가능성이 높다면 채권이나 주식 간접투자 상품에 투자하는 것이 유리하다.

둘째, 물가 상승을 상회하는 높은 수익처를 찾아야 한다. 고수익 상품을 찾아도 문제일 수 있지만 너무 안전성만 추구해 은행 예금에만 투자할 경우 세후 수익률은 세후 연 1%대에 불과한 것이 현실이다. 따라서 은행예금 외에 부동산투자신탁이나 후순위담보(GPL) 등 고수익이 보장되는 상품에 주목하자.

셋째, 절세 방법을 찾고 세금을 줄이는 방법을 찾아야 한다. 부동산은 취득, 보유, 처분할 때 다양한 세금이 징수된다. 저금리 시대일수록 세(稅) 테크가 중요하다. 새로운 투자처보다는 절세할 수 있는 상품과 절세 방법을 찾는 것이 유리할 수 있다. 10년 단위 비과세나 세금 우대 상품에 우선 가입하면 유리하고 세율 구간을 낮게 하기 위해 10년 단위 증여하는 방법을 찾으면 좋다. 근로자라면 연말정산 혜택이 있는 상품에도 관심을 가질 필요가 있다.

넷째, 부채(債務)를 상환하고 검소하게 생활해야 한다. 정기적금 이자는 가입 금액에 이자를 받는 것이 아니라 누적 금액에 이자가 붙기 때문에 실질이자는 거의 없다고 보아야 한다. 그렇기 때문에 예금이자보다는 절약하고 검소하게 생활하는 것이 돈을 버는 재테크이다. 은행 간 대출 경쟁으로 최근 대출금리가 내렸지만 기준금리 인상으로 예전에 받은 대출금은 여전히 금리가 높다. 대출 기간이 1년 이상 남았고 연 5% 이상 적용되는 담보대출이 있다면 대출은행의 '거래선 변경'도 하나의 방법일 수 있다. 대출이자만큼 수익을 낼 수 있는 금융 상품은 드물기 때문이다.

다섯째, 주식투자는 간접투자가 유리하다. 주식은 경기에 선행해 움직이는 민감성이 있다. 5년 주기 사이클, 10년 주기 사이클 등 사이클 주기를 체크하다 보면 정부 정책이 경기에 후행하고 주식은 경기에 선행하게 됨을 알 수 있다. 급여 생활자는 연말에 세액공제 혜택을 받을 수 있는 '주식신탁'에 가입하는 것도 좋을 듯하다.

저금리 시대 직장인의 '출구 전략'

2008년 미국발 금융 위기로 전 세계 경제가 영향을 받자 경기를 부양하기 위해서 전 세계적으로 금리를 인하하고 시중에 자금(유동성)을 공급하는 조치를 정상으로 되돌렸다. 이 당시 '출구 전략'은 그동안 내렸던 정책 금리를 올리면서 시중에 풀린 자금을 환수하는 것이었다.

출구 전략으로서 각국이 정책 금리를 올리면 우선적으로 주식 시장이 영향을 받게 된다. 그동안 낮은 금리 탓에 은행의 예금에서 이탈해 주식 및 원자재 시장으로 흘러 들어온 자금이 빠져나갈 수 있기 때문에, 증시나 원자재 시장이 조정을 받을 수 있다. 반대로 금리가 높아지면 채권 가격이 싸지기 때문에 채권에 투자하는 것이 상대적으로 유리할 수 있다.

하지만 출구 전략이 시행될 경우 주택담보대출을 받은 서민들은 변동금리 상승으로 인해 힘들어질 수도 있다. 정부가 정책 금리를 올리면, CD(양도성예금증서) 금리가 같이 올라가게 되는데, 주택담보대출을 CD 연동금리로 받은 대다수의 주택담보대출자들의 이자 부담 금액이 올라가기 때문이다.

따라서 출구 전략이 시행된다고 예상이 될 경우 고정금리가 아닌 연동금리의 부채가 있는 사람들은 그 전에 채무를 갚는 것이 유리하며, 주식이나 원자재보다는 채권 시장의 투자 기회가 더 좋을 것이다.

그러면 투명한 유리 지갑의 직장인은 어떻게 출구 전략을 짜야 할까? 초저금리 시대와 한국은행이 2018년 6월 30일 6년 5개월간 1.25%로 묶어뒀던 기준금리를 1.5%로 0.25%포인트 인상하기로 하면서 초저금리 시대가 종식되는가 했다. 그러나 기준금리를 인상했음에도 금융권의 변화는 거세다. 시중은행은 예 · 적금과 대출 기준금리를 올리는 방향을 잡았고, 주식시장은 금리 인상 대비에 바쁘다. 기준금리 인상에 따른 분야별 재테크 출구 전략을 살펴보자.

첫째, 기준금리가 인상될 때는 변동금리 예금을 선택하고, 만기는 짧게 하라. 인터넷 · 모바일로 가입하면 0.2% 이상 추가 금리가 적용된다. '적은 금리에 민감한 재테크 유목민'이 늘어나면서 민감한 고객을 잡기 위해 경쟁 금융기관에서는 예 · 적금 금리 인상 경쟁에 뛰어들고 있다. 대출을 받은 사람들은 금리 인상이 달갑지만은 않다. 변동금리에서 고정금리로 무작정 대출 상품을 갈아타야 할지는 다양한 시각이 엇갈린다. 고정금리 대출은 변동금리 대출보다 금리가 높은 데다 상품을 갈아타면 중도해지수수료까지 물어야 하는 단점이 있다.

둘째, 가치주로 이동하는 투자를 하라. 워런 버핏에게 기자들이 물었다. "당신이 한국에서 태어났다면 지금처럼 성공할 수 있었겠습니까?" 대답은 "불가능합니다." 그는 "나는 시의적절한 때에 내재가치가 높은 가치주에 투자했기 때문에 성공할 수 있었습니다." 라고 단호하게 말했다. 금리 인상기에는 성장주보다 가치주에 관심을 두라는 것이 증권 전문가들의 조언이다. 가치주란 이익 성장성은 떨어지지만 주가수익비율이나 주가순자산비율을 고려할 때 상대적으로 저평가된 주식을 말한다. 시중금리 상승이 가팔라진다면 대형주나 성장을 많이 한 종목에 집중적으로 투자하기보다는 가치주 · 산업재 · 금융주 등으로 투자 종목 구성을 다변화하려는 노력이 필요하다.

금리 인상기에는 증권사의 종합자산관리계좌(CMA)도 관심을 가질 만하다. CMA는 1일 기점으로 주요 증권사가 MMW(머니마켓랩형) CMA 금리를 0.1~0.25%포인트 올릴 수 있다. 기준금리와 연동해 수익률이 결정되는 펀드(뱅크론, 하이일드)에도 관심을 가져볼 만하다. 뱅크론은 신용등급이 낮은 기업에 담보로 자금을 빌려주는 변동금리형 선순위 담보대출에 투자해 수익을 낸다. 신용등급이 낮은 채권에 투자하는 하이일드펀드 금리가 오르면 채권부도율이 리스크가 낮아 이자수익을 올릴 수 있다. 또 업계 관계자에 따르면 중국·유럽 등 급성장하고 있는 국가들의 주식(이머징마켓)이나 글로벌 후순위채도 추천 종목이다. 이들은 위안화나 유로화로 운용되므로 국내 투자자들이 원화로 투자하면 원화금리가 높은 상황에서 환헤지 프리미엄도 기대할 수 있다.

넷째, GPL(정상채권) 후순위채권에 투자하라. 수익률을 높이기 위해선 채권 투자보다 위험 자산인 주식형 펀드에 관심을 가져야 한다는 조언도 나온다. 금리 인상기에는 채권의 수익률 하락이 예상되기 때문이다. 그러나 필자는 반대이다. 금리와 채권은 상호작용으로 잦은 금리 변동기에 투자 원금이 손실될 수도 있기 때문이다.

이럴 때 금리 인상기에 빛을 볼 수 있는 GPL 후순위담보대출은 어떨까? 후순위담보대출은 높은 금리로 발행하는 '하이일드(고수익·고위험) 채권' 등이 경기가 살아나면 리스크가 낮아 적합한 투자 대상이 된다. 반면 과거 환차익을 노린 달러화는 본격적으로 매입할 시기가 아니다. 금리 인상이 선반영된 데다 도널드 트럼프 미국 대통령의 강한 무역 외교 정책이 기본적으로 약(弱) 달러를 지향해 달러가 박스권 내에서 움직일 가능성이 크지 않다는 것이다.

전문가들은 "달러는 환율 1,120원 선 밑에서 매수하는 것을 추천하며 최근처럼 1,130원대에선 부담스럽다."고 조언한다. 이한구 금융투자협회 증권 · 파생상품서비스본부 차장은 "금리가 낮을 때는 비교적 안전한 자산인 채권형 펀드의 인기가 좋았지만 앞으로는 수익률이 높은 주식형 펀드를 중심으로 자금이 몰릴 것으로 보인다."며 "2019년까지는 미국의 금리 인상이 예상되는 만큼 한국도 금리가 더 오를 수 있다는 사실을 감안해 투자해야 한다."고 말했다.

사례를 통해 더 자세히 알아보자. 저금리 시대 10년 동안 절약하고 검소하게 실천한 덕분에 1억 8,000만 원 종잣돈을 마련해 GPL 후순위채권에 투자한 선종원 부장의 사례이다. 선 부장은 어렵게 마련한 종잣돈인 만큼 어떻게 자산을 불릴지 고민이 많았는데 필자가 GPL 투자를 권유하여 이 투자를 결정했다. 친구들과 만남을 자제하고 특별한 모임이 아니면 참석을 하지 않으면서 꼬박꼬박 월 40만 원씩 모은 종잣돈이었다.

■ 사례 분석

1순위 신협 630,000,000원
2순위 개인 180,000,000원
총대출금액 810,000,000원/945,000,000원=85%(담보비율)

본 대출은 1순위 신협에서 대출을 취급했고 2순위 후순위담보대출을 취급한 상황이다. 필자의 금융기관에서는 다음과 같이 대출

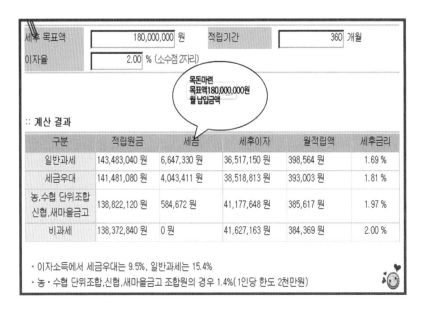

구분	적립원금	세금	세후이자	월적립액	세후금리
일반과세	143,483,040 원	6,647,330 원	36,517,150 원	398,564 원	1.69 %
세금우대	141,481,080 원	4,043,411 원	38,518,813 원	393,003 원	1.81 %
농,수협 단위조합 신협,새마을금고	138,822,120 원	584,672 원	41,177,648 원	385,617 원	1.97 %
비과세	138,372,840 원	0 원	41,627,163 원	384,369 원	2.00 %

· 이자소득에서 세금우대는 9.5%, 일반과세는 15.4%
· 농·수협 단위조합,신협,새마을금고 조합원의 경우 1.4%(1인당 한도 2천만원)

한도를 말해주었으나 이미 신협에서 대출 자서한 상황이라 실제로
그렇게 하지는 못했다.

KB시세 945,000,000원×70%-27,000,000원(최우선변제금)

= 634,500,000원

KB시세 945,000,000원×80%-27,000,000원= 729,000,000원

KB시세 945,000,000원×80%(신탁수익권담보)= 756,000,000원

▶ GPL투자 수익분석

투자금액 180,000,000원×24.0%=43,200,000원(정상이자 1년)

투자금액 180,000,000원×24.0%=43,200,000원(연체이자 1년)

수수료 180,000,000원×4.0%=7,200,000원[모집인수수료(3%) 및 채권
심사수수료(1%) 1번]

정상이자 43,200,000원(정상이자 1년)−7,200,000원(수수료)

　　　　=36,000,000원

수익분석 36,000,000원/180,000,000원=20%(월 3,000,000원)−정상이자①

수익분석 36,000,000원/180,000,000원=연 20%(월 3,000,000원)

만약 은행에 맡기면 연 360만 원, 월 30만 원 세전이자를 받게 될 것이다. 1억 8,000만 원을 투자하고 근저당권을 150% 설정했을 때 이 금액의 90%를 근저당권설정 담보대출로 받을 수 있다. 이를 필자가 앞에서 언급한 2순위 근저당권 매입 금액의 90% 2순위 GPL대출을 해주었던 것처럼 '유동화순환구조'에 투자할 수 있다. 2018년 4월 현재 ○○저축은행에서는 연 8.5%, ○○저축은행에서는 연 7.5% 3억, 5억, 10억 단위로 묶음 대출을 해주고 있고, P2P 업체에서는 플랫폼수수료 2%에 연 12% 대출이 가능하다. 즉 GPL 투자 연 24% 이자를 받고 연 14% 이자를 주면 연 10% 수익을 더 얻을 수 있다.(예를 들어 투자금 1,000,000,000원×연 10% = 100,000,000원의 수익이 가능하다.)

필자는 2순위 근저당권을 매입한 NPL 법인에 유동화순환 대출을 해주었다. 2순위 근저당권을 10건을 매입했는데 풀링(Pooling)으로 묶어서 대출해주었다. 이때 1순위 근저당권 대출금이 연체가 되면 대위변제할 목적도 있다.

▶ 유동화 순환투자 시 수익 분석

투자금 180,000,000원×24.0%=43,200,000원(정상이자 1년)

유동화 180,000,000원×90%=162,000,000원, 현금투자 18,000,000원

투자금 162,000,000원×8.5% =13,770,000원(○○저축은행 유동화대출이자)

투자금 162,000,000원×4.0%=6,480,000원[모집인 수수료(3%) 및 채권 심사수수료(1%)]

순이익 22,950,000원=43,200,000원(연수입이자)-13,770,000원(질권대출이자)-6,480,000원-②

총이익 58,950,000원=36,000,000원+22,950,000원②

수익률 58,950,000원/198,000,000원=29.77%, 월 이자 4,912,500원, 은행에 맡기면 월 330,000원

신협 대출이자가 3회 이상 연체되고 경매 신청으로 '피담보채권

설정잔액			
구 분	원금 (원)	차주	구 분
■■시■ ■동 121	900,000,000	최상수	담보대출 0.259억
소계	900,000,000		

연체이자				
구 분	원금 (원)	이자율 (년)	기간(개월)	계 (원)
■■■	180,000,000	24.0%	3	10,800,000
우리	630,000,000	3.5%	3	5,512,500
소계	810,000,000			16,312,500

주) 기간 : 연체 3개월내 급매 기준

본등기비용			
구 분	실거래급매가 (원)	세율	계 (원)
용인시 기흥구 영덕동 976	900,000,000	2.2%	19,800,000
소계	900,000,000		19,800,000

주) 세율 : 실거래급매가 6억이상 2.4% / 실거래급매가 6억미만 2.2%

중개수수료			
구 분	실거래급매가 (원)	수수료율	계 (원)
용인시 기흥구 영덕동 976	900,000,000	0.5%	4,500,000
소계	900,000,000		4,500,000

법무사 수임비용			
구 분	실거래급매가 (원)	수임비용	계 (원)
용인시 기흥구 영덕동 976	900,000,000	1,500,000	1,500,000
소계	900,000,000		

주)건당 150만원 일괄적용

BEP계산			
실거래급매가	900,000,000		
설정잔액	630,000,000		
금■■	180,000,000		
연체이자	16,312,500		
본등기비용	19,800,000		
중개수수료	4,500,000		
법무사수임비용	-		
계	49,387,500	매매예약가	32,000,000

추가확인사항			
구 분	KB시세	급매가	
	94,500	90,000	
소계	94,500	90,000	
차주신용정보			

이 확정'되면 대출 취급 시 채무자(대출신청자)에게 받아놓은 임의 변제동의서(신청서)로 대위변제 준비 중에 있다.

▶ 신협연체피담보채권 확정 시 대위변제 수익 분석

대위변제 630,000,000원×22.0%=138,600,000원(정상이자 1년)- 신협
　　　　최고 연체이자

질권대출 630,000,000원×90.0%=567,000,000원(대위변제금액 90~97
　　　　% 대위변제대출)

대출이자 567,000,000원×7.5%=42,525,000원, 현금투자 63,000,000원

이전비용 756,000,000원×0.6%=4,536,000원(채권최고액 756,000,000원
　　　　이전비용)

순이익금 91,539,000원=138,600,000원-42,525,000원-4,536,000원③

총이익금 150,480,000원=36,000,000원①+22,950,000원②+91,539,000원③

총투자금 261,000,000원=180,000,000원+18,000,000원② +63,000,000원③

수익률 150,480,000원/261,000,000원=57.65%, 월 이자 12,540,000원,

은행에 맡기면 월 435,000원(세전이자)

KB 일반거래 시세 9억 4,500만 원이고, 상위 평균가는 9억 8,000만 원이나 본 물건은 10층으로 상위 평균가 이상을 받을 수 있는 아파트이다.

　매매가액은 8억 1,500만 원이고 매매일은 2011년 2월 7일, 매매 시세는 9억 4,500만 원, 대출일은 2018년 3월 14일이고 상한가는 9억 8,000만 원이다. 시세차익 1억 3,000만 원이다. 48평형대 아파트라 시세 차익이 많지는 않지만 그래도 아파트 값이 오르긴 올랐다.

3
GPL 투자로 NPL을 만드는 고수익 비법

DK대부 AMC 박대규 대표는 필자와 같은 금융기관에서 10년 이상 근무했다. 박 대표는 더 큰 꿈을 가지고 직장을 떠나 무역업을 하며 1년에 필자 연봉의 2~3배를 벌고 있고 부인은 공인중개사로 집에서 인터넷 전자상거래 홈쇼핑을 운영하고 있다. 박 대표는 무역업에 필히 생기는 공백 기간에는 경매로 투잡을 하고 있다.

어느 날 박 대표가 전화를 걸어와 둘이 만났다. 박 대표는 식사 도중 경매 낙찰 받기가 그렇게 힘이 든다면서 전에는 열 번 입찰하면 한 건은 낙찰 받았는데 거의 1년이 다 되어가도록 한 건도 낙찰 받지 못했다며 하소연을 했다. 나는 박 대표에게 NPL(부실채권)에 대해 이야기해주었고, 박 대표는 금융기관에 근무한 경력이 있어서인지 쉽게 이해를 했다.

그러나 박 대표는 의문이 있었던지 "왜 바보같이 금융기관에서 다 받을 수 있는 근저당권을 채권으로 팔지요……."라며 반문했다.

나는 "금융기관에서는 바젤2에 의해 BIS(국제결제은행) 비율을 8% 이상으로 맞춰야 하는데 다가오는 바젤3 모멘트에서는 14.5% 이상 맞춰야 하기 때문에 연체대출금을 빨리 매각할 수밖에 없다. BIS 비율을 높이지 못하면 금감원 대출 규제와 감사를 많이 받게 되고 회계연도 내 연체대출금을 줄이고 충당금을 회수해 당기순이익을 늘릴 수 있기 때문이다."라고 친절히 답해주었다.

그리고 나서 박 대표는 AMC법인을 설립했고, NPL 금융기관 접근이 만만치 않고 대위변제도 쉽지 않다는 것을 알고는 다른 투자법을 찾아냈다. GPL(정상채권)을 활용한 2순위 대출 후 연 24% 이자를 받다가 연체와 '기한의 이익 상실' 시점에 선순위를 법정대위변제하는 방법이다.

출판기념회를 겸한 특강에서 박 대표의 대위변제와 수익형 NPL 투자법에 대해 더 자세히 알아보았다. 필자는 강의 시간에 "NPL은 생물처럼 늘 진보하고 성장한다."고 말했는데 투자 내용을 듣고는 필자도 그만 깜짝 놀랐다. NPL P2P 대출이 대부업체에서 활성화되어 아파트만 담보로 잡고 후순위대출과 아파트 1순위 담보비율(LTV) 85% 범위 내에서 연 15% 대출금 이자를 수납했다는 것이다. '과연 이런 대출금리를 차용하는 사람이 있을까?' 하는 의문을 가졌지만 이미 자본금 5,000만 원으로 대부업체 사업자를 내고 인터넷과 오프라인으로 영업하는 다수의 젊은이들이 이런 수요층을 잡아 3% 정도 수수료를 챙기려고 대부업체에 소개시켜주고 있는데, 대부업체는 2순위 대출 또는 1순위 아파트 담보를 설정하고 감정가(KB국민시세)의 85%로 투자하다 보니 더 자금이 없어 대출을 못 해주고 있다는 이야기는 정말 충격적이었다.

안정적인 채권 보전을 위해서 소액보증금 배당을 막기 위해 "전입세대열람확인서와 국세·지방세완납증명서 그리고 지방세 세목별 과세증명을 첨부"하고 "대위변제동의서"까지 받아놓고 사후관리가 가능하도록 안전장치를 하고 있었다. 부실채권 투자자가 처음 공통적으로 겪는 일은 "안 판다" "고정적으로 매입해 가는 곳이 있다" 기타 등등의 대응이다. 박 대표는 이를 극복하고 안정적인 NPL 투자를 하고 있었다.

연이어 새롭게 강의한 특강 내용 "GPL(정상채권) 후순위대출 투자법"이었다. P2P 규모는 2016년 6,829억 원에서 2017년 4월까지 1조 1,289억으로 금융기관을 거치지 않고 개인 간 거래(퍼스널 투 퍼스널 또는 피어 투 퍼스널)로 폭발적으로 성장하고 있다. P2P 대출에서 투자자를 보호하고 법제와 규제화로 안정적인 거래를 하도록 민병두 의원이 입법화한 상황이다.

P2P 투자 방식은 펀드와 유사한 시스템을 가지고 있다. 우선 펀드의 수익 구조이다. 여러 명의 개인 투자자의 돈을 모아 이를 전문가와 신탁회사를 통해 종목에 투자해 발생되는 수익을 투자자들에게 배당하는 형식이 펀드이다.

이제 P2P의 투자 방식을 보자. P2P는 펀드와 반대의 방식이다. 펀드가 개인 투자자들의 돈을 모아 개인 투자가 어려운 종목에 투자하는 것이라면, P2P의 경우 자금을 필요로 하는 건축개발자가 P2P 플랫폼에 대출 신청을 하면 플랫폼에서 대출 자금 투자자 모집을 진행한다. 모집된 투자 자금을 대출 신청자에게 대출해주고 대출이자를 다시 투자자에게 분배하는 방식이 부동산 대출인 P2P이며, 투자 기간이 6개월~1년으로 짧고 최고 투자 금액도 500만 원으로 제한되어 은행 저금리에 지친 돈이 몰리고 있다.

높은 수익률을 보이는 부동산 대출 P2P의 위험 요소가 무엇인지 알아보자. 높은 수익률을 보이고 있는 P2P 또한 위험성을 내재하고 있다. P2P 대출의 경우 투자 상품으로 예금자 보호 대상이 아니며 대출 규모와 횟수가 늘어남에 따라 대출금 연체 사례가 증가하고 경기 침체로 인한 대출 상환 능력 하락으로 연체 가능성이 추가로 증가하고 있다.

따라서 투자 전 대출자 업체의 신뢰성을 확인해야 하며, 한국 P2P금융협회에 정식으로 가입된 업체인지 확인하고 그다음으로는 투자할 부동산 사업에 대한 성공 여부를 판단해야 한다. 대출 연체나 부실 상황에서도 상환 가능한 담보가 있는지 확인한다면 안전한 투자가 될 수 있다.

그러나 박 대표는 P2P 대출의 위험 요소를 이미 전제하고 더 높은 수익을 내기 위한 작업을 하고 있었다. 대출자가 연체되면 후순위대출로 취급한 대출은 법정대위변제로 선순위대출금을 상환하고 더 많은 수익을 얻을 수 있다. 박 대표는 대위변제 여건과 환경을 스스로 만들어주고 그물을 치고 있었다. 그리고 2순위대출금이 연체 시 법정대위로 1순위 금융기관 채권을 완제하니 더 큰 수익을 얻을 수 있게 되는 것이다.

박 대표는 용산과 일산, 파주 등 아파트 15채 담보에 후순위 또는 1순위 근저당권을 설정하고 15% 이상 고율의 이자를 받고 있었으며 아파트 15채 담보 설정으로 한층 진보된 대위변제 환경을 스스로 만들어 투자하고 있었다.

다음은 GPL 투자로 NPL을 만드는 박 대표의 고수익 투자 사례이다.

■ 사례 분석

아래는 렌딩투자(펀딩) 41호 투자 사례로 박 대표가 운영하는 렌딩투자 방법이다.

본 물건은 2호선 신대방역 남서쪽 400미터 인근 있는 역세권 아파트다. 서울 관악구 신림동 1722 번지 신도브래뉴 104동 4층의 33평형 아파트. 주변 시세는 KB국민은행과 일반거래가 4억 7,000만 원이다. 국토부실거래가를 조회해보니 4억 9,000만 원이다. 3억 4,655만 원(2012년 9월 5일)으로 낙찰된 사례가 있다. 국민은행에서 부동산담보대출을 2억 9,700만 원을 취급하고, 채권최고액 3억

렌딩투자(펀딩)41호

물건현황

소재지	서울특별시 관악구 신림동 1722 신도브래뉴 104동 4층					
면적	m²	평	평형	세대수	입주년월	종류
건물	84.98	25.7	33평형	304	2003.04	아파트
대지	35.79	10.8				

시세현황

KB시세 (단위:만원)

-- 상위평균가 ── 일반평균가 ···· 하위평균가

기준월	매매가			전세가		
2017.08	하위 평균가	일반 평균가	상위 평균가	하위 평균가	일반 평균가	상위 평균가
	45,000	47,000	49,500	35,500	37,000	38,500

국토부실거래 (면적:동일평형)

거래종류						
매매	2017.04	(층)	2017.07	(층)	2017.07	(층)
	50,000	11	49,500	5	49,000	3
전세	2016.07	(층)	2016.03	(층)	2016.10	(층)
	30,000	17	35,000	3	40,000	9

낙찰사례

매각기일	2012.09.05
낙찰가	346,550,000
호수	102동503호
응찰수(명)	1

※ 현 매매시세 약7천만원이상 상승함.

대출현황

(단위: 원)

감정가	선순위대출잔액	채권최고액	기준 LTV	유효담보가	당사 대출금액	당사 LTV
490,000,000	297,000,000	356,400,000	85%	119,500,000	70,000,000	74.9%
	국민은행				※선순위 실대출 원금잔액으로 적용함.	

기타의견

▶ 본건 지하철 2호선 "신대방역" 남서측 약400미터 내 위치함.
▶ 현재 본 아파트 매물 없음.(보합세)
▶ 대출금액이 본 건으로 선 펀딩완료 후 대출 지급예정임.

5,640만 원으로 1순위 근저당설정되어 있다. 후순위 LTV 85% 유휴담보가 1억 1,950만 원이었는데 후순위 7,000만 원 GPL 대출을 취급했다. 금리 연 24%, 3개월 이상 연체 시 27.9%로 계약을 체결했다.

후순위대출, 위험은 없을까?

감정가(시세) 490,000,000원×95%(매각가율)=465,500,000원-356,400,000원(국민은행 설정액)=109,100,000원이 배당 받을 수 있는 금액이다. GPL 취급 대출 7,000만 원은 원금 손실 위험이 없고 안전하다고 볼 수 있다. 왜냐하면 현재 1순위대출금은 2억 9,700만 원이고 연체이자는 최고 14.5%를 넘지 않기 때문에 설정 금액을 다 채워 배당 받지 못하기 때문이다. 그리고 '기한의 이익 상실' 시점에 국민은행 대출원리금 법정대위변제를 하면 더 많은 수익을 낼 수 있다.

그렇다면 70,000,000원×연 24%=연이자 16,800,000원으로 월 이자가 140만 원이다. 법정대위 297,000,000원×연 14.5%=연이자 43,065,000원으로 월 이자 358만 8,750원이다. 이런 고수익은 없다. 이렇게 박 대표는 5억 원 여유 자금을 투자했다.

500,000,000원×24%=240,000,000원으로 월 2,000만 원이다.

은행이자와 비교해보자.

500,000,000원×2%=10,000,000원으로 월 83만 3,333원(세전)이다.

개인은 플랫폼 이용 시 처음 2~4% 수수료를 납입해야 한다. 그 이유는 플랫폼 법인 회사는 플랫폼 사업자에 대한 운용비와 법인세 그리고 대부사업자의 광고비 등 유지관리비와 관리비 등 추가

비용을 납입해야 하기 때문이다.

투자한도 : 개인 투자한도는 1,000만 원, 법인 투자한도는 무제한이다.

세금징수 : 개인의 경우 이자수입 27.5%. 세금 징수 후 채무자가 대출금을 상환할 때까지 연 15% 이자 수납이 가능하다.

법인의 경우 이자수입 소득세, 주민세 징수가 없다. 법인세 2억 원 이내인 경우 11% 법인세를 납입한다.

차후 대출 채무가 연체될 시 법정대위(이해관계인)로 국민은행 대출금을 상환한 후 연체이자를 받기 위해서이다.

4
NPL 급소를 노리는 GPL 투자자의 비밀노트

필자는 과거 경매로 수익을 내다가 NPL 투자로 수익을 얻는 AMC 대표와 직원들을 많이 보았다. NPL 근저당권부 질권대출(이하 'NPL 질권대출'이라 칭한다)을 취급하면서 배당표를 받아 질권대출 원리금 배당금 수령하고 후순위로 배당 받는 AMC 수익을 보았기 때문이다. 그리고 AMC를 악어와 악어새같이 따라다니는 대부업체 수익도 확인했다. 금융기관에서 NPL 질권대출 한도가 주거용 90%, 비주거용 80%후 대부업체에서 후순위질권대출로 그 나머지 주거용 10%, 비주거용 20%대출 취급한다. 결국 AMC는 자금이 전혀 없어도 부실채권 투자가 가능하다는 이야기이다.

NPL 투자만 13년 동안 해온 ○○AMC 대표는 인천 남동구 구월동에서 시작해서 서울 강남으로 이전을 했다. 인천에 사무실이 있을 때 필자와 NPL 대출로 인연이 닿았는데, 지사를 송파구에 낸다는 사실이 믿기지가 않았다.

NPL 투자 경험 10년차 강○○ 대표는 은행장 이상 수입을 얻고 있다. NPL 투자 경험 7년차 송○○ 대표는 월 1,000만 원 수입을 얻고 있다. NPL 투자 경험 12년차 김○○ 대표는 월 1억 이상 수입을 얻고 있다. NPL 투자 경험 5년차 신○○ 대표는 월 700만 원 수입을 얻고 있다. 그리고 NPL 투자 경험 2년차 박○○ 대표는 월 400만 원 부업으로 수익을 내고 있는데 최근에는 GPL을 활용한 신대위변제 투자법으로 월 1,000만 원 이상 수익을 내고 있다. 박 대표는 필자와 함께 가산디지털단지에서 실전투자반 강의도 하고 있다. 고객에게는 아파트담보를 설정하고 2순위 담보인정비율(LTV) 85% 범위 내에서 연 19~24%의 이자를 받게 해준다.

다음은 실전투자반에서 실제 수익을 얻고 있는 GPL 2순위 투자법 및 GPL 대출 그리고 법정대위변제를 할 경우 투자 수익률이다. 필자는 이 재테크 투자법을 "신의 재테크"라 일컫는다. 박 대표는 그동안 무역업을 통해 벌었던 자기자본 5억 원을 투자해서 매달 연 24% 이자를 받는다. 그렇다면 월 1,000만 원이다. 게다가 아파트를 담보로 설정했다. 아파트 매각가율이 94~101%가 넘는 곳이 많다. 박 대표는 오직 아파트에만 투자한다.

■ GPL 신대위변제 투자 사례 분석

물건지 경기도 양주시 평화로 1570번길 36, 102동 100＊호(회정동, 범양아파트) 아파트 76㎡＊28평형), 건물 35㎡(11평)

설정금액 52,000,000원(1순위 우리은행) 대출잔액 40,000,000원(연14.5%, 연체 17%)

설정금액 67,500,000원(2순위 ○○대부) 대출잔액 45,000,000원(연 24.0%,

> 연체 34.7%)
>
> **감정가액** 153,000,000원, 국세청 실거래가 176,000,000원
>
> **담보비율(LTV)** (1·2순위 설정금액)119,000,000원/153,000,000원(감정 가)=77%
>
> **대위변제 2순위** 45,000,000원, 채권매입 후 GPL대출 40,500,000원 금리 연 6.5%

▶ 2순위 대위변제 1년 수익 분석

GPL인수 45,000,000원/금리 연 24%/34.7%

GPL대출 40,500,000원/금리 연 6.5%

대위변제GPL인수 45,000,000원×24.0%=10,800,000원(월 900,000원)- 정상이자

대위변제GPL인수 45,000,000원×34.7%=15,615,000원(월 1,301,250 원)-연체이자

GPL 대출금 40,500,000원(매입금 90%), 연 6.5%=2,632,500원(1년이자) 연체이자 최고액 27.9% 그러나 대출 당시 34.7% 과거 약 정금리 연체이자 받음.

GPL채권 45,000,000원+405,000원(이전비용)+2,632,500원(질권이 자)=48,037,500원

현금투자 7,537,500원=48,037,500원(총 투자금)-40,500,000원(대출금)

수입이자 7,762,500원=10,800,000원(연수입)-2,632,500원(GPL이자)- 405,000원(이전비)

수익분석 7,762,500원(1년 순수익)/7,537,500원(현금투자) =102.98%(수 익률)

▶ 1순위 법정대위변제 시 수익

대위변제금액 42,383,561원/연 4.5%/17%

대위변제대출 38,000,000원/연 6.5%

대위변제 40,000,000원×14.5%=5,800,000원(월 483,333원)-이자(기간
별 연체이자)

대위변제 40,000,000원×17.0%=6,800,000원(월 566,666원)- 최고 연체
이자 청구 시

대위변제 40,000,000원+2,383,561원(변제일까지이자)+312,000원(이전
비용)+2,470,000원 (대위변제대출이자)

총투자금 48,037,500원

현금투자 10,037,500원=48,037,500원(총투자금)-38,000,000원(대위변
제 질권대출)

질권대출 38,000,000원(연 6.5%, 연이자 2,470,000원-대위변제 질권대출
연이자)

수익금액 4,018,000원=6,800,000원-2,470,000원(질권대출 연이자)-
312,000원(이전비용)

순수익금 4,018,000원/10,037,500원=40.02%(월 334,833원, 은행예치이
자 16,729원)

▶ 2순위 GPL 매입 후 1순위 법정대위변제 시 수익

총수입금 11,780,500원=7,762,500원+4,018,000원

현금투자 17,575,000원=7,537,500원+10,037,500원

수익분석 11,780,500원/17,575,000원=66.86%(월수입 981,708원, 은행예
치이자 19,634원)

즉, 현금 17,575,000원을 투자하고 연수입 11,780,000원/월 981,708원 수익이 가능한 GPL투자법이다.

혹시나 이 글을 읽는 독자들은 아파트를 담보로 제공하고 연 24% 고금리 이자를 쓰는 사람이 설마 있을까? 하고 의문이 들지도 모른다. 하지만 필자의 아카데미 5기생들 가운데 한 기업의 대표는 8억 원 그리고 또 다른 한 사람은 3억 원을 투자하고 아파트를 담보로 설정해 채권자가 되어 고수익을 얻고 있다. 그리고 이들은 이 투자법을 "신의 재테크"라고 한다. 연체되면 연 이자를 27.9%로 받는다. 그리고 기한의 이익 상실 시점에 법정대위로 선순위를 가져온다.

오랜 경험치를 가진 사람들도 초기에는 시행착오를 많이 겪어 손실도 많이 본다. 그런 경험을 가진 자산관리회사에서 일을 배운 사람들은 오히려 리스크를 줄여 손실을 줄일 수 있었다. 중요한 사실은 많은 인생의 실패자들이 포기할 때 자신이 성공에 얼마나 가까이 있는지 모른다는 것이다.

포기하는 순간 성공은 멀어진다. 열정으로 도전하고 성취하는 사람들은 뭔가 한 발 한 발 앞으로 전진하고 채워 나간다.

5
NPL보다 더 똑똑한 GPL 투자법

최근 설문 조사에 따르면 "10명 중 6명이 재테크를 한다"고 한다. 직장인들이 가장 관심을 갖는 키워드로 '재테크'와 '취미 생활'이 빠질 수 없다는 것이다. 바야흐로 취미도 재테크인 시대! 바쁘게 돌아가는 일상 속에서 즐거운 취미 활동은 물론 재테크까지 한 번에 할 수 있다면 얼마나 좋을까?

필자의 아카데미 5기 강의를 들었던 K 씨(49세)는 경매와 NPL 투자를 함께 하고 있다. 경매 투잡이 매각가율이 높아 재미가 없어지자 NPL 공부를 시작했는데, 이제는 신대위변제 투자와 P2P까지 일거양득의 수익을 내고 있다. 최근에는 경매 투자 자금 5억 원을 P2P에 투자하고 매달 일정한 고수익을 얻는 재미가 쏠쏠하다. 직접 만나보니 얼굴에서 행복이 뚝뚝 묻어난다. 3억 원 투자로 월 600만 원, 연 7,200만 원의 수익을 얻는 K 씨는 P2P대출 금융업에 손대며 재테크로 토요일, 일요일 그리고 잠자는 동안에도 지속적인 고수익을 얻고 있다. 그 사례를 살펴보자.

■ 사례 분석

경기 양주시 회정동 *69 양주 회정범양 *02동 10층 100*호

대지 37.709/37954(11.4평) | **건물** 75.95(23평)

감정가액 165,000,000원

1순위 근저당권 108,000,000원 (2015. 12. 13) : 한화생명

2순위 근저당권 32,500,000원(2015. 12. 17) : ○상호저축 → A대부 → B대
부 대환

3순위 근저당권 19,500,000원(2015. 12. 17) : C대부 → 질권대출 (D대부)

도대체 어떤 상황인가? 2순위 저축은행에서 A대부에 근저당권 설정계약서를 매각하고 A대부는 또다시 B대부에 매각했다. 그리고 3순위 대출을 C대부가 해주고 D대부가 질권대출을 또다시 해주었다. 이렇게 하는 이유는 매각가율이 94% 이상인 아파트이기 때문이다.

1순위 대출 108,000,000원(설정금액), 대출잔액 90,000,000원

2순위 대출 32,500,000원(설정금액), 대출잔액 25,000,000원

3순위 대출 19,500,000원(설정금액), 대출잔액 15,000,000원

1순위, 2순위, 3순위 모두 합한 금액이 1억 6,000만 원(설정금액)이다. 잔액 기준으로는 1순위, 2순위, 3순위 모두 합한 금액이 1억 3,000만 원(잔액기준)이다. 그러므로 매각가율 기준대비 3순위까지는 무난히 배당을 받을 수 있다.

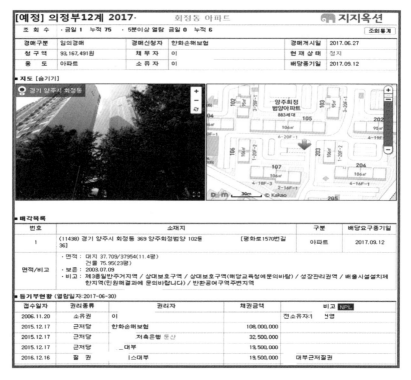

[예정] 의정부12계 2017- 회정동 아파트 | **지지옥션**

조 회 수	·금일 1	누적 75	·5분이상 열람 금일 0	누적 6			조회통계

경매구분	임의경매	경매신청자	한화손해보험	경매개시일	2017.06.27
청 구 액	93,167,491원	채 무 자	이	현 재 상 태	정지
용 도	아파트	소 유 자	이	배당종기일	2017.09.12

■ 지도 [숨기기]

■ 매각목록

번호	소재지	구분	배당요구종기일
1	(11438) 경기 양주시 회정동 369 양주회정범양 102동 36층 [평화로1570번길]	아파트	2017.09.12

면적/비고	·면적: 대지 37.709/37954(11.4평) 건물 75.95(23평) ·보존: 2003.07.09 ·비고: 제3종일반주거지역 / 상대보호구역 / 상대보호구역(해당교육청에문의바람) / 성장관리권역 / 배출시설설치제한지역(민원해결과에 문의바랍니다) / 반환공여구역주변지역

■ 등기부현황 (열람일자:2017-06-30)

접수일자	권리종류	권리자	채권금액	비고 **NPL**
2006.11.20	소유권	이		전소유자:1 보영
2015.12.17	근저당	한화손해보험	108,000,000	
2015.12.17	근저당	저축은행 둔산	32,500,000	
2015.12.17	근저당	_대부	19,500,000	
2016.12.16	질권	l스대부	19,500,000	대부근저질권

본 부동산의 수익률을 분석해보자.

감정가액은 1억 6,500만 원이고 매각가율은 94.02%로 1억 5,513만 3,000원이다.

배당표 작성으로 안정성을 확인해보자.

낙찰예상가 155,133,000원 - 1,650,000원(경매비용) - 108,000,000원(한화)

B대부 32,500,000원

C대부 12,983,000원

청구금액 93,167,491원

왜 GPL(정상채권)인가?

대출일은 2015년 12월 17일이고 상환일은 2018년 1월 26일로 상환기일이 아직 많이 남아 있다.

▶ **제2순위 ○○AMC GPL매입 투자 수익 계산**

GPL매입 25,694,000원+195,000원(이전비용)+753,829원(대출이자)

=26,642,829원(총투자금)

현금투자 6,642,829원= 26,642,829원(총투자금)-20,000,000원(대출금)

NPL대출 20,000,000원, 7.559%, 182(2017.9.3~2018.03.03)/365

=753,829원

투자이익 25,694,000원×34.7%×182/365=4,445,695원-753,829원

=3,691,866원/6,642,829원=55.57%(수익률)

과거 5년에서 3년으로 단축된 개인회생/파산 등을 신청한다 해도 150% 설정했으므로 안전하게 이자를 받다가 개인회생 폐지 시점에 '별제권'으로 저당권을 실행하면 된다. 법적 절차가 종료된 시점에는 선순위 법정대위도 가능하다.

6
GPL 2순위 대출로 고수익 얻는 70억 자산가

GPL(Good Performing Loan)은 대출금 만기일(상환기일)이 남아 있는 정상채권을 의미한다. 필자와 오래전부터 NPL 매각과 NPL 근저당권부 근질권대출로 인연을 맺었던 박 대표가 어느 날 전화를 했다. 혹시 2순위, 3순위 근저당권을 채권 매입하면 GPL후순위 근저당권을 담보로 질권대출해줄 수 있느냐는 것이었다.

필자가 검토해보니 1순위 대출금 설정 금액을 차감하고도 아파트 매각가율이 94~97%로 충분히 배당 받을 수 있는 물건이었다. 필자는 궁금했다. 대출 금액이 대위변제금의 80~90%로 질권대출을 해주어도 2,000만 원인데 왜 이 금액을 대출 받는지 궁금했다.

고객한테는 연 24% 이자를 받고 금융기관에서 2순위 대출을 연 5.8%로 받으면 18.2%로 완제될 때까지 2,000만 원의 연이자는 364만 원, 월 30만 3,333원이다. 그리고 연체가 되고 기한의 이익 상실이 된 시점에 선순위 금액 1억 3,800만 원을 '법정대위변제'로 신청하면 더 많은 이익을 얻을 수 있다는 '신의 재테크' 방법이다. 1억 3,800만 원의 연 24%이면 연 이자가 3,312만 원, 월 이자는 276만 원이다.

법정 최고금리를 24%로 내리는 대부업법·이자제한법 시행령 개정안이 국무회의를 통과했다. 2018년 2월 8일부터 대부업체뿐 아니라 전 금융권에 공통으로 적용되어 정상이자 연 20%, 최고금리 연 24%로 내려 시행된다. 법정 최고금리는 2002년 연 66%에서 꾸준히 내려가 2018년에 24%가 되는 가운데, 정부는 단계적으로 추가 인하한다는 방침이다. 새 법정 최고금리는 2018년에 신규 체결되거나 갱신, 연장되는 대출부터 해당되며 기존 대출에는 소급 적용되지 않는다. 다만 2018년 1월 이후 재계약, 대환, 만기연장 등에는 적용된다. 기존 대출은 소급 적용하지 않고 그대로 대출거래약정서에 기재된 최고금리를 적용해 경제적 약자인 서민 금융을 살리겠다는 의미이다.

금융당국은 24% 이상의 고금리 대출이 불가피할 경우 가급적 단기대출을 받고, 3년에서 5년의 기존 장기 계약은 상환 후 신규 계약으로 전환하는 것이 유리하며 신규로 체결되거나 갱신, 연장되는 대출 계약부터 24% 초과 이자를 받으면 3년 이하 징역이나 3,000만 원 이하 벌금에 처해질 수 있다고 권고한다.

부실채권(NPL) 투자법에는 크게 배당 목적으로 하는 론세일(채권양수도계약), 채무인수, 입찰참가조건부 사후정산 방식, PREO(Pre-Sale + REO) 투자법이 있다. 부실채권 인수를 통해 치열한 경매투자보다 한 발 앞선 투자로 성공률을 더 높일 수 있다.

NPL의 성공적인 투자법은 경매와 밀접한 관계가 있다. 매입채권을 누군가 경매로 낙찰을 받고 잔금을 납입한 후 배당을 받아야 하기 때문에 매입채권이 근저당권부 질권대출과 경락잔금대출 두 가지를 동시에 만족해야 실패 없는 투자가 될 수 있다.

소액 투자를 위한 NPL 근저당권부 근질권대출과 경락잔금대출이 가능한 채권은 담보부 부동산 자체가 정상채권으로 보면 쉬울 듯하다. 론세일 방식에서는 매입채권보다 입찰 최저금액이 낮을 경우 방어 입찰에 참여해 유입(직접 낙찰)으로 재매각하게 된다. 이런 일련의 과정들이 초보자에게는 번거롭게 느껴질 수 있다. 그래서 새롭게 진화된 NPL 투자법으로 정상채권을 대부업법에 의해 2순위 대출 또는 1순위 대출로 취급한 후 연체 시점에 기한의 이익 상실을 시킨 후 대위변제를 하게 된다.

GPL(정상채권)은 법정대위변제로 투자하기 위한 전 단계라 할 수 있다. 부족한 자금은 대위변제 대출로 90%까지 대출 받아 소액 투자가 가능하다. 개인의 대위변제는 소득 증빙과 신용을 보고 대위변제 대출 한도가 결정된다. NPL은 근저당권을 채권으로 매입해 투자를 하는 반면에 GPL은 새로운 고수익을 낼 수 있는 대부업법에 의한 투자와 P2P 투자로 나뉜다.

대부업법에 따른 투자는 자기자본금 5,000만 원으로 지자체에 등록하면 된다. 그러나 P2P 투자는 2018년 4월부터 3억 법인으로 금융위에 신고등록 해야 투자가 가능하다. P2P 투자는 홈페이지에 플랫폼을 구성하게 되는데 통상적으로 플랫폼을 만드는 데 2,000만 원에서 5,000만 원까지 비용이 지출되어 지속적인 디자인과 소프트웨어 개발자가 본인 인증 절차와 채권 심사자 그리고 방어벽 설치는 보안과 안전이 필요하다.

즉 정상채권(GPL) 거래를 파생시키기 위해 기초 자산을 만드는 과정으로 대출자와 투자자를 연결해준다. 그러므로 P2P 플랫폼업체는 플랫폼 사업자와 대부업 사업자 2가지로 수수료 체계가 다르게 운영되고 있다. 투자를 활성화시키고 자본력이 약한 개인 투자자들에게도 NPL 투자가 쉽도록 만드는 과정이 GPL 투자와 P2P 투자라고 생각하면 쉽다.

누구나 재테크를 할 수 있다. 그러나 무엇보다 재산을 잃지 않고 지키는 방어적 투자 기법이 필요한데, 이 투자법이 바로 매각가율 94% 이상인 아파트 담보만으로 이루어진 GPL 투자 재테크 방법이다.

NPL(Non Performing Loan)은 연체 대출채권 3개월 이상 원리금 연체 채권을 말하며, 여기에는 무담보 및 담보부 연체 대출채권이 있다. 시장에서 투자는 주로 담보부 연체 채권에 대해 이루어지고 있다. GPL(Good Performing Loan)은 기한의 이익이 상실되기 전 상환기일이 남아 있는 정상 대출채권을 매매하는 시장을 말한다. 초기 단계이지만 정상 대출채권도 매매되고 있다. 다음은 NPL 법인 13년차인 사업 대표자가 필자를 찾아와 2순위 또는 1순위 GPL 대출을 요청해 취급한 내역 중 한 건이다.

■ 사례 분석

충남 계룡시 금암동 74 신성2차 미소지움 210동 1층 *04호
건물 85㎡ (26평)[34평형] | **토지** 58㎡ (18평)
감정가액 140,000,000원
설정금액 179,400,000원(잔액 138,000,000원)

GPL 매입 135,850,000원(2016. 12. 23)

GPL 매입 135,850,000원(2016. 12. 23)

등기비용 1,076,400원 　　　　**대출이자** 4,125,452원

총투자금 141,051,852원

GPL 대출 117,000,000원(2017. 1. 20), 연 6.5%(2017. 1. 20~8. 4)=198일
　　　　=4,125,452원

현금투자 24,051,852원

매각금액 158,777,000원(2017. 05. 29)

배당일 2017. 8. 4

배당금액 159,701,917원=138,000,000원+21,701,917원=138,000,000원 ×
　　　　24%×198/365=17,966,465원+3,735,452원(매입 전 이자)

순이익금 18,650,065원=159,701,917원(배당금액)-141,051,852원(총투자금)

수익률 18,650,065원/24,051,852원(현금투자)=77.54%

사진	매각기일 용도	물건기본내역	감정가 최저가	상태	조회수
	2017.05.29 아파트	논산1계 201 ■ 955 충남 계룡시 금암동 74 신성2차미소지움 210동 1층 　호 [서금암5길 9] 건물 85㎡ (26평)[34평형] | 토지 58㎡ (18평)	140,000,000 140,000,000 (100%) 158,777,000 (113.4%)	종결	237

　본 물건은 처음 A저축은행에서 대출을 취급하였는데 B에셋대부에서 채권을 승계한 후 다시 필자에게 GPL 대출을 의뢰한 박 대표가 다시 대위변제로 채권 승계했다. 10건 중 하나였는데 필자가 2순위 GPL 대출을 해주려고 했으나 생각보다 빨리 경매로 매각(낙찰)되었다. 매각이 빨리 안 되었다면 법정대위변제로 선순위 대위변제 후 더 많은 수익을 낼 수 있었던 GPL 채권이다.

　박 대표는 5억 원을 투자하여 연 24%의 고수익을 얻고 있다. 5억 원에 연 24%이면 연 이자가 1억 2,000만 원, 월 1,000만 원의

소 재 지	충남 계룡시 금암동 74 신성2차미소지움 210동 1층 호 (32828) 충남 계룡시 서금암5길 9				
경매구분	임의경매	채 권 자	㈜ ■ ■저축은행의 승계인 ㈜ ■ ■에셋대부		
용 도	아파트	채무/소유자	강	매 각 기 일	17.05.29 (158,777,000원)
감 정 가	140,000,000 (16.11.03)	청 구 액	137,400,691	종 국 결 과	17.08.04 배당종결
최 저 가	140,000,000 (100%)	토 지 면 적	58.5 m² (17.7평)	경매개시일	16.10.27
입찰보증금	10% (14,000,000)	건 물 면 적	84.9 m² (25.7평) [34평형]	배당종기일	17.01.31
조 회 수	·금일조회 1 (0) ·금회차공고후조회 52 (20) ·누적조회 238 (45) ·7일내 3일이상 열람자 9 ·14일내 6일이상 열람자 5			( )는 5분이상 열람 조회통계 (기준일-2017.05.29 / 전국연회원전용)	

■ 본 물건에 대한 이해관계인 및 회원의 제보를 받습니다. 제보하기

이자를 받는 셈이다. 그리고 근저당권 설정 금액 6억 원을 담보로 ○○○저축은행에서 90% 대출을 받았다. 즉 4억 원의 대출금 이자는 연 7.5%이고 고객한테 재투자해 얻는 수익은 연 24%이다. 그렇다면 4억 원에 대해 연 16.5%(24~7.5%), 추가 대출금에 대해 추가 수익(연 6,600만 원, 월 550만 원)을 얻을 수 있다.

이것이 바로 유동화순환 구조 투자법이다. 이것이야말로 신의 재테크 고수익 기법이 아니겠는가. 바야흐로 '쩐'의 이동이 시작되었다. 이런 고수익을 낼 수 있는 투자처가 앞으로 또 있을 수 있겠는가.

7
인플레이션보다 더 똑똑한 GPL 투자법

법정대위변제가 용이한 평균 매각가율 94~97% 아파트 LTV 85%
범위 내에서 1순위 또는 2순위 담보를 설정하여 연 18~24%의 이
자소득을 올리는 법을 소개한다. 필자는 2순위 근저당권 대출을 요
청하는 ○○AMC 부실채권(NPL) 투자 경험 13년의 박 대표를 만
났다. 그리고 충분히 가능한 투자법이라고 생각해 2순위 질권대출
을 취급했다. 필자는 이 속에 고수익이 가능한 엄청난 비밀이 숨어
있음을 깨달았다.

저금리 시대 인플레이션은 지속되고 인플레이션 이상의 투자 수
익처를 찾는 사람들이 많다. 아무리 자린고비처럼 절약하고 검소
하게 산다 해도 물가상승률만큼은 어찌할 수가 없다.

회사원 윤 모(53) 씨는 지난 2017년에 다니던 회사를 그만두었
다. 일본계 회사여서 안전할 줄 알았는데 50세 이상 또는 20년 이
상 다닌 직원을 대상으로 회사에서 갑자기 희망퇴직을 실시한 것

이다. 직책은 '상무'였고 임원급이라 퇴직금 5억 원을 받았지만, 연봉 1억 3,000만 원에서 세금을 제하고 매월 900만 원 이상 받던 급여가 어느 날 사라져버린 셈이다. 퇴직 당시 7억 원쯤 되던 순자산 (총자산-부채)은 5억 원으로 반토막이 났다.

인구의 노령화와 베이비부머 세대의 퇴직이 맞물려 재테크에 관심을 갖는 퇴직자들이 점점 늘어나고 있다. 이러한 현상에 발맞추어 퇴직자와 인플레이션을 위한 재테크 투자 전략을 알아보자. 부동산 경매는 감정가 대비 10~20% 저렴하게 부동산을 매입할 수 있기 때문에 퇴직자뿐만 아니라 평범한 주부 그리고 대학생과 대학원생들도 경매입찰로 재테크에 쉽게 참여할 수 있다.

부동산 경매의 경우 법원에 의해 최저입찰가격이 정해지고 유찰이 이뤄질 때마다 지역별로 20~30%가량 최저입찰가격이 하향된다. 한두 차례 유찰된 시점에 적당한 비용을 계산한 후 경매에 입찰하는 것이 일반적인 투자법이었다. 하지만 최근에는 저금리 시대에 맞는 수익성 부동산이 인기를 끌면서 이런 물건에 많게는 30~50명의 응찰자가 몰리고 있다. 이런 물건에 감정가를 상회하는 입찰가를 적어 내는 이유는 수익률이 높기 때문이다.

수도권 아파트의 경우 낙찰가율이 과거 93%에서 96% 이상에서 낙찰이 되고 있다. 권리분석만 잘하면 낙찰 즉시 10~20%의 시세차익을 올리는 것은 더 이상 경매 시장에서 기대할 수 없게 되었다. 이런 부동산 아파트에 투자하는 또 다른 방법이 있다

앞에서도 다룬 정상채권 GPL 투자법이다. 안전한 수익이 보장되며 신대위변제 투자법으로 선순위 법정대위변제(민법 제481조)로 선순위 연체이자를 합법적으로 얻을 수 있는 방법 등 수익을 내는

다양한 방법이 있다. 사례를 들어 자세히 살펴보자.

■ 사례 분석

경기 화성시 병점동 858 정든마을 신창2차비바 패밀리 20*동 1층 *01호
[병점2로 102]

건물 123㎡ (37평)[45평형] | **토지** 74㎡ (22평)

1순위 근저당권 우리은행 254,000,000원(원금 211,750,000원)

경매비용 6,090,000원

합계 217,840,000원(연체이자 31,762,500원, 월 이자 2,646,875원, 8월
　　예상이자 21,175,000원)

2순위 근저당권 : ○○대부 67,600,000원(원금 52,000,000원)

연체이자 예상 18,044,000원(월 1,503,667원)(정상이자 연 24%, 연체이자
　　　　　　　　연 34.7%)

　　○○AMC가 인수한 후순위 근저당권 채권을 필자가 매입한 금
액의 90%까지 대출해주었다. 즉 근저당권의 기초 자산을 질권설정
하고 대출(유동화)시켜준 것이다.

GPL 매입 52,000,000원+405,600원(등기이전)+4,219,992원(GPL 대출이
　　자) = 56,625,592원(총투자금) ○○대부 → ○○AMC

현금투자 15,625,592원= 56,625,592원-41,000,000원(대출금)

GPL 대출 52,000,000원×80%=41,000,000원, 연7.559%, 497일(2017. 7.
　　23~2018. 12. 1)=4,219,992원

2순위수익 52,000,000원(GPL매입)×34.7%×497일(2017. 7. 23~2018.
　　12. 1)/365=24,569,501원

순수익금 19,943,909원= 24,569,501원-405,600원(이전비)-4,219,992원
　　(대출이자)

수익률 19,943,909원/15,625,592원=127.63%

▶ 예상 낙찰가액

350,000,000원(감정가액)×98.7%=345,450,000원-254,000,000원
(211,750,000원-잔액)=91,450,000원(후순위배당)

만약 '기한의 이익 상실 시점' 또는 '개인회생 폐지' 시점에 선순위 우리은행 원금 2억 5,400만 원(원금 2억 1,175만 원)을 법정대위했을 때 수익률은 원금 211,750,000원×14.5%×31/365일=2,607,715원(월 수익)이 된다. 1년으로 계산한다면 31,292,589원이다.

■ 사례 분석

경기 화성시 병점동 858 정든마을 신창2차비바패밀리 209동 1층 103호 [병점2로 102]

건물 123㎡ (37평)[45평형] | **토지** 74㎡ (22평)

감정가액 290,000,000원

낙찰사례 291,137,210원 98.7% (매각가율, 2015년)

 2014.12.30 | 수원16계 **2014-29833** | 295,000,000 종결
아파트 | 경기 화성시 병점동 858 정든마을 신창2차비바 패밀리 209동 1층 103호 [병점2로 102] | 206,500,000 (70%) 236 ·세대조사
건물 123㎡ (37평)[45평형] | 토지 74㎡ (22평) | 291,137,210 (98.7%)

필자는 연 5.8% 금리를 받으려고 했다. 그러나 자산관리회사 대표는 필자가 2순위 대출을 해주지 않을까 염려했는지 이자를 충분히 받아도 된다고 해서 할인금리를 주지 않고 연이율 7.559%의 고금리를 받았다.

아직도 이자는 잘 납입하고 있다. 이자가 연체되면 연 34.7%(당시 적용 연체이자)로 적용되고 기한의 이익 상실 시점에 법정대위로 선순위 우리은행의 설정금액인 2억 5,400만 원(원금 211,750,000원)

을 상환한 후 연체이자를 연 14.5~17%로 수납하는 것이 주목적이다.

필자는 GPL 유동화순환 투자법을 시뮬레이션으로 만들어보았다. 경제적 자유로 가는 아카데미 VIP 실전투자반에서 다루는 내용이다. 현직 27년 금융전문가인 필자와 NPL(GPL) 실전 전문가 DK AMC 박대규 대표 그리고 ○○저축은행에서 NPL 매각 심사와 대출까지 도맡았던 키움캐피탈대부 심선보 대표 등 이론과 실전과 실무를 모두 겸비한 최강의 전문가 3명이 진행하는 실전투자법, 즉 돈을 버는 방법과 스스로 자생력을 키워주는 재테크 투자 본질을 알려주는 강좌이다.

백문이 불여일견(不如一見), 백 번 듣는 것이 한 번 보는 것만 못하다. 실제 그 수익이 가능한지 확인해보자. 다음은 '유동화순환 구조 투자법'으로 월 1,000만 원 임대 수익을 받는 구조이다.

먼저 1억 원을 투자해서 A아파트의 근저당권을 설정한다. 그리고 A아파트에 근저당권 설정계약서를 근저당권부 근질권 담보로 1억 원 90% 필자가 대출해준 GPL 대출을 발생시킨 후 9,000만 원으로 B아파트에 투자하고 근저당권 설정자가 된다. 9,000만 원 근저당권부 질권대출 7,200만 원을 발생시킨후 C아파트를 담보로 잡고 투자한다. C아파트 근저당권부 근질권대출을 6,400만 원 발생시킨 후 D아파트에 투자한다. D아파트 근저당권부 근질권대출 5,700만 원 유동화순환 구조로 투자해 E아파트를 담보로 잡고 투자한다. 이렇게 1억 원, 유동화순환 구조 투자법으로 3억 8,300만 원이 발생되었다. 지급해야 할 근저당권부 근질권대출 지급이자는 연 14%, 내가 받는 대출금 수입이자는 연 24%이다.

정상채권 GPL 유동화순환 구조 투자법 월 1,000만 원 임대수익 만들기	
A아파트	1억원 투자 이자 연 24% 연 24,000,000원(월 2,000,000원) A아파트 근저당권 질권대출 90% 9,000만 원 대출 후 투자
B아파트	9,000만원 이자 24% 연 21,600,000원(월 1,800,000원) B아파트 근저당권 질권대출 90% 7,200만 원 대출 후 투자
C아파트	7만 2,000원 이자 연 24% 연 17,280,000원(월 1,440,000원) C아파트 근저당권 질권대출 90% 5,700만 원 대출 후 투자
D아파트	6만 4,000원 이자 연 24% 연 15,630,000원(월 1,280,000원) C아파트 근저당권 질권대출 90% 5,700만 원 대출 후 투자
E아파트	5만 7,000원 이자 연 24% 연 13,680,000원(월 1,140,000원) 5단계까지만 유동화순환 방식의 시뮬레이션이다.

GPL 투자 수입이자 383,000,000원 연 24% 연 91,200,000원(월 7,600,000원)
실투자금 1,000만 원으로 383,000,000원이 만들어졌다. 유동화순환 투자법이다.

질권대출 지급이자 383,000,000원 연 14% 연 53,620,000원(월 4,468,333원)
2순위 질권대출이자

383,000,000원 이자10%(연24%−연14%) 연 38,300,000원(월 3,191,666원)
즉 5,000만 원 투자로 383,000,000원 유동화순환 구조 방식으로 연 38,300,000원(월 3,191,666원) 의 수익 구조이다.

383,000,000원×10%(24%-14%)=38,300,000(월 3,191,666원)

수익률 38,300,000원/50,000,000원=76.6%

실제 ○○○저축은행 그리고 P2P 업체에서 근저당권부 질권대출을 연 14%로 일으킬 수 있다.

필자는 다음 책으로《神의 재테크 GPL 투자의 기적》을 집필 중이다. 왜냐하면 필자도 이 재테크에 투자해 수익을 창출하는 중인데 필자가 검증했고 세상에 이런 신의 재테크 방법은 없는 듯하기

GPL 실전투자		
유형	대부사업자	개인투자자
대상지역	서울, 경기, 인천 아파트 대상(지역 선별)	
담보평가	kb시세 참조, 실거래가 반영	
LTV기준	원금 기준 83% 이내	
대출금리	연 24% / 연체 27.9%	
이자소득세	無	27.5%
근저당권설정	직접 대부사업자로 근저당설정	無
질권대출	자체관리	개인 이름으로 질권설정
관리방법	자체관리	당사 관리 (간접투자)
기한이익상실시	자체관리	원채무자 2회 연체 시 원금상환
중개수수료	5.5%	
2개월내상환시	5.5% 전액반환	

때문이다. 필자의 경매아카데미 5기 수강생 중 두 명이 한 명은 16억 원, 또 한 명은 3억 원을 투자해 연 24%의 수익을 내고 있다.

대부법인 또는 NPL 사업자는 근저당권자가 되고 개인은 근저당권 질권설정 또는 소유권이전 가등기와 담보가등기 혼합으로 '유저당 특약'을 맺고 매도용 인감증명서와 매매계약서를 받아놓고 대출을 발생시킨다.

국세, 지방세, 부가가치세 완납증명서와 지방세 세목별 과세증명서 그리고 대위변제 동의서도 받아놓고 은행에서 받는 대출신청서, 대출거래약정서(차용금신청서), 근저당권설정계약서, 무상임차확인각서, 그리고 자필로 전입자가 있거나 개인회생, 기업회생, 법인회생, 프리워크아웃, 신용회복 신청이 발생되면 곧바로 '기한의 이익 상실'로 부동산 임의경매가 진행된다는 자필 서명을 받는다. 물론 이런 상황에 대비해 신탁 또는 소유권이전청구 가등기로 안전장치를 해놓기도 한다.

이렇게 NPL은 GPL로 생물처럼 진화하고 지금 이 순간에도 진화하고 있다. 이 구조는 '기한의 이익 상실'과 채권이 확정된 시점에 선순위 대위변제로 더 많은 수익을 낼 수 있다.

누구나 1인 기업, 1인 금융기관이 되길 꿈꾸며

안정을 추구하면 성장이 멈춥니다. 인간은 구체적 목표를 명확하게 하지 않으면 행동하지 않게 됩니다. 저부터도 그렇습니다. 사람은 안정을 추구하게 되면 성장이 멈추기 때문에 높은 목표를 갖는 것이 중요합니다. 도저히 무리라고 생각하는 목표도 치밀하게 계획을 세우고 실행의 보폭을 확인하면서 계속 수정해 가다 보면 대개는 잘 풀리기 마련입니다.

일본의 경제 침체 시기에 좋은 품질의 저가 상품으로 큰 인기를 끌면서 급성장하여 전 세계로 진출한 일본 기업 유니클로의 회장 야나이 다다시가 한 말이다. 목표가 없으면 모든 것은 쇠퇴하게 마련이다. 목표를 높이 세우고 그곳에 도달할 방법을 생각하는 것만이 내가 살고 개인이 성장하는 길이다. 높은 목표가 있으면 연습과 훈련을 게을리 하지 않게 된다. 그리고 매일매일 조금씩 변화하고 성장하는 사람에게 길은 열리고 원하는 꿈과 목표에 가까워지게 마련이다.

대부분의 사람들은 자신이 가진 무한 잠재력을 인식하지 못하고 살아가기 쉽다. 일단 저질러보면 자신도 놀랄 만한 잠재력이 있음을 발견할 가능성이 높다. 뭔가를 해보지 않고서는 자신이 진정으로 무엇을 해낼 수 있는지 알 수가 없으니 말이다.

"천리지행시어족하(千里之行始於足下)"라고 하듯이 천 리 길도 발아래에서 시작된다. 모든 일은 기본적인 것부터 시작해야 한다. 그리고 한

걸음 한 걸음 내딛다 보면 언젠가는 모두가 원하는 목표점에 가 닿게 될 것이다. "안정되었을 때 지니기 쉽고 아직 기미가 나타나지 않았을 때 꾀하기 쉬우며 연약할 때 깨기 쉽고 작을 때 흩어버리기 쉽다."《노자》(제64장)에 나오는 이 말은 묘하게도 투자의 속성과 꼭 닮았다. 문득 조선후기 실학자 박지원의 '물' 이야기가 생각이 난다. 샘물은 아무리 퍼내도 깨끗한 물이 끊임없이 솟아오른다. 우리가 세운 목표는 불타는 욕구와 강력한 자신감을 불러일으키고 확실한 결정을 내리도록 도와준다. 목표가 뚜렷할수록 더 멀리 그리고 더 빨리 더 많은 것을 얻게 된다.

2018년 하반기부터 시행되는 가산금리 3% 인하 등 새롭게 변화하는 NPL 시장에서는 이제 위험이 새롭게 기회가 되고 있다. 부실채권 양도 양수 요령과 매각 금융기관을 찾아 NPL 리스트를 받는 법, 낙찰예상가 산정법, 물건보고서 작성법, 매각 금융기관 MRP(최저매각예상가격) 산정법, 부실채권 투자의 함정 피하는 법, NPL 리스크 줄이고 세금을 절세하는 방법과 돈이 되는 론세일채권 양수도 요령, 방어 입찰·유입(직접 낙찰) 방법, 개인 투자자 채무 인수 요령과 대위변제 투자 방법, 사후 정산 방식 등은 전문가에게 제대로 배워야 한다. 그다음에 신대위변제 투자법과 GPL 투자법 및 P2P 투자법 등 다양한 전문 지식을 새롭게 채워야 한다.

초보자로서는 주로 주거용 NPL 담보부 채권, 즉 아파트, 단독주택, 연립주택, 다가구주택, 다세대주택, 기숙사, 공관, 주거용 오피스텔 등에 투자하는 것이 좋다. 비주거용 NPL 담보부 채권 토지 28개 지목(대·나 대지, 잡종지, 전, 답, 임야, 과수원 등)에 투자할 때는 MRP(최저매각예상가)로 인수하고 15% 할인가를 적용 받아 투자하면 더 많은 수익을 얻을 수 있다. 하지만 모든 투자에는 리스크가 따르게 마련이다. 반드시 전문가에게 조언을 듣고 권리분석을 배우고 NPL 고수들의 '돈 잔치'가 어떻게 이루어지고 있는지 실전에서 투자하면서 이론과 실무를 통해 진화하는 무패의 투자 방법을 터득해야 한다.

투자상의 리스크와 함정을 피하기 위해서는 특수물건 활용전략은 유치권, 법정지상권, 지분경매 물건, 공사도급 부도 물건, 선순위 대항력 있는 임차 물건, 그리고 돈이 될 만한 낙찰 물건을 매각한 금융기관에 원리금을 지급하고 취하한 뒤 유입(직접 낙찰) 직영 그리고 재매각 시세 차익을 노리는 투자법 등 NPL 권리분석을 제대로 배워야 한다.

바야흐로 100세 시대이다. 수익형·연금형 부동산으로 100세 시대를 준비해야 한다. 경매에서도 수익형 부동산이 있듯이 NPL로도 수익형·연금형 담보부채권을 유입 또는 대위변제로 수익을 얻을 수 있다. 매달 1,000만 원 이상 순수익이 창출되는 숙박 시설·주거용 오피스텔·중소형 상가·고시원·도시형 생활 주택·다가구 원룸 투자법, 수익형 토지투자법을 배우고 직접 실천해 결과를 얻을 수 있다.

모든 투자의 기본은 종잣돈이다. 직장인의 경우 통상 3,000만 원이나 5,000만 원 그리고 부의 시발점인 1억 원으로 투자하게 된다. 1억 원을 만들기 위해 평소 검약을 실천하고 3년 또는 5년에 매달 적금을 얼마나 적립해야 하는지 고민해봐야 한다. 매달 월 400만 원의 순수익을 내는 법을 발견한 사람은 성공한 사람이다. 필자는 경락잔금대출을 많이 하게 되는데, 최근에는 CJ에 근무하는 30대 직장인이 부천과 인천 부개동 일대 전용면적 27~38m^2의 주거용 오피스텔, 감정가 1억 3,500만 원의 부동산을 1억 300만 원 선에서 경매로 낙찰 받아 월 60만 원의 임대료를 받는 것을 보았다.

이분이 투자한 돈은 필자가 경락잔금대출로 8,400만 원을 연이율

3.8%로 대출해준 것이다. 실투자금은 2,500만 원으로 연수입은 720만 원~319만 2,000원의 대출금 이자를 제하면 400만 8,000원으로 매달 임대료를 33만 4,000원씩 받고 있었다. 그는 이런 물건을 2건 더 소유하고 그 주에 한 건 더 경매 입찰을 준비하고 있었다.

목표는 이런 물건을 10건 소유하는 것이다. 10건이면 2억 5,000만 원을 투자하고 월 334만 원의 직장인 봉급과 같은 수입을 얻는 셈이다. 은퇴해도 아무 걱정 없는 노년을 맞을 것이 분명하다. 그러고 나서 일정한 투자 자금이 쌓이면 자산가치 상승으로 재매각 차익을 내는 고수익 비법이 있다. 봉급의 2배 이상으로 수익을 창출하는 법을 배워 투자하면 된다.

돈 되는 NPL 투자 그리고 경매 투자법은 독자들의 열정적인 실천과 노력에 달렸다. 노력만큼 결과는 나오게 마련이다. 세상에 살다 보면 노력하지 않아도 얻어지는 일이 간혹 있을 수 있다. 그러나 열정을 다해 진심으로 끊임없이 노력하여 결과를 얻었을 때 그 기쁨은 무엇과도 바꿀 수 없을 터이다.

우리 마음에 긍정과 희망 그리고 열정이 있다면 원하는 무엇이든 얻을 수 있을 것이다. 부정 대신에 긍정을! 절망 대신에 희망을! 여러분 모두 "희망과 신의 재테크"에 한 발 더 다가서기를 바란다. 아울러 책에서 다루지 못한 더 많은 정보는 '이상준박사 NPL 투자연구소'(http//cafe. daum.net/happy-banker)에서 확인해보시길 바란다.

이상준(해피banker) 올림